자바와 JUnit을 활용한 실용주의 단위 테스트

제프 랭어, 앤디 헌트, 데이브 토마스 지음
유동환 옮김

PRAGMATIC
UNIT TESTING
IN JAVA WITH JUNIT

길벗

PRAGMATIC UNIT TESTING IN JAVA 8 WITH JUNIT

Copyright © 2015 The Pragmatic Programmers, LLC.
All rights reserved.
Korean Translation Copyright © 2019 by Gilbut Publishing Co., Ltd.
The Korean language edition published by arrangement with The Pragmatic Programmers, LLC, through Agency-One, Seoul.

이 책의 한국어판 저작권은 에이전시 원을 통해 저작권사와의 독점 계약으로 (주)도서출판 길벗에 있습니다.
저작권법에 의해 한국 내에서 보호를 받는 저작물이므로 무단전재와 무단복제를 금합니다.

자바와 JUnit을 활용한 실용주의 단위 테스트
Pragmatic Unit Testing in Java with JUnit

초판 발행 · 2019년 6월 30일
초판 4쇄 발행 · 2024년 1월 15일

지은이 · 제프 랭어, 앤디 헌트, 데이브 토마스
옮긴이 · 유동환
발행인 · 이종원
발행처 · (주)도서출판 길벗
출판사 등록일 · 1990년 12월 24일
주소 · 서울시 마포구 월드컵로 10길 56(서교동)
대표 전화 · 02)332-0931 | **팩스** · 02)323-0586
홈페이지 · www.gilbut.co.kr | **이메일** · gilbut@gilbut.co.kr

기획 및 책임편집 · 안윤경(yk78@gilbut.co.kr) | **디자인** · 박상희 | **제작** · 이준호, 손일순, 이진혁, 김우식
영업마케팅 · 임태호, 전선하, 차명환, 박민영, 지운집, 박성용 | **영업관리** · 김명자 | **독자지원** · 윤정아

교정교열 · 김윤지 | **전산편집** · 박진희 | **출력 · 인쇄 · 제본** · 북토리

▶ 잘못된 책은 구입한 서점에서 바꿔 드립니다.
▶ 이 책에 실린 모든 내용, 디자인, 이미지, 편집 구성의 저작권은 (주)도서출판 길벗과 지은이에게 있습니다.
  허락 없이 복제하거나 다른 매체에 옮겨 실을 수 없습니다.

ISBN 979-11-6050-838-3 93000
(길벗 도서번호 006814)

정가 26,000원

독자의 1초를 아껴주는 정성 길벗출판사

길벗 | IT단행본, IT교육서, 교양&실용서, 경제경영서
길벗스쿨 | 어린이학습, 어린이어학

페이스북 · www.facebook.com/gbitbook
예제 소스 · https://github.com/gilbutITbook/006814

머리말

데이브 토마스와 나(앤디 헌트)는 〈실용주의 프로그래머〉(인사이트, 2014)와 〈프로그래밍 루비〉(인사이트, 2007)의 첫 판을 쓰고 나서 얼마 후에 현대 소프트웨어 개발자의 가장 기본적인 요구로 관심을 돌렸습니다.

이러한 생각은 〈실용주의 프로그래머를 위한 시작 도구〉(인사이트, 2005)에 이르렀습니다. 이 도서 세 권에는 팀에서 가장 근본적으로 필요한 요소들을 담았으며, 버전 관리, 단위 테스트 및 자동화된 빌드와 테스트를 다룹니다. 이 도서들은 우리가 'The Pragmatic Bookshelf(실용주의 책장)'를 설립한 후 출판한 첫 번째 시리즈입니다.

이들 주제는 여전히 근본적이고 팀 성공에도 중대한 역할을 하지만, 많은 것이 지난 십수 년간 변화되어 왔습니다. 버전 관리 기술은 중앙화된 CVS와 서브버전(subversion)에서 분산화된 깃(Git)으로 옮겨 왔습니다. 자동화된 빌드와 관련 도구들은 예전보다 스크립트를 훨씬 더 지향하고 좀 더 세밀해졌으며, 테스트는 강제로 시행하는 사후 조치에서 테스트 주도 개발(TDD) 방법론과 같이 널리 쓰는 개념으로 발전했습니다.

책 저자인 제프 랭어는 우리의 〈실용주의 프로그래머를 위한 단위 테스트 with JUnit〉을 현대적인 세상에 적용하고 확장하는 작업을 했습니다. 원칙은 같지만 도구는 훨씬 좋아졌고, 소프트웨어 개발에 대한 전체적인 접근법은 무척 현실적이고 프로페셔널하며 (제가 이야기해도 될지 모르겠지만) 더 실용적입니다. 책에서 제프는 이 길을 보여 줄 것입니다.

프로그래밍 활동에서 테스트는 항상 중요하게 여기지 않았습니다. 그 이름은 코딩과도 동떨어져 있었고 설계와도 떨어져 있었으며 디버깅과도 달랐습니다.

하지만 사실은 다릅니다.

UNIT TESTING

프로그래밍 언어의 컴파일러/인터프리터는 소스 코드가 문법적으로 유효한지 검사합니다. 적어도 언어 문법에 따라 일정한 양식을 갖추었는지 확인합니다. 하지만 컴파일러는 해당 코드가 무엇을 하는지 이야기해 주지 않으며, 코드가 정확한지 여부도 어느 것 하나 결정해 줄 수 없습니다.

이때 단위 테스트는 코드가 어떻게 동작하는지 명시하고 코드 동작을 검증합니다. 단위 테스트는 설계와 코딩, 디버깅의 훌륭한 교차점에 있습니다.

여러분이 테스트 코드에서 많은 가치를 얻지 못했다면 책이 도와줄 것입니다. 또 단위 테스트를 처음 접했거나 단위 테스트로 최대한 이점을 얻으려고 할 때도 도움이 될 것입니다.

즐기세요. 여러분!

앤디 헌트(Andy Hunt)
The Pragmatic Bookshelf 출판 대표

감사의 글

UNIT TESTING

책에 도움을 주신 모든 검토자에게 감사 말씀을 전합니다. 또 초판에 참여했던 모든 사람에게도 감사합니다.

훌륭한 피드백과 지도를 해 준 수산나 팔쳐(Susannah Pfalzer)에게 감사합니다. 초판의 새로운 길을 열어 주고 이번 판을 만든 앤디 헌트와 데이브 토마스(Dave Thomas)의 지혜로움에 감사합니다.

가치 있는 의견을 제공한 마리오 아퀴노(Mario Aquino), 러스티 벤틀리(Rusty Bentley), 테리 버치(Terry Birch), 캘리 브랜트(Kelly Brant), 존 카터(John Cater), 브래드 콜린스(Brad Collins), 제레미 프렌스(Jeremy D. Frens), 데렉 그래햄(Derek Graham), 알렉산더 헨리(Alexander Henry), 로드 힐튼(Rod Hilton), 에릭 주트젠카(Eric Jutrzenka), 앤디 케팔라스(Andy Keffalas), 리처드 랭글로이스(Richard Langlois), 마크 래트햄(Mark Latham), 해럴드 메더(Harold Meder), 파흐미다 라시드(Fahmida Y. Rashid), 샘 로즈(Sam Rose), 레이 산토스(Ray Santos), 바스 스토커(Bas Stoker), 찰리 스트란(Charley Stran)과 콜린 야테스(Colin Yates)에게도 감사합니다.

초기 출판 이후에 피드백을 줄 사람들에게도 미리 감사 말씀을 전합니다. 우리는 여러분 이름을 여기서 볼 수 있도록 노력할 것입니다. 오늘날의 책은 살아 있고 숨쉬는 문서이기 때문입니다.

여러분이 10년도 더 지난 책의 초판을 구입한 독자라면 감사합니다. 사랑합니다. 여러분이 '테스트에 중독된'[1] 사람이 되었기를 바랍니다. 그러면 또 다른 입문 도서는 필요하지 않겠지만 그래도 환영합니다.

---

1 http://junit.sourceforge.net/doc/testinfected/testing.htm 을 보세요.

UNIT TESTING

여러분은 아주 적은 입장료로 몇 개의 새롭고 작지만 가치 있는 생각을 만날 수 있을 것입니다.

2015년 1월

제프 랭어(Jeff Langr)

jeff@langrsoft.com

옮긴이의 말

저는 몇 년 전 팀에서 단위 테스트 담당자로 일했습니다. 당시 팀의 첫 번째 목표는 개발 중인 앱의 테스트 커버리지를 높이는 것이었고, 궁극적인 목표는 주요 이슈의 재발 방지와 잠재적 이슈를 미연에 방지하는 것이었습니다. 6개월간 진행했는데, 잘된 점도 있었지만 아쉬운 점도 많았습니다.

책은 자바 언어 기반의 JUnit 단위 테스트를 다룹니다. 우리는 SW 테스트의 중요성은 알지만, 실제 개발 업무에서는 적용 범위가 크게 달라집니다. 책 전반부는 JUnit 기초와 AAA(준비-실행-단언) 같은 간단한 원리를 알려 줍니다. 그 다음 테스트가 가져야 할 기본 속성인 FIRST(빠르고, 고립시키고, 반복 가능하고, 스스로 검증 가능하고, 적시에 사용)를 설명합니다. 이외에 실수하기 쉬운 경계 조건 테스트도 살펴봅니다.

책의 묘미는 좋은 코드 내용을 다룬다는 것입니다. 즉, 설계 내용이죠. 코드 결함을 찾는 것도 중요하지만 테스트는 결국 더 좋은 소프트웨어와 코드 품질을 갖도록 도와주어야 합니다.

얼마 전 담당하는 앱에 작은 기능을 새롭게 추가하면서 테스트 주도 개발(TDD)로 자료 구조를 검증해 보았습니다. 말은 거창하지만, 코드를 작성하기 전에 테스트를 먼저 만들고 통과시켜 기능 코드를 만드는 것이죠. 데이터가 사라지거나 잘못 저장되면 안 되기에, 테스트를 만들어 두어 조금은 안심했습니다. 책이 도움이 되어 중요한 로직이 있을 때 단위 테스트를 만들고, 이후 코드를 변경하는 데 문제가 없었으면 좋겠습니다. 처음 호흡을 맞춘 안윤경 차장님, 세심하게 기술 베타 리딩을 하신 나상혁, 조우진 님에게도 감사합니다. 마지막으로 사랑하는 아내 지영이에게도 감사의 마음을 전합니다.

2019년 5월
유동환

> 들어가며

2003년만 해도 프로그래머가 테스트 코드를 짜서 자신의 코드를 검증한다는 개념은 많은 사람에게 충격적이었습니다. JUnit이 나온 지 5년이나 되었는데 말이죠. 2003년에 출간한 〈실용주의 프로그래머를 위한 단위 테스트 with JUnit〉의 첫 판은 프로그래머에 의한 단위 테스트라는 새로운 개념을 친절하게 알려 주었습니다.

15년이 훌쩍 지난 지금 단위 테스트는 대부분의 프로그래머에게 요구되는 기술이고 자바 분야에서도 마찬가지입니다. 입사 면접을 볼 때 면접관이 코드를 어떻게 테스트하는지 물어보더라도 놀라지 마세요. 그들은 여러분이 코드를 테스트하는지, 목 객체(mock object)를 사용하는지, 레거시 의존성 문제를 어떻게 다루는지에 대한 생각을 물어볼 것입니다.

일자리를 얻는 것은 단위 테스트를 배움으로써 얻을 수 있는 이득 중 하나입니다. 좀 더 나은 이득은 여러분이 배포하는 소프트웨어 품질을 향상시킬 수 있다는 것입니다. 열린 마음으로 단위 테스트에 다가가다 보면 코드를 짜는 방법까지도 변할 수 있습니다.

단위 테스트를 하는 이유

단위 테스트를 한다는 것은 어떤 단위의 코드를 테스트하려고 테스트 코드를 작성한다는 의미입니다. 단위 크기는 명확하게 정의하지 않았기 때문에 우리는 이 단위를 시스템에서 유용한 행동을 하는 작은 코드로 볼 것입니다. 이 단위 자체는 완전한 끝에서 끝까지(end-to-end)(종단 간) 행동을 의미하지는 않습니다. 그 대신 이러한 끝에서 끝까지의 행동에서 작은 부분 집합이라고 합시다.

책에서는 자바로 코딩합니다. 따라서 단위 테스트도 자바로 하며 JUnit 도구를 사용하여 테스트가 성공하는지 실패하는지를 표시합니다.

UNIT TESTING

단위 테스트를 작성해야 하는 몇 가지 상황과 이유는 다음과 같습니다.

- 어떤 기능을 막 코딩했고 그것이 예상한 대로 작동하는지 알고 싶습니다.
- 시스템에 작성한 변경 사항을 문서화하여 자신과 다른 사람들이 나중에 이해하도록 하고 싶습니다.
- 코드를 변경하고 그것으로 변경된 사항이 기존 동작을 깨뜨리지 않았는지 확인하고 싶습니다.
- 시스템의 현재 동작을 이해하고 싶습니다.
- 서드 파티 코드가 더 이상 기대한 대로 동작하지 않을 때를 알고자 합니다.

가장 중요한 것은 좋은 단위 테스트가 프로덕션 시스템 배포에 대한 자신감을 높여 준다는 것입니다. 여전히 종단 간 동작을 검증하는 통합 테스트나 인수 테스트는 필요하며, 책에서는 단위 테스트만 다룹니다.

책을 읽고 나면 많은 단위 테스트를 작성할 수 있습니다. 주의하세요! 반대로 유지하기 힘들고 별로 가치 없는 테스트 코드들만 양산할 수도 있습니다. 여러분이 올바른 방법으로 가치 있는 단위 테스트를 만들 수 있도록 이 책이 도와줄 것입니다.

대상 독자

이 책은 단위 테스트가 처음인 자바 프로그래머가 빠르게 입문하는 것을 목표로 합니다. 단위 테스트의 세세한 내용을 다루지 않지만 프로덕션 시스템을 테스트할 수 있도록 깊게 파고드는 모든 것을 다룹니다.

여러분은 자바 프로그래밍에 익숙해야 하며 원하는 IDE를 기반으로 간단한 작업들을 할 수 있어야 합니다.

사전 준비 사항

책에 있는 예제 코드를 따라 하려면 다음 세 가지 소프트웨어가 필요합니다.

1. **자바**[1]: 책 예제는 자바 12를 기반으로 합니다.[2]
2. **IDE**: 책 예제는 이클립스[3] 기반으로 작성되어 있습니다. 하지만 인텔리제이 IDEA[4], 넷빈즈(NetBeans)[5], vi, 이맥스(Emacs) 같은 에디터도 괜찮습니다.
3. **JUnit**[6]: JUnit은 주요 IDE(이클립스, 인텔리제이, 넷빈즈)와 통합되어 있습니다. 따라서 설설한 IDE를 사용하고 있다면 별도로 설치할 필요가 없습니다. 책 예제는 JUnit 4.11[7] 기반으로 작성되어 있습니다. JUnit 4.x는 자바 5 이후에서 잘 동작하므로 옛날 자바 버전을 사용하고 있다면 변경하세요.

팀에서 또 다른 단위 테스팅 도구인 테스트엔지(TestNG)를 활용하고 있다면 책의 대다수 예제를 그대로 적용할 수 있습니다. 테스트엔지는 JUnit의 상위 집합이므로 JUnit 테스트를 테스트엔지 테스트로 변환하는 것은 자명합니다. 책의 대부분은 배울 만한 모범 예제를 담고 있으며 특정 도구에 한정되지 않습니다.

---

1 https://java.com/ko/download/
2 역주 원서는 자바 8을 기반으로 하지만, 자바 12에서 테스트했고 잘 작동하는 것을 확인했습니다.
3 https://www.eclipse.org/downloads/
4 http://www.jetbrains.com/idea/download
5 https://netbeans.org/downloads/
6 https://github.com/junit-team/junit4/wiki/Download-and-Install
7 역주 JUnit의 최신 버전은 5.4.2(2019년 4월 기준)입니다. JUnit 5에서는 작동하지 않는 부분이 있으므로 JUnit 4를 기준으로 합니다.

개발 도구를 내려받아 설치하고 설정하는 방법은 개별 도구의 웹 사이트에서 확인하세요.

책을 사용하는 방법

책은 크게 네 부분으로 나뉘어 있습니다.

- 단위 테스트 기초 부분은 JUnit을 활용하여 기본적인 테스트 코드를 작성하는 기초적인 내용을 다룹니다. 프로젝트에 JUnit을 설정하고 예제 테스트 코드를 작성한 후 좀 더 실제적인 테스트를 합니다. JUnit 구성을 배우고 단언(assertion)과 단위 테스트를 위한 몇몇 핵심 품질을 실습합니다.

- 재빠른 암기법을 마스터하세요! 부분에서는 테스트 코드의 품질을 향상시키는 약어를 세 개 배웁니다. FIRST는 좋은 테스트 속성을 결정하고, Right-BICEP은 무엇을 테스트할지 결정하며, CORRECT는 경계 조건을 테스트하는 방법을 알려 줍니다.

- 더 큰 설계 그림 부분은 단위 테스트에 대한 SW 설계의 적절성과 그 반대도 논의합니다. 작거나 크게 리팩토링해 보고, 테스트 코드도 리팩토링해 봅니다. 목 객체를 활용하는 방법을 배우고 까다로운 의존성도 관리합니다.

- 더 큰 단위 테스트 그림 부분은 단위 테스트에 대한 좀 더 거시적인 관심사를 다룹니다. 테스트 주도 개발(TDD)을 배우며, 좀 더 흥미로운 코드 문제에 대한 테스트 사례를 다룹니다. 그리고 팀 환경에서 단위 테스트를 어떻게 도입할지도 다룹니다.

단위 테스트를 처음 접한다면 책을 처음부터 끝까지 읽어 보세요.

단위 테스트에 익숙하다면 단위 테스트 기초 부분은 건너뛰어도 됩니다. 하지만 2장에서는 책 전반에서 활용하는 iloveyouboss 앱을 소개하고 있기 때문에 내용을 빠르게 파악하려면 2장은 훑어볼 것을 추천합니다.

그 외에는 관심 있는 부분만 골라 학습해도 됩니다. 흥미로운 주제를 참고할 만한 링크도 많이 제공합니다.

코드와 온라인 자료

책에는 자바 코드가 많이 있습니다. 거의 대부분은 배포되는 소스에 포함되어 있으며, 길벗출판사 웹 사이트(http://www.gilbut.co.kr)나 깃허브(https://github.com/gilbutITbook/006814)에서 내려받을 수 있습니다.

코드는 책에 표시된 경로와 파일 이름으로 바로 찾을 수 있습니다.

iloveyouboss_03/test/iloveyouboss/ScoreCollectionTest.java
```java
public class ScoreCollectionTest {
    @Test
    public void test() {
    }
}
```

예를 들어 이 코드는 iloveyouboss_03/test/iloveyouboss 디렉터리에 있는 ScoreCollectionTest.java 파일에 있습니다.

책의 코드 조각은 원본 소스 코드에서 복사한 것이 아니라 자동으로 추출한 것입니다. 책에 있는 소스 코드는 예제 코드와 정확히 같아야 하지만 IDE 설정 때문에 조금 달라질 수 있습니다. 가장 주목할 만한 사항은 책에서는 import

문에서 와일드카드(*)를 사용한다는 것입니다(예를 들어 import java.util.*). 반면 IDE에서는 import 문을 클래스당 한 개씩 할당하여 표시할 수 있습니다 (예를 들어 import java.util.List).

코드에서 군더더기를 줄이려고 예제 코드를 표시할 때 패키지 이름은 제외했습니다. 예제 코드는 읽는 것으로 끝내지 말고 가능하면 실제로 입력하면서 따라 하기를 권합니다.

책 활용법

UNIT TESTING

예제 파일 내려받기

책에서 사용하는 예제 파일은 길벗출판사 웹 사이트에서 도서 이름으로 검색하여 내려받거나 깃허브에서 내려받을 수 있습니다.

- **길벗출판사 웹 사이트**: http://www.gilbut.co.kr
- **깃허브**: https://github.com/gilbutITbook/006814

예제 파일 구조

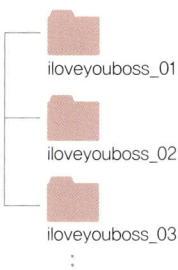

iloveyouboss_01

iloveyouboss_02

iloveyouboss_03

- 책의 모든 예제 코드는 자바 12(jdk 12.0.1)와 JUnit 4에서 테스트했습니다(이클립스 2018-9).
- 일부 예제 코드는 일부러 오류가 발생하도록 작성했습니다.

실습 후기   UNIT TESTING

기술 베타 리더 후기

먼저 베타 리딩 기회를 주셔서 감사합니다. 실무에서 개발뿐만 아니라 품질을 향상시키려고 항상 노력하는 SDET 전문가로서 이 책은 저에게 정말로 의미가 있었습니다. JUnit, 목(mock) 사용법뿐만 아니라, 테스트를 잘 설계할 수 있는 가이드와 방법론, 까다로운 주제인 스레드나 데이터베이스, 컨트롤러 검증 방법도 함께 소개합니다. 평소 TDD가 어렵다거나 실무적이지 않다고 생각하는 개발자들이 꼭 읽었으면 합니다. 역자 덕분에 알게 된 저자의 진심 어린 외침이 여러분에게도 전달되기를 바라며, 개발자들에게 적극 추천합니다.

- **실습 환경** Windows 10, Java 11.0.3 2019-04-16 LTS, Eclipse IDE for Java Developers 2019-03(4.11.0) | 전체

나상혁 선임연구원_LG전자 Software college 강사 및 SDET 전문가, 차량 SW 기술 개발

이 책은 자바 개발 환경에서 테스트 코드를 작성하는 활동을 구체적으로 다룹니다. 초반부는 테스팅이 익숙하지 않은 독자를 고려하여 JUnit과 햄크레스트 매치를 다루는데, 이미 테스트에 익숙하더라도 초반부만 읽고 책을 내려놓지 말고 좀 더 읽어 주세요. 초반부만 지나면 테스트 코드를 작성하는 가이드와 방법론, 그리고 TDD를 점진적으로 진행하는 과정을 경험할 수 있습니다. 책을 읽을 때 아주 중요한 점이 하나 있는데, 바로 첫 장에 나오는 예제 애플리케이션입니다. 첫 장의 예제를 책 전반에 걸쳐서 사용하기 때문에 예제 애플리케이션에 대한 이해가 책 내용을 다양한 관점에서 읽는 데 많은 도움을 줍니다. 깃을 활용하여 점진적으로 테스트 코드를 개선하는 과정을 커밋 단위로 비교할 수 있었으면 어땠을까 하는 아쉬움이 남습니다. 하지만 이 부분은 독자들이 예제를 직접 따라 하면서 경험하도록 여지를 남겨 둔 것으로 생각해도 좋을 것 같습니다.

- **실습 환경** macOS Mojave(10.14.3), IntelliJ IDEA 2019.1, AdoptOpenJDK 1.8.0_202-b08 | 전체

조우진_라인플러스

목차

1부 단위 테스트의 기초 ····· 024

1장 첫 번째 JUnit 테스트 만들기 ····· 025

- 1.1 단위 테스트를 작성하는 이유 **026**
- 1.2 JUnit의 기본: 첫 번째 테스트 통과 **028**
    - 1.2.1 프로젝트 설정 029
    - 1.2.2 JUnit 테스트 좀 더 이해 032
    - 1.2.3 JUnit 실행 033
- 1.3 테스트 준비, 실행, 단언 **036**
- 1.4 테스트가 정말로 뭔가를 테스트하는가? **038**
- 1.5 마치며 **039**

2장 JUnit 진짜로 써 보기 ····· 041

- 2.1 테스트 대상 이해: Profile 클래스 **043**
- 2.2 어떤 테스트를 작성할 수 있는지 결정 **046**
- 2.3 단일 경로 커버 **048**
- 2.4 두 번째 테스트 만들기 **051**
- 2.5 @Before 메서드로 테스트 초기화 **052**
- 2.6 이제 어떤가? **056**
- 2.7 마치며 **057**

UNIT TESTING

3장 JUnit 단언 깊게 파기 ····· 059

3.1 JUnit 단언 060
3.1.1 assertTrue 061
3.1.2 assertThat은 명확한 값을 비교 062
3.1.3 중요한 햄크레스트 매처 살펴보기 065
3.1.4 부동소수점 수를 두 개 비교 068
3.1.5 단언 설명 069

3.2 예외를 기대하는 세 가지 방법 070
3.2.1 단순한 방식: 애너테이션 사용 071
3.2.2 옛 방식: try/catch와 fail 071
3.2.3 새로운 방식: ExpectedException 규칙 072
3.2.4 예외 무시 074

3.3 마치며 075

4장 테스트 조직 ····· 077

4.1 AAA로 테스트 일관성 유지 078
4.2 동작 테스트 vs 메서드 테스트 080
4.3 테스트와 프로덕션 코드의 관계 081
4.3.1 테스트와 프로덕션 코드 분리 082
4.3.2 내부 데이터 노출 vs 내부 동작 노출 084
4.4 집중적인 단일 목적 테스트의 가치 085
4.5 문서로서의 테스트 087
4.5.1 일관성 있는 이름으로 테스트 문서화 087
4.5.2 테스트를 의미 있게 만들기 089
4.6 @Before와 @After (공통 초기화와 정리) 더 알기 090
4.6.1 BeforeClass와 AfterClass 애너테이션 092

4.7 녹색이 좋다: 테스트를 의미 있게 유지 094
    4.7.1 테스트를 빠르게 094
    4.7.2 테스트 제외 096

4.8 마치며 097

2부 빠른 암기법 습득 ····· 098

5장 좋은 테스트의 FIRST 속성 ····· 099

5.1 FIRST: 좋은 테스트 조건 100

5.2 [F]IRST: 빠르다 101

5.3 F[I]RST: 고립시킨다 108

5.4 FI[R]ST: 좋은 테스트는 반복 가능해야 한다 109

5.5 FIR[S]T: 스스로 검증 가능하다 113

5.6 FIRS[T]: 적시에 사용한다 115

5.7 마치며 116

6장 Right-BICEP: 무엇을 테스트할 것인가? ····· 119

6.1 [Right]-BICEP: 결과가 올바른가? 120

6.2 Right-[B]ICEP: 경계 조건은 맞는가? 122

6.3 경계 조건에서는 CORRECT를 기억하라 127

6.4 Right-B[I]CEP: 역 관계를 검사할 수 있는가? 128

6.5 Right-BI[C]EP: 다른 수단을 활용하여 교차 검사할 수 있는가? 131

6.6 Right-BIC[E]P: 오류 조건을 강제로 일어나게 할 수 있는가? 132

6.7 Right-BICE[P]: 성능 조건은 기준에 부합하는가? 134
6.8 마치며 137

7장 경계 조건: CORRECT 기억법 ····· 139

7.1 [C]ORRECT: [C]onformance(준수) 141
7.2 C[O]RRECT: [O]rdering(순서) 143
7.3 CO[R]RECT: [R]ange(범위) 145
　　7.3.1 불변성을 검사하는 사용자 정의 매처 생성 149
　　7.3.2 불변 메서드를 내장하여 범위 테스트 150
7.4 COR[R]ECT: [R]eference(참조) 155
7.5 CORR[E]CT: [E]xistence(존재) 157
7.6 CORRE[C]T: [C]ardinality(기수) 158
7.7 CORREC[T]: [T]ime(시간) 161
7.8 마치며 163

3부 더 큰 설계 그림 ····· 164

8장 깔끔한 코드로 리팩토링하기 ····· 165

8.1 작은 리팩토링 166
　　8.1.1 리팩토링의 기회 167
　　8.1.2 메서드 추출: 두 번째로 중요한 리팩토링 친구 168
8.2 메서드를 위한 더 좋은 집 찾기 170
8.3 자동 및 수동 리팩토링 173

8.4 과한 리팩토링?　**176**

　　8.4.1 보상: 명확하고 테스트 가능한 단위들　178
　　8.4.2 성능 염려: 그러지 않아도 된다　178

8.5 마치며　**180**

9장　더 큰 설계 문제 ····· 181

9.1 Profile 클래스와 SRP　**182**

9.2 새로운 클래스 추출　**186**

9.3 명령-질의 분리　**191**

9.4 단위 테스트의 유지 보수 비용　**194**

　　9.4.1 자신을 보호하는 방법　195
　　9.4.2 깨진 테스트 고치기　196

9.5 다른 설계에 관한 생각들　**198**

9.6 마치며　**202**

10장　목 객체 사용 ····· 203

10.1 테스트 도전 과제　**204**

10.2 번거로운 동작을 스텁으로 대체　**207**

10.3 테스트를 지원하기 위한 설계 변경　**211**

10.4 스텁에 지능 더하기: 인자 검증　**212**

10.5 목 도구를 사용하여 테스트 단순화　**215**

10.6 마지막 하나의 단순화: 주입 도구 소개　**218**

10.7 목을 올바르게 사용할 때 중요한 것　**220**

10.8 마치며　**222**

11장 테스트 리팩토링 ····· 223

11.1 이해 검색   224
11.2 테스트 냄새: 불필요한 테스트 코드   226
11.3 테스트 냄새: 추상화 누락   228
11.4 테스트 냄새: 부적절한 정보   232
11.5 테스트 냄새: 부푼 생성   235
11.6 테스트 냄새: 다수의 단언   236
11.7 테스트 냄새: 테스트와 무관한 세부 사항들   238
11.8 테스트 냄새: 잘못된 조직   240
11.9 테스트 냄새: 암시적 의미   242
11.10 새로운 테스트 추가   244
11.11 마치며   245

4부 더 큰 단위 테스트 그림 ····· 246

12장 테스트 주도 개발 ····· 247

12.1 TDD의 주된 이익   249
12.2 단순하게 시작   250
12.3 또 다른 증분 추가   253
12.4 테스트 정리   256
12.5 또 다른 작은 증분   259
12.6 다수의 응답 지원: 작은 설계 우회로   262
12.7 인터페이스 확장   264
12.8 마지막 테스트들   268

12.9 문서로서의 테스트 270

12.10 TDD의 리듬 272

12.11 마치며 273

13장 까다로운 테스트 ····· 275

13.1 멀티스레드 코드 테스트 276
13.1.1 단순하고 똑똑하게 유지 277
13.1.2 모든 매칭 찾기 278
13.1.3 애플리케이션 로직 추출 279
13.1.4 스레드 로직의 테스트 지원을 위해 재설계 284
13.1.5 스레드 로직을 위한 테스트 작성 286

13.2 데이터베이스 테스트 288
13.2.1 고마워, Controller 289
13.2.2 데이터 문제 292
13.2.3 클린 룸 데이터베이스 테스트 293
13.2.4 controller를 목 처리 296

13.3 마치며 298

14장 프로젝트에서 테스트 ····· 299

14.1 빠른 도입 300

14.2 팀과 같은 편 되기 301
14.2.1 단위 테스트 표준 만들기 302
14.2.2 리뷰로 표준 준수 높이기 303
14.2.3 짝 프로그래밍을 이용한 리뷰 304

14.3 지속적 통합으로 수렴 **305**

14.4 코드 커버리지 **307**

    14.4.1 커버리지는 어느 정도여야 하는가? 310

    14.4.2 100% 커버리지는 진짜 좋은가? 311

    14.4.3 코드 커버리지의 가치 312

14.5 마치며 **313**

부록 A 인텔리제이 IDEA와 넷빈즈에서 JUnit 설정 ····· 315

A.1 인텔리제이 IDEA **317**

A.2 넷빈즈 **322**

찾아보기 **327**

제 **1** 부

단위 테스트의 기초

먼저 예제 몇 개로 시작합니다. 그리고 다양한 JUnit의 단언을 알아보고 마지막으로 단위 테스트 코드를 어떻게 작성하고 구성하는지 살펴봅니다. 여러분은 단위 테스트에 대해 알기도 전에 바로 작성해 볼 수 있을 것입니다.

1장

첫 번째 JUnit 테스트 만들기

1.1 단위 테스트를 작성하는 이유
1.2 JUnit의 기본: 첫 번째 테스트 통과
1.3 테스트 준비, 실행, 단언
1.4 테스트가 정말로 뭔가를 테스트하는가?
1.5 마치며

이 장에서는 작은 단위 테스트를 만들어 봅니다. 프로젝트를 설정하고 테스트 클래스를 추가합니다. 또 테스트 메서드가 어떻게 생겼는지 알아봅니다. 여기서는 JUnit 테스트 코드를 실행하고 통과하는 것이 가장 중요합니다.

1.1 단위 테스트를 작성하는 이유

팻은 방금 코드 20여 줄을 시스템에 추가하는 작은 작업을 마쳤습니다. 그는 자신이 변경한 코드에 대해 상당히 자신 있었지만, 배포된 시스템에는 오랜만에 변경된 코드를 적용해 보았습니다. 팻은 빌드 스크립트를 실행하여 변경된 코드를 패키징하고 로컬 웹 서버에 배포했습니다. 애플리케이션을 실행하고 웹 브라우저에서 적절한 화면으로 이동하여 약간의 데이터를 입력하고 제출했습니다. 앗! 스택 트레이스[1]가 나왔네요.

팻은 한동안 화면을 바라보고 코드를 쳐다봅니다. 아하! 필드를 초기화하는 것을 잊었네요. 그 부분을 고치고 다시 빌드 스크립트를 실행합니다. 애플리케이션을 실행하고 데이터를 넣어 다시 제출합니다. 음, 결괏값이 다르네요. 이번에는 문제를 해결하는 데 좀 더 시간이 걸립니다. 디버거를 연 팻은 몇 분 후 배열을 인덱싱할 때 한 끗 차이 오류(off-by-one error)[2]가 있음을 발견합니다. 다시 고치고 배포하고 화면을 이동하여 데이터를 넣고 결과를 확인합니다.

다행히 세 번째 시도는 성공했습니다. 하지만 그는 코드를 세 번 수정(수동 테스트)하는 데 15분 정도를 소모했습니다.

---

1 역주 자바에서는 예외가 발생할 때 긴 스택 트레이스가 나옵니다. 무언가 잘못되었다는 의미입니다.
2 역주 for 등 반복문을 쓸 때 한 개가 적거나 많아서 발생하는 오류입니다.

데일은 조금 다르게 일합니다. 그녀는 코드를 작성할 때마다 시스템에 추가되는 작은 변화를 검증할 수 있는 단위 테스트도 작성합니다. 그다음 모든 단위 테스트를 실행합니다. 그것은 몇 초 안에 실행되고 다음으로 넘어갈지 여부를 결정하는 데 그리 오래 걸리지 않습니다.

문제가 있다면 데일은 즉시 중단하고 고칩니다. 그녀의 문제는 발견하기 쉽습니다. 실수 위에 수많은 코드를 쌓기보다 코드만 몇 줄 추가했기 때문입니다.

데일은 시스템의 나머지 요소와 함께 테스트를 계속 유지합니다. 그녀 혹은 다른 사람이 같은 영역의 코드를 변경할 때도 테스트는 값어치를 합니다. 이 단위 테스트들이 쌓이면 회귀 테스트(regression testing)를 지원합니다. 즉, 그녀는 더 이상 기존 동작을 깨트리지 않으면서 새로운 변경점을 검증하려고 몇 분을 소모할 필요가 없다는 의미입니다.

또 데일이 하는 테스트는 시스템이 무엇을 하는지 이해하는 데도 팻과 다른 모든 사람의 시간을 현저히 줄여 줍니다. 비즈니스 분석가인 매두는 "X와 Y를 조합하여 입력했을 때 시스템은 무엇을 하죠?"라고 묻습니다. 팻의 대답은 대개 "모르겠는데요. 코드를 좀 볼게요."입니다. 팻은 때때로 1~2분 내 대답하기도 하지만, 종종 30분 혹은 그 이상이 걸리기도 합니다. 반대로 데일은 그녀의 단위 테스트를 살펴보고는 즉시 대답합니다

데일의 발자취를 따라 작고 집중된 단위 테스트를 작성하는 방법을 알아봅시다. 먼저 기본적인 JUnit 개념부터 알아보겠습니다.

1.2 JUnit의 기본: 첫 번째 테스트 통과

UNIT TESTING

첫 번째 예제에서는 ScoreCollection이라는 작은 클래스를 테스트합니다. 목적은 Scoreable 객체의 컬렉션 평균을 반환하는 것입니다(Scoreable 객체는 점수를 가집니다).

이 첫 번째 예제에 대해 먼저 이클립스 화면을 봅시다. 화면은 최초로 JUnit을 설정하고 사용하는 방법을 알려 줍니다. 이 장 이후에는 스크린샷이 없으며 필요하지도 않습니다.

이클립스를 사용하지 않아도 괜찮습니다. JUnit으로 작성하면 이클립스, 인텔리제이 IDEA, 넷빈즈와 그 외 다른 개발 환경에서 모두 동일하게 작동합니다. JUnit을 프로젝트에서 설정하는 방식과 JUnit의 생김새(looks and feels)는 다를 수도 있습니다. 부록에서 비교할 수 있는 화면들을 찾을 수 있습니다.

테스트하려는 코드는 다음과 같습니다.

iloveyouboss_01/src/iloveyouboss/Scoreable.java

```
package iloveyouboss;

@FunctionalInterface
public interface Scoreable {
    int getScore();
}
```

iloveyouboss_01/src/iloveyouboss/ScoreCollection.java

```
package iloveyouboss;

import java.util.*;
```

```java
public class ScoreCollection {
    private List<Scoreable> scores = new ArrayList<>();

    public void add(Scoreable scoreable) {
        scores.add(scoreable);
    }

    public int arithmeticMean() {
        int total = scores.stream().mapToInt(Scoreable::getScore).sum();
        return total / scores.size();
    }
}
```

ScoreCollection 클래스의 add( ) 메서드는 Scoreable 인스턴스를 인자로 받습니다. Scoreable 객체는 간단히 int형의 score 값을 반환합니다.

편하게 소스 코드를 개발 환경에 입력해 보세요. 길벗출판사의 깃허브(https://github.com/gilbutITbook/006814)에서도 내려받을 수 있습니다. 우리는 개인적으로 자바에 있는 람다처럼 재미있다고 생각되는 것을 배우고 있습니다. 따라서 예제 코드를 스스로 입력해 보세요. 단지 복사해서 붙여 넣는 것보다는 입력해 보는 것이 훨씬 도움이 될 것입니다.

1.2.1 프로젝트 설정

ScoreCollection과 같은 패키지에 테스트를 작성하겠습니다(여기서는 iloveyouboss로 설정). 이클립스에서는 소스 폴더를 프로덕션 코드와 분리할 수 있습니다. 각각 src와 test 폴더입니다.

계속 진행하기 전에 test 폴더를 생성합니다. 이클립스에서 하는 가장 쉬운 방법은 Package Explorer에서 하는 것입니다. 프로젝트를 선택하고 마우스 오른쪽 버튼을 누릅니다. 컨텍스트 메뉴가 나오면 New > Source Folder를 선택합니다. 이름을 test라고 입력하고 Finish를 누릅니다.

다음으로 ScoreCollection을 위한 JUnit 테스트 클래스를 생성합니다. 이클립스에서는 다음과 같이 합니다.

1. Package Explorer에 있는 **ScoreCollection.java** 항목을 선택합니다.
2. 마우스 오른쪽 버튼을 누르면 컨텍스트 메뉴가 나옵니다.
3. **New** > **JUnit Test Case** 메뉴를 선택합니다.

그림 1-1은 **JUnit Test Case** 메뉴를 선택하는 화면입니다.

▼ 그림 1-1 ScoreCollection 클래스를 위한 JUnit 테스트 클래스 생성

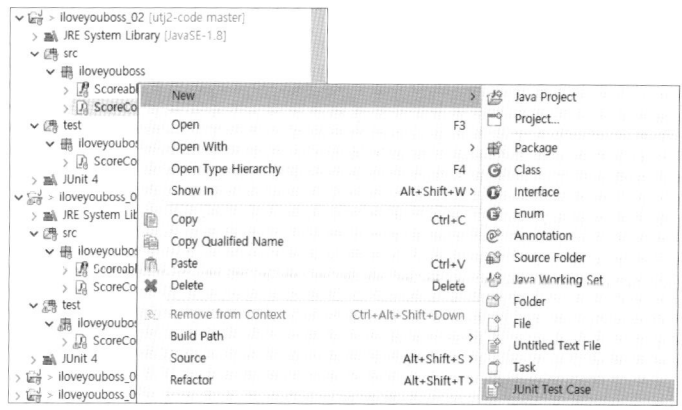

이클립스는 복잡한 마법사 대화상자를 보여 주지만 대부분은 거의 사용하지 않습니다. 단지 소스 폴더에 iloveyouboss_02/test 폴더를 추가했다는 것만 이클립스에 알려 주면 됩니다. 변경되는 사항은 그림 1-2에서 박스 처리된 작은 영역입니다.

▼ 그림 1-2 ScoreCollection 클래스를 위한 JUnit 테스트 클래스 생성(계속)

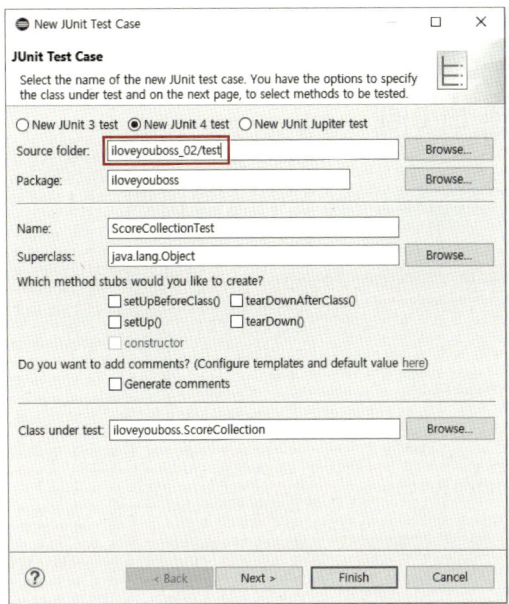

Finish를 누르면 테스트 클래스가 생성됩니다. iloveyouboss 프로젝트에서 테스트 코드를 생성하는 것이 처음이기 때문에 이클립스는 JUnit 4 라이브러리를 프로젝트에 추가해야 한다고 알려 줍니다(JUnit 4는 2006년 이클립스에 기본 탑재되었습니다). 그림 1-3은 간단한 팝업[3]을 보여 줍니다.

▼ 그림 1-3 JUnit 4 라이브러리 추가

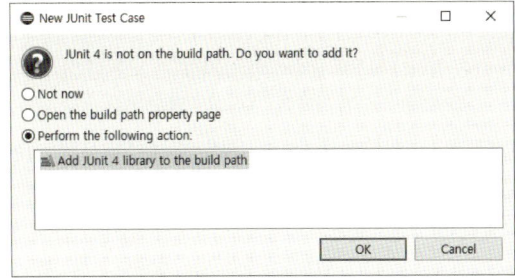

---

3 역주 최신 이클립스에서는 JUnit 5가 기본으로 보입니다. 환경 설정은 부록을 참고하세요.

좋습니다. OK를 누릅니다.

1.2.2 JUnit 테스트 좀 더 이해

이클립스는 간단한 템플릿을 제공합니다. 바로 실행할 수 있습니다.

iloveyouboss_02/test/iloveyouboss/ScoreCollectionTest.java

```
    package iloveyouboss;

❶ import static org.junit.Assert.*;
❷ import org.junit.*;

❸ public class ScoreCollectionTest {

❹       @Test
❺       public void test() {
❻           fail("Not yet implemented");
        }
    }
```

중요한 부분이므로 잘 따라오세요.

❶ fail 정적 메서드는 org.junit.Assert 클래스에 있습니다.

❷ @Test 애너테이션은 org.junit 패키지에 있습니다.

❸ 테스트 클래스 이름은 ScoreCollectionTest입니다. 많은 팀에서는 테스트 대상 클래스 (타깃 클래스라고 함) 이름에 Test를 붙여서 테스트 클래스 이름을 만드는 표준 방법을 채택합니다(주어진 타깃에 대한 테스트 클래스를 나중에 여러 개 만들 때도 많습니다).

❹ JUnit은 @Test 애너테이션이 붙은 test 메서드를 테스트로 실행합니다. 테스트 클래스에는 테스트 메서드가 아닌 다른 메서드도 포함할 수 있으며 JUnit은 그것들을 알아서 제외합니다.

❺ JUnit은 테스트 클래스에 test라는 단일 테스트 메서드를 생성합니다. 가장 중요한 정보 조각인 테스트 메서드 이름은 기본적으로 test입니다. 언제든지 의미 있는 이름으로 변경할 수 있습니다.

❻ 이클립스는 테스트의 기본 몸체에 의도적으로 테스트 실패 상황을 추가했습니다. JUnit에서 이 테스트를 실행하면 `fail()` 메서드로 인해 테스트가 실패합니다. 그 지점에서 JUnit은 Not yet implemented라는 정보를 알려 주는 실패 메시지를 표시합니다. 이러한 스텁(stub) 실패 문은 나중에 진짜 테스트로 교체하면 됩니다.

1.2.3 JUnit 실행

이제 프로젝트에서 JUnit을 실행해 봅시다. Package Explorer에서 프로젝트(iloveyouboss)를 마우스 오른쪽 버튼으로 누르면 컨텍스트 메뉴가 나옵니다. **Run As 〉 JUnit Test** 메뉴를 선택합니다.

▼ 그림 1-4 JUnit 테스트 실행

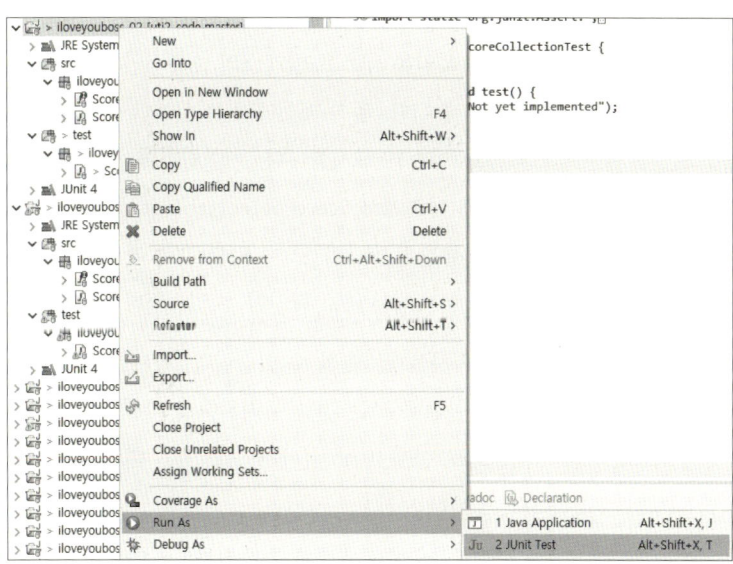

JUnit 뷰에서는 JUnit 테스트 정보를 표시합니다.

▼ 그림 1-5 JUnit 테스트 실행 결과(실패)

가장 눈에 띄는 JUnit의 가시적인 표현은 꽉 찬 적색 막대입니다. 한 개 혹은 그 이상의 테스트가 실패했습니다. 색상 기호만으로는 잘 모르겠다면 적색 막대 옆에 있는 요약된 수치를 보면 됩니다. 예에서 Runs는 전체 테스트 개수를 의미하고, Errors는 없고 Failures는 1로 테스트 한 개가 실패했다고 표시되어 있습니다.

적색 막대 아래에 있는 페인(pane) 두 개는 JUnit의 테스트 실행 결과에 대한 자세한 정보를 알려 줍니다. 왼쪽 페인은 테스트 클래스의 계층적인 뷰와 그 안에 포함된 테스트 메서드를 보여 줍니다. 왼쪽 페인에 있는 실패한 테스트를 선택하면 오른쪽 페인에 스택 트레이스를 표시합니다. 이클립스에서 한 개뿐인 test 메서드를 선택하면 오른쪽 페인에서 ScoreCollectionTest 클래스의 10행에서 java.lang.AssertionError를 던졌음을 알 수 있습니다. 예외 메시지는 Not yet implemented이고, 소스 코드에서 바로 확인할 수 있습니다. 좋습니다!

JUnit 뷰의 최상위에서 도구 아이콘을 몇 개 볼 수 있습니다. 커서를 위에 놓으면 도움말이 나옵니다. 이들을 실험해 보는 것을 두려워하지 마세요. 가장 유용한 것은 Rerun Test 아이콘으로 현재 JUnit 뷰에서 보고 있는 테스트 집합을 한 번 더 실행하는 것입니다. 실행해 보세요.

JUnit에서 보여 주는 적색 막대는 강해 보여서 그다지 정이 가지 않습니다. 우리는 본능적으로 적색 막대를 보면 조용히 코드 혹은 테스트 코드를 고치고, 더 이상 적색이 보이지 않을 때까지 테스트를 다시 할 것입니다. '바륨(신경 안정제)을 먹은 소'[4]를 생각해 보세요.

---

4 역주 바륨을 먹은 소처럼 한눈에 이상하다는 것을 알 수 있다는 의미입니다.

적색 막대를 보이지 않게 하려면 fail 메서드 호출을 제거합니다.

iloveyouboss_03/test/iloveyouboss/ScoreCollectionTest.java
```java
public class ScoreCollectionTest {
    @Test
    public void test() {
    }
}
```

(여러분은 책에 있는 코드에서 전체 코드가 아닌 설명에 해당하는 부분만 보게 될 것입니다. 길벗출판사의 깃허브[5]에서 전체 소스 코드를 내려받을 수 있습니다.)

테스트를 재실행합니다. 이제 화면에 영광스럽고 빛나는 JUnit의 녹색 막대를 볼 수 있습니다. 스크린샷은 제공하지 않으니 스스로 확인해 보세요. 테스트를 통과했습니다.

통과한 테스트는 JUnit의 중요한 설계 기능을 정리해 줍니다. JUnit이 test 메서드를 호출하면 그 안에 있는 문장들을 차례로 실행합니다. JUnit이 테스트의 마지막에 fail 메서드를 만나거나 단언문이 실패(곧 보게 될 것임)하지 않는 한 테스트는 성공합니다.

우리 테스트는 비어 있기 때문에 실행하는 즉시 통과합니다.

녹색 막대를 얻었으니 축하합시다! 때때로 환경 설정이 가장 어렵습니다. 여전히 잘 되지 않는다면 동료에게 도움을 청하거나 인터넷을 찾아보세요.

IDE에서 JUnit으로 작업하는 방법을 거의 배웠습니다. 필요할 때는 코드를 보면 되므로 앞으로는 책에 스크린샷을 싣지 않겠습니다. 하지만 여러분이 선택한 IDE 사용법은 따로 익혀야 합니다. 이클립스와 다른 IDE에서는 테스트를 시작하고 재실행하고 테스트 창과 편집 창을 오가는 등 단축키를 제공합니다. 단축키를 잘 사용하면 효과적으로 코딩할 수 있습니다.

---

[5] 역주 https://github.com/gilbutITbook/006814

1.3 테스트 준비, 실행, 단언

앞 절에서는 아무것도 하지 않는 테스트를 실행했습니다. 이제 ScoreCollection 클래스에 대한 테스트 코드를 작성할 차례입니다.

타깃 코드에 대한 기대 행동을 제공하는 시나리오인 테스트 케이스(test case)에서 시작합니다. ScoreCollection 클래스를 테스트하려면 숫자 5와 7을 더하고 arithmeticMean 메서드가 6을 반환하는지 확인합니다. 5+7/2는 6이기 때문입니다.

테스트 이름은 answersArithmeticMeanOfTwoNumbers입니다. 이것은 테스트 메서드에서 시험하는 시나리오를 정확하게 요약하고 있습니다. 코드는 다음과 같습니다.

iloveyouboss_04/test/iloveyouboss/ScoreCollectionTest.java

```java
package iloveyouboss;

import static org.junit.Assert.*;
import static org.hamcrest.CoreMatchers.*;
import org.junit.*;

public class ScoreCollectionTest {
    @Test
    public void answersArithmeticMeanOfTwoNumbers() {
        // 준비
        ScoreCollection collection = new ScoreCollection();
        collection.add(() -> 5);
        collection.add(() -> 7);

        // 실행
        int actualResult = collection.arithmeticMean();

        // 단언
```

```
19            assertThat(actualResult, equalTo(6));
20        }
21    }
```

테스트에서 어떤 것을 하기 위해서는 먼저 테스트 상태를 설정하는 준비 (arrange) 단계의 일들을 해야 합니다. 예를 들어 ScoreCollection 인스턴스를 생성하고 Scoreable 구현 객체로 add() 메서드를 두 번 호출합니다.

Scoreable 인스턴스를 생성할 때 우리 시스템에서는 Scoreable 인터페이스를 구현하고 있는 클래스를 찾아 이것의 인스턴스를 생성합니다. 혹은 (중첩 클래스로서 테스트 안에서) Scoreable 인터페이스의 getScore 메서드가 반환할 값을 설정할 수 있게 하는 구현을 정의할 수도 있지만, 별도의 불필요한 코드가 많이 필요합니다. 좀 더 단순한 방법은 람다 표현식을 사용하여 Scoreable 인스턴스에서 원하는 값을 반환하도록 지정하는 것입니다. 예를 들어 () -> 5입니다.

테스트를 준비한 후에는 검증하려는 코드인 arithmeticMean 메서드를 실행(act)합니다.

마지막으로 기대하는 결과를 단언(assert)합니다. 우리는 assertThat() 메서드를 사용하는데, 이 메서드는 실제 결과와 matcher 객체를 인사로 받습니다. equalTo 매처는 실제 값과 기대되는 값인 6을 비교합니다. JUnit은 매처에 적용되는 결과가 참이면 테스트를 통과합니다. 그렇지 않으면 테스트는 실패합니다.

equalTo 매처를 사용하려면 org.hamcrest.CoreMatchers 클래스를 정적 임포트 하세요(04행).

이제 동작을 검증합니다. JUnit을 실행하고 사랑스러운 녹색 막대를 기다립시다.

테스트가 실제로 아무것도 하지 않는다고 걱정한다면 기댓값을 6에서 다른 것(예를 들어 42)으로 변경해 보세요. JUnit을 재실행하고 테스트가 실패하는지 보세요. 거슬리는 적색으로 변경되었습니다.

실패한 단언문은 오류를 보고하는 것 이상의 일을 합니다. JUnit 자체에서 잡는 런타임 예외를 던져서 테스트를 멈춥니다. 실패한 단언문을 지나치지 마세요. 200달러를 모으지 마세요.[6] 실패하는 단언문 아래에 어떤 것이 있다면 실행되지 않습니다. 한 가지 팁은 테스트의 가장 마지막에 단언문을 넣는 것입니다.

1.4 테스트가 정말로 뭔가를 테스트하는가?

여러분은 심지어 테스트가 실패하는지 확인하는 강력한 규율을 원할 수도 있습니다. 항상 그 테스트가 실패하는지 확인하는 것을 고려하세요. 의도하지 않게 여러분이 생각하는 것을 실제로 검증하지 않는 나쁘고 품이 많이 드는 테스트를 작성할 수도 있습니다.

사실 테스트 주도 개발을 따르는 프로그래머들은 항상 테스트에서 먼저 실패합니다. 그리고 작성하는 코드는 테스트를 통과하도록 작성해야 합니다. 이러한 규율에 대해 TDD 실무자들이 어떻게 주기를 형성하는지는 12장을 참고하세요.

> **Tip** 정상적으로 동작하는지 증명하기 위해 의도적으로 테스트에 실패하세요.

---

[6] 역주 이 표현은 모노폴리 보드 게임에서 사용하는 문구로 우회로는 없다고 말할 때 널리 씁니다.
https://en.wiktionary.org/wiki/do_not_pass_go,_do_not_collect_$200

1.5 마치며

이 장에서는 가장 중요한 도전을 이루어냈습니다. IDE에서 JUnit을 활용하여 테스트를 통과했습니다. 축하합니다. 하지만 실제 코드는 이렇게 단순하지 않습니다. 다음 장에서는 다양한 예제에 대한 테스트 코드를 작성하고 그 과정에서 JUnit에 대해 좀 더 많은 것을 배웁니다.

다음으로 넘어가기 전에 우리는 ScoreCollection 클래스에 대한 한 가지 테스트를 작성했습니다. 이것으로 충분할 수도 있고 아닐 수도 있습니다. 잠시 시간을 내어 ScoreCollection 클래스의 소스 코드를 분석해 보세요. 그리고 자신에게 물어보세요.

- 코드가 정상적으로 동작하는지 확신하려고 추가적인 테스트를 작성할 필요가 있는가?
- 내가 클래스에서 결함이나 한계점을 드러낼 수 있는 테스트를 작성할 수 있을까?

다음 몇 개 상에서 테스트하는 코드에서는 이러한 질문에 확실하게 대답할 수 있도록 해 볼 것입니다.

2장

JUnit 진짜로 써 보기

2.1 테스트 대상 이해: Profile 클래스

2.2 어떤 테스트를 작성할 수 있는지 결정

2.3 단일 경로 커버

2.4 두 번째 테스트 만들기

2.5 @Before 메서드로 테스트 초기화

2.6 이제 어떤가?

2.7 마치며

이전 장에서 산술 평균을 계산하는 간단한 예제 클래스 ScoreCollection에 대한 테스트 코드를 작성했습니다. 이 코드를 실행하면 JUnit 기초에 대한 좋은 지침을 얻을 수 있습니다.

하지만 팻은 그다지 감동하지 않았습니다. "겨우 숫자들의 평균을 내는 작은 클래스를 테스트하는 수준이잖아? 실제 코드는 그렇게 간단하지 않아."라고 말이죠.

이전 장에서 다룬 내용이 JUnit에 익숙해지는 것에 가깝기는 하지만 팻이 한 말역시 사실입니다. ScoreCollection 클래스를 좀 더 테스트할 수도 있지만 이제는 실전 시스템에 가까운 코드를 테스트해 볼 차례입니다.

이 장에서는 좀 더 시간을 들여 테스트하길 원하는 알찬 코드를 알아봅니다. 코드를 분석하여 코드의 한 가지 경로를 커버하는 테스트를 작성하는 데 집중합니다. 그다음 코드를 따라 두 번째 경로를 검증하는 두 번째 테스트를 작성해 볼 것입니다. 특히 두 번째 테스트는 첫 번째 테스트를 해결하고 나면 이후 테스트가 얼마나 더 쉬운지 보여 줄 것입니다.

또 테스트 구조도 살펴봅니다. 테스트 배치에 대해 준비-실행-단언(AAA, Arrange-Act-Assert) 암기법도 좀 더 탐구해 볼 것입니다. 그리고 공통으로 사용되는 초기화 코드를 한곳에 모을 수 있는 @Before 애너테이션도 알아봅니다.

2.1 테스트 대상 이해: Profile 클래스

여기서는 iloveyouboss 애플리케이션의 일부에 대한 테스트를 작성합니다. 이 프로그램은 잡코리아나 사람인 등과 경쟁하는 구직 웹 사이트입니다. 이 애플리케이션은 잠재적인 구인자에게 유망한 구직자를 매칭하고 데이트 웹 사이트가 그러하듯 반대 방향에 대한 서비스도 제공합니다.

구인자와 구직자는 둘 다 다수의 객관식 혹은 yes-no 질문에 대한 대답을 하는 프로파일을 생성합니다. 웹 사이트는 다른 측 기준에 맞는 프로파일로 점수를 매기고, 고용주와 고용자 모두의 관점에서 최상의 매치를 보여 줍니다.

이제 iloveyouboss의 핵심 클래스인 Profile을 살펴봅니다.

iloveyouboss_06/src/iloveyouboss/Profile.java

```
01  package iloveyouboss;
02
03  import java.util.*;
04
05  public class Profile {
06      private Map<String, Answer> answers = new HashMap<>();
07      private int score;
08      private String name;
09
10      public Profile(String name) {
11          this.name = name;
12      }
13
14      public String getName() {
15          return name;
16      }
17
```

```java
18      public void add(Answer answer) {
19          answers.put(answer.getQuestionText(), answer);
20      }
21
22      public boolean matches(Criteria criteria) {
23          score = 0;
24
25          boolean kill = false;
26          boolean anyMatches = false;
27          for (Criterion criterion: criteria) {
28              Answer answer = answers.get(
29                  criterion.getAnswer().getQuestionText());
30              boolean match =
31                  criterion.getWeight() == Weight.DontCare ||
32                  answer.match(criterion.getAnswer());
33
34              if (!match && criterion.getWeight() ==
                    Weight.MustMatch) {
35                  kill = true;
36              }
37              if (match) {
38                  score += criterion.getWeight().getValue();
39              }
40              anyMatches |= match;
41          }
42          if (kill)
43              return false;
44          return anyMatches;
45      }
46
47      public int score() {
48          return score;
49      }
50  }
```

우리가 자주 보던 코드와 유사합니다. 이제 따라가 보죠.

Profile 클래스(05행)는 어떤 사람이 회사 혹은 구직자에게 물어볼 수 있는 적절한 질문에 대한 답변을 담고 있습니다. 예를 들어 회사는 구직자에게 "근무지를 이동해도 괜찮습니까?"라고 물어볼 수 있습니다. 구직자에 대한 Profile은 그 질문에 대한 true 값을 갖는 Answer 객체를 포함할 수 있습니다. 여러분은 add() 메서드(18행)를 호출하여 Answer 객체를 Profile에 추가합니다. Question 객체는 질문 내용과 답변이 가능한 범위를 포함합니다(예/아니요 질문의 경우 true 혹은 false 값). Answer 객체는 대응하는 Question 객체를 참조하고 그 대답에 대한 적절한 값을 포함합니다(29행).

Criteria 인스턴스(22행)는 단지 다수의 Criterion 객체를 담는 컨테이너입니다. Criterion 객체(27행에서 처음 참조)는 고용주가 구직자를 찾거나 그 반대를 의미합니다. 그것은 Answer 객체와 그 질문이 얼마나 중요한지 의미하는 Weight 객체를 캡슐화합니다.

matches() 메서드는 Criteria 객체(22행)를 인자로 받아 각 Criterion(27행)에 대해 반복문을 실행하여 해당 기준이 프로파일에 있는 답변과 맞는지 결정합니다(30행). 기준이 절대적(absolute must)이지만 정답과 맞지 않는다면 matches() 메서드는 false를 반환합니다(34행과 42행). 그리고 프로파일에 맞는 기준이 없다면 matches() 메서드는 false를 반환합니다(26행과 40행, 44행). 그 외 모든 경우에는 true를 반환합니다.

또 matches() 메서드는 부작용[1]을 포함합니다. 어떤 기준이 프로파일의 정답과 일치하면 프로파일에 대한 점수가 기준의 가중치만큼 증가합니다(37행).

지금까지는 논리적으로 보입니다. 하지만 matches() 메서드는 꽤 복잡하고 이것이 우리가 원하는 대로 동작하는지 알고 싶습니다. 이제 그에 대한 테스트 코드를 작성해 봅시다.

---

[1] 역주 함수형 프로그래밍에서 부작용은 함수 외부에 있는 객체 혹은 변수 내용을 변경하는 것을 의미합니다. 예를 들어 로그를 출력하는 메서드도 이러한 의미의 부작용입니다.

2.2 어떤 테스트를 작성할 수 있는지 결정

일부 복잡한 메서드에서는 테스트 코드를 작게는 수십 개 혹은 수백 개 작성할 수도 있습니다. 이때 얼마나 많은 테스트를 작성해야 하는지 생각해 봅시다. 여러분은 코드에서 분기점이나 잠재적으로 영향력이 큰 데이터 변형들도 고려해 볼 수 있습니다. 시작점은 반복문, if 문과 복잡한 조건문들을 보는 것입니다. 그 후 데이터 변형들도 고려해 보세요. 데이터가 null이거나 0이면 어떻게 될까요? 코드에서 데이터 값은 조건문을 평가하는 데 어떤 영향을 미칠까요?

Criteria 인스턴스가 단지 Criterion 객체 한 개를 포함하는 단순한 행복 경로(happy path)를 넘어서, 다음 각 조건은 현재의 테스트 케이스에 영향을 주거나 또 다른 테스트 케이스를 도입하는 고려 사항입니다.

- Criteria 인스턴스가 Criterion 객체를 포함하지 않을 때(27행)
- Criteria 인스턴스가 다수의 Criterion 객체를 포함할 때(27행)
- answers.get()에서 반환된 Answer 객체가 null일 때(29행)
- criterion.getAnswer() 혹은 criterion.getAnswer().getQuestionText()의 반환값이 null일 때(29행)
- criterion.getWeight()의 반환값이 Weight.DontCare여서 match 변수가 true일 때(30행)
- value 변수와 criterion.getWeight()가 매칭되어 match 변수가 true일 때(30행)
- 두 조건문이 모두 false여서 결과적으로 match 변수가 false가 될 때(30행)

- match 변수가 false이고 criterion.getWeight()가 Weight.MustMatch여서 kill 변수가 true일 때(34행)
- match 변수가 true이기 때문에 kill 변수가 변하지 않을 때(34행)
- criterion.getWeight()가 Weight.MustMatch가 아니기 때문에 kill 변수가 변하지 않을 때(34행)
- match 변수가 true이기 때문에 score 변수가 업데이트되었을 때(37행)
- match 변수가 false이기 때문에 score 변수가 업데이트되지 않았을 때(37행)
- kill 변수가 true이기 때문에 matches 메서드가 false를 반환할 때(42행)
- kill 변수가 false이고 anyMatches 변수가 true이기 때문에 matches 메서드가 true를 반환할 때(42행과 44행)
- kill 변수가 false이고 anyMatches 변수가 false이기 때문에 matches 메서드가 false를 반환할 때(42행과 44행)

이 조건 목록(이외에도 좋은 예를 더 만들 수 있음) 15개는 코드를 대략적으로 읽어 보고 만든 것입니다. 지금까지 우리는 코드가 분기하거나 데이터 변형이 서로 다른 결과를 만들어 내는 것을 잡아냈습니다. 테스트를 작성하고 나면 코드가 실제로 어떻게 동작하는지 더 잘 이해할 수 있습니다.

하지만 여러분은 아마 15개보다는 적게 만들고 싶을 것입니다. 이 조건 중 일부는 다른 조건을 충족했을 때만 필요하기 때문에 이처럼 종속적인 조건들은 테스트 하나로 묶을 수 있습니다. 하지만 한 가지 중요한 점은 matches() 메서드를 충분히 테스트하려면 넉넉한 개수의 테스트를 작성해야 한다는 것입니다.

그 대신 좀 더 구분해 보지요. 우리는 코드를 작성했습니다. (음, 여러분이 코드 작성을 도와주었다고 가정해 봅시다. 그 이야기는 여러분이 작성한 코드를 상기시켜 주어야 한다는 것이죠.) 따라서 코드의 가장 흥미롭고 위험한 영역이 어디인지 대략은 알고 있습니다. 비슷한 예로 우리가 새로 작성한 코드에 테스트 코드를 작성할 때는 가장 신경 쓰는 부분이 어디인지 알고 있어야 합니다.

2.3 단일 경로 커버

UNIT TESTING

matches() 메서드에서 다수의 '흥미로운' 로직은 for 반복문 안에 있습니다. 반복문을 따라 한 가지 경로를 커버하는 단순한 테스트를 작성해 보겠습니다.

코드를 보았을 때 두 가지 관점은 분명해 보입니다. Profile 인스턴스가 필요하고 matches() 메서드에 인자로 넘길 Criteria 객체가 필요합니다.

matches() 메서드 안에 있는 코드를 분석하고 Criteria, Criterion, Questions 클래스의 생성자를 보면 유용한 Criteria 객체를 어떻게 만들어야 할지 가늠할 수 있습니다.

분석으로 테스트의 준비(arrange) 단계를 작성해 보았습니다.

iloveyouboss_06/test/iloveyouboss/ProfileTest.java

```java
@Test
public void test() {
    Profile profile = new Profile("Bull Hockey, Inc.");
    Question question = new BooleanQuestion(1, "Got bonuses?");
    Criteria criteria = new Criteria();
    Answer criteriaAnswer = new Answer(question, Bool.TRUE);
    Criterion criterion = new Criterion(criteriaAnswer,
                                        Weight.MustMatch);
    criteria.add(criterion);
}
```

(여기부터는 여러분이 책의 코드를 그대로 따라오면서 실습한다고 가정합니다. 지금처럼 명시적으로 이야기하지는 않을 것입니다. 새로운 코드 조각을 본다면 그대로 따라해 보기 바랍니다.)

빠르게 다시 적어 봅니다. 프로파일을 생성한 후에는 질문(상여를 받았나요?)을 만듭니다. 다음 3줄은 Criterion 객체를 만들어 답변과 그 가중치를 저장합니다. 반대로 criteriaAnswer 변수는 같은 질문과 기대하는 정답(Bool.TRUE)을 포함합니다. 마지막으로 Criterion 객체를 Criteria 객체에 추가합니다.

(혹시 몰라 이야기하자면, Bool 클래스는 0과 1 값을 갖는 열거자(enum)의 래퍼 클래스입니다. 지금 테스트하는 코드가 좋은 코드라고는 주장하지 않겠습니다.)

matches() 메서드에서 for 반복문을 돌면서 answers 해시 맵(HashMap)에서 각 Criterion 객체에 대응하는 Answer 객체를 가져옵니다(Profile.java의 29행). 이는 사전에 Profile 객체에 적절한 Answer 객체를 먼저 넣어 놓아야 한다는 것을 의미합니다.

iloveyouboss_07/test/iloveyouboss/ProfileTest.java

```java
@Test
public void test() {
    Profile profile = new Profile("Bull Hockey, Inc.");
    Question question = new BooleanQuestion(1, "Got bonuses?");
    Answer profileAnswer = new Answer(question, Bool.FALSE);
    profile.add(profileAnswer);
    Criteria criteria = new Criteria();
    Answer criteriaAnswer = new Answer(question, Bool.TRUE);
    Criterion criterion = new Criterion(criteriaAnswer,
                                        Weight.MustMatch);
    criteria.add(criterion);
}
```

다음 코드는 실행과 단언 단계를 담고 있습니다. 또 테스트 이름도 테스트 의도를 담을 수 있는 적절한 이름으로 지어야 합니다.

```
iloveyouboss_08/test/iloveyouboss/ProfileTest.java
```
```java
@Test
public void matchAnswersFalseWhenMustMatchCriteriaNotMet() {
    Profile profile = new Profile("Bull Hockey, Inc.");
    Question question = new BooleanQuestion(1, "Got bonuses?");
    Answer profileAnswer = new Answer(question, Bool.FALSE);
    profile.add(profileAnswer);
    Criteria criteria = new Criteria();
    Answer criteriaAnswer = new Answer(question, Bool.TRUE);
    Criterion criterion = new Criterion(criteriaAnswer,
                            Weight.MustMatch);
    criteria.add(criterion);

    boolean matches = profile.matches(criteria);

    assertFalse(matches);
}
```

우리는 matches() 메서드에 대한 지식을 바탕으로 (겉으로 보기에는) 의도하는 대로 동작하는지 검증하는 테스트를 만들었습니다. 코드를 충분히 이해하지 못했다면 시간을 들여 코드가 어떻게 동작하는지 주의 깊게 이해하고 실질적인 테스트로 점점 만들어 가야 합니다.

테스트의 유지 보수성(maintainability)도 고려해 봅시다. 코드는 10줄로 그다지 많지 않아 보입니다. 하지만 앞서 이야기한 조건 15개를 모두 이러한 방식으로 구현하는 것은 문제가 있습니다. 테스트 15개 * 10줄은 20줄도 안 되는 원래 메서드를 유지하기에는 과해 보입니다.

인지적 관점에서 10줄은 특히 우리가 작성한 코드를 전혀 모르는 다른 사람들이 볼 때는 주의 깊게 읽어야 합니다.

2.4 두 번째 테스트 만들기

우리 걱정을 해결할 수 있을지, 두 번째 테스트를 작성해 봅시다. match 지역 변수에 대한 할당을 보세요(Profile.java 파일의 30행부터입니다).

기준 가중치가 DontCare이면 match 변수는 true가 됩니다. 메서드의 나머지 코드에서는 단일 기준이 true이면 matches() 메서드는 true를 반환합니다.

JUnit에서 각 단위 테스트는 고유 맥락을 갖습니다. 즉, JUnit은 결정된 순서로 테스트를 실행하지 않으며, 모든 테스트는 다른 테스트 결과에 영향을 받지 않습니다. 더욱이 JUnit은 테스트 두 개를 위해 각각 별도의 ProfileTest 인스턴스를 생성합니다.

따라서 두 번째 테스트인 matchAnswersTrueForAnyDontCareCriteria 메서드에서도 유사하게 Profile, Question 객체 등을 생성합니다.

iloveyouboss_09/test/iloveyouboss/ProfileTest.java
```java
@Test
public void matchAnswersTrueForAnyDontCareCriteria() {
    Profile profile = new Profile("Bull Hockey, Inc.");
    Question question = new BooleanQuestion(1, "Got milk?");
    Answer profileAnswer = new Answer(question, Bool.FALSE);
    profile.add(profileAnswer);
    Criteria criteria = new Criteria();
    Answer criteriaAnswer = new Answer(question, Bool.TRUE);
    Criterion criterion = new Criterion(criteriaAnswer,
                                Weight.DontCare);
    criteria.add(criterion);

    boolean matches = profile.matches(criteria);

    assertTrue(matches);
}
```

두 번째 테스트는 matchAnswersFalseWhenMustMatchCriteriaNotMet 메서드와 상당히 유사합니다. 사실 강조된 2줄을 제외하면 동일합니다. 아마도 테스트마다 공통된 코드를 제거할 수 있다면 잠재적인 코드 150줄[2]도 제거할 수 있을 것입니다. 리팩토링해 봅시다.

2.5 @Before 메서드로 테스트 초기화

UNIT TESTING

먼저 눈여겨볼 사항은 ProfileTest 클래스의 모든 테스트 코드에 포함되어 있는 공통적인 초기화 코드입니다. 테스트 두 개가 이러한 중복된 로직을 가지고 있다면 @Before 메서드로 이동하세요. 각 JUnit 테스트를 실행할 때마다 @Before 애너테이션으로 표시된 메서드를 먼저 실행합니다.

ProfileTest 클래스에 있는 각 테스트에는 Profile 객체와 새로운 Question 객체의 초기화가 필요합니다. 이러한 초기화 로직을 create()라는 @Before 메서드로 이동하세요(이 메서드 이름은 임의적이므로 팀원을 화나게 하고 싶으면 bozo() 같은 이름으로 변경해도 됩니다).

iloveyouboss_11/test/iloveyouboss/ProfileTest.java

```
public class ProfileTest {
    private Profile profile;
    private BooleanQuestion question;
    private Criteria criteria;

    @Before
```

---

[2] 역주 조건 15개 * 조건별 10줄 = 150줄입니다.

```
public void create() {
    profile = new Profile("Bull Hockey, Inc.");
    question = new BooleanQuestion(1, "Got bonuses?");
    criteria = new Criteria();
}

@Test
public void matchAnswersFalseWhenMustMatchCriteriaNotMet() {
    Answer profileAnswer = new Answer(question, Bool.FALSE);
    profile.add(profileAnswer);
    Answer criteriaAnswer = new Answer(question, Bool.TRUE);
    Criterion criterion = new Criterion(criteriaAnswer,
                                        Weight.MustMatch);
    criteria.add(criterion);

    boolean matches = profile.matches(criteria);

    assertFalse(matches);
}

@Test
public void matchAnswersTrueForAnyDontCareCriteria() {
    Answer profileAnswer = new Answer(question, Bool.FALSE);
    profile.add(profileAnswer);
    Answer criteriaAnswer = new Answer(question, Bool.TRUE);
    Criterion criterion = new Criterion(criteriaAnswer,
                                        Weight.DontCare);
    criteria.add(criterion);

    boolean matches = profile.matches(criteria);

    assertTrue(matches);
}
}
```

초기화 행들은 @Before 메서드로 옮겼고 테스트 메서드 두 개에서는 지웠습니다. 또 가독성도 한결 좋아졌습니다.

JUnit이 matchAnswersTrueForAnyDontCareCriteria 메서드를 먼저 실행하기로
결정했다면 작동 순서는 다음과 같습니다.

1. JUnit은 새로운 ProfileTest 인스턴스를 만들고 profile, question, criteria 필드는 초기화되지 않았습니다.

2. JUnit은 @Before 메서드를 호출하여 profile, question, criteria 변수를 적절한 인스턴스로 초기화합니다.

3. JUnit은 matchAnswersTrueForAnyDontCareCriteria 메서드를 실행하고 테스트가 통과 혹은 실패했는지 표기합니다.

4. 다른 테스트가 있기 때문에 JUnit은 ProfileTest 인스턴스를 새롭게 생성합니다.

5. JUnit은 새로운 인스턴스에 대해 @Before 메서드를 호출하여 필드를 초기화합니다.

6. JUnit은 matchAnswersFalseWhenMustMatchCriteriaNotMet라는 다른 메서드를 호출합니다.

JUnit이 테스트마다 새로운 인스턴스를 생성하는 것을 믿지 못한다면 디버거를 띄우고 System.out.println 메서드 호출을 몇 개 넣어 보면 됩니다. JUnit은 이러한 방식으로 모든 테스트를 독립적으로 만듭니다. ProfileTest 두 개에 속한 테스트가 동일한 인스턴스에서 실행된다면 공유된 Profile 객체의 상태를 정리(clean up)하는 것도 걱정해야 합니다.

여러분은 어떤 테스트 코드가 다른 테스트에 영향을 주는 것을 최소화하고 싶습니다(즉, 테스트 클래스에는 static 필드[3]를 피해야 합니다). 단위 테스트가 수천 개 있는데 독립적이지 않고 상호 의존성이 존재한다고 가정해 봅시다. 테스트 xyz가 실패하면 그 이유를 찾느라 엄청난 노력이 들어갈 것입니다. xyz 이전에 실행된 모든 테스트를 살펴보아야 하기 때문입니다.

---

3 역주 테스트 클래스에 static 필드가 있다면 테스트마다 새로운 인스턴스를 생성해도 상태가 공유됩니다.

이제 테스트는 훨씬 읽기 수월합니다. 코드를 좀 더 다듬어 봅시다. 지역 변수를 인라인(inline)하여 좀 더 압축하고 가독성을 높여 보겠습니다.

iloveyouboss_11/test/iloveyouboss/ProfileTest.java

```
@Test
public void matchAnswersFalseWhenMustMatchCriteriaNotMet() {
    profile.add(new Answer(question, Bool.FALSE));
    criteria.add(new Criterion(new Answer(question, Bool.TRUE),
                     Weight.MustMatch));

    boolean matches = profile.matches(criteria);

    assertFalse(matches);
}

@Test
public void matchAnswersTrueForAnyDontCareCriteria() {
    profile.add(new Answer(question, Bool.FALSE));
    criteria.add(new Criterion(new Answer(question, Bool.TRUE),
                     Weight.DontCare));

    boolean matches = profile.matches(criteria);

    assertTrue(matches);
}
```

리팩토링한 테스트 코드가 좋아 보이는 이유는 각 준비, 실행, 단언 부분을 한두 줄로 압축했기 때문입니다. 필요하다면 @Before 메서드를 살펴볼 수 있지만 우리의 주요 관심사는 아닙니다.

2.6 이제 어떤가?

책은 몇 가지 이유에서 시작 예제를 두 개 제공합니다. 첫 번째 예제(1.2절 참고)는 JUnit의 사용법을 보여 주고 테스트 로직은 최소화되어 있습니다. "뭐라고? 단위 테스트는 장난감 프로젝트에나 쓰는 거야."라고 불평하는 팻에게는 충분하지 않습니다.

이 장에서 소개한 두 번째 예제는 상당히 복잡한 로직을 포함합니다. 여러분의 코드를 단위 테스트하도록 설득할 수는 없지만, 이것이 현실입니다. matches() 같은 메서드는 아직 테스트하지 못한 상당수의 분기와 사례를 담고 있습니다.

지금까지 우리는 matches() 메서드의 두 가지 경로만 살펴보았을 뿐입니다. 두 번째 테스트를 작성하는 데는 노력이 조금 적게 들어갔는데, 나머지 15번까지의 테스트 코드도 적절한 시간에 작성할 수 있을 것입니다.

> Tip ☆ 추후에 테스트를 더 단순하게 작성할 수 있도록 테스트 코드를 정기적으로 정리하세요.

나머지 테스트를 작성해 보는 것은 여러분이 선택할 부분입니다. 그렇게 많은 노력이 들지 않으며 matches() 메서드가 기대한 대로 동작한다는 자신감을 한층 더 높여 줄 것입니다.

책의 남은 부분에서 Profile 클래스를 자신 있게 변경할 수 있도록 테스트 코드를 작성할 것입니다. 예제 코드에서 제공하는 테스트 코드를 참고하세요. iloveyouboss_13/test/iloveyouboss/ProfileTest.java 파일에는 테스트 코드가 총 일곱 개 포함되어 있습니다.

아직 단위 테스팅을 포기하지 마세요. 일이 좀 더 단순해지도록 코드를 구조화하는 더 나은 방법이 있으니 벌써부터 많은 테스트를 작성하지 않아도 됩니다. 9장에서는 좋은 설계가 어떻게 테스트를 쉽게 만드는지 보여 줍니다. 또 12장에서는 작은 양의 코드를 만들면서 테스트를 함께하는 것이 테스트를 자연스럽고, 심지어는 어떻게 즐겁게 만들어 주는지 알아볼 것입니다.

2.7 마치며

이 장에서는 JUnit으로 단위 테스트를 작성하는 방법을 배웠습니다. 하지만 좋은 단위 테스트를 작성하는 것은 좀 더 훈련이 필요하며, 단지 assert 문만 넣어서 되지는 않습니다. 또 JUnit은 이 장에서 다루지 않은 많은 즐겁고 작은 기능을 제공합니다.

다음 장에서는 다양한 JUnit 단언을 배우고 테스트 코드에서 기대하는 조건을 어떻게 검증할 수 있는지 알아봅니다.

3장

JUnit 단언 깊게 파기

3.1 JUnit 단언

3.2 예외를 기대하는 세 가지 방법

3.3 마치며

앞 장에서는 기존 코드에 대한 단위 테스트를 다양하게 작성해 보았습니다. 기대하는 결과를 표현하려고 단언을 사용하는 방법도 배웠습니다.

이 장에서는 햄크레스트(Hamcrest) 라이브러리를 활용하여 JUnit에서 다양한 방법으로 단언을 활용하는 방법을 배웁니다. 또 예외가 발생하는 테스트를 작성하는 방법도 배웁니다.

3.1 JUnit 단언

JUnit에서 단언은 테스트에 넣을 수 있는 정적 메서드 호출입니다. 각 단언은 어떤 조건이 참인지 검증하는 방법입니다. 단언한 조건이 참이 아니면 테스트는 그 자리에서 멈추고 실패(failure)를 보고합니다.

(또 JUnit이 여러분 테스트를 실행했을 때 예외가 발생하고 잡지 않은 경우에는 오류(error)로 보고됩니다.)

JUnit은 두 가지 주요 단언 스타일을 제공합니다. 전통적인 스타일의 단언은 JUnit의 원래 버전에 포함되어 있으며, 새롭고 좀 더 표현력이 좋은 햄크레스트라고 알려진 단언도 있습니다(matchers라는 단어에서 철자 순서를 바꾼 말입니다).

두 가지 단언 스타일은 각자 다른 환경에서 다른 방식으로 제공됩니다. 두 가지를 섞어서 사용할 수도 있지만 보통 둘 중 한 가지를 선택하면 좋습니다. 전통적인 방식을 간단하게 살펴본 후에는 주로 햄크레스트 단언에 집중합니다.

3.1.1 assertTrue

가장 기본적인 단언은 다음과 같습니다.

```
org.junit.Assert.assertTrue(someBooleanExpression);
```

단언은 JUnit 테스트에서 광범위하게 사용되기 때문에 대부분의 프로그래머는 군더더기를 줄이고자 정적 임포트(static import)를 사용합니다.

```
import static org.junit.Assert.*;
```

사용 예는 다음과 같습니다.

iloveyouboss_13/test/scratch/AssertTest.java

```
@Test
public void hasPositiveBalance() {
    account.deposit(50);
    assertTrue(account.hasPositiveBalance());
}
```

iloveyouboss_13/test/scratch/AssertTest.java

```
@Test
public void depositIncreasesBalance() {
    int initialBalance = account.getBalance();
    account.deposit(100);
    assertTrue(account.getBalance() > initialBalance);
}
```

앞의 예는 Account 인스턴스가 초기화되어 있어야 합니다. @Before 메서드에서 Account 객체를 생성하고(@Before와 @After는 4.6절 참고) 그것에 대한 참조를 테스트 클래스의 필드로 저장하면 됩니다.

iloveyouboss_13/test/scratch/AssertTest.java
```
private Account account;

@Before
public void createAccount() {
    account = new Account("an account name");
}
```

depositIncreasesBalance 같은 테스트 이름은 검증하려는 동작에 관한 일반적인 설명이며, 단언도 이 방식으로 작성할 수 있습니다. 예를 들어 입금 후에 잔고가 0보다 크다고 단언합니다. 하지만 우리 테스트 코드는 특정 사례에 해당하기 때문에 검증하는 기댓값 또한 명시적으로 지정하는 것이 낫습니다.

3.1.2 assertThat은 명확한 값을 비교

대부분 단언은 기대하는 값과 반환된 실제 값을 비교합니다. 단지 잔고가 0보다 크다고 하기보다는 다음과 같이 명시적으로 기대하는 잔고를 단언합니다.

iloveyouboss_13/test/scratch/AssertTest.java
```
assertThat(account.getBalance(), equalTo(100));
```

assertThat() 정적 메서드는 햄크레스트 단언의 예입니다. 햄크레스트 단언의 첫 번째 인자는 실제(actual) 표현식, 즉 우리가 검증하고자 하는 값(종종 대상 시스템에 대한 메서드 호출)입니다. 두 번째 인자는 매처(matcher)입니다. 매처는 실제 값과 표현식의 결과를 비교합니다. 매처는 테스트 가독성을 크게 높여 줍니다. 마치 일반 문장처럼 왼쪽에서 오른쪽으로 읽을 수 있습니다. 예를 들어 앞의 단언문은 "계좌 잔고가 100과 같아야 한다."라고 표현할 수 있습니다.

JUnit이 제공하는 핵심 햄크레스트 매처를 사용하려면 코드에 정적 임포트를 추가해야 합니다.

iloveyouboss_13/test/scratch/AssertTest.java
```
import static org.hamcrest.CoreMatchers.*;
import java.io.*;
import java.util.*;
```

equalTo 매처에는 어떤 자바 인스턴스나 기본형 값이라도 넣을 수 있습니다. 여러분이 생각한 대로 equalTo 매처는 비교 기준으로 equals() 메서드를 사용합니다. 자바 기본형은 객체형으로 오토박싱되기 때문에 어떤 타입도 비교할 수 있습니다.

일반적인 단언보다 햄크레스트 단언이 실패할 경우에 오류 메시지에서 더 많은 정보를 알 수 있습니다. 앞의 예에서 account.getBalance() 기댓값은 100입니다. 그 대신 101이 반환된다면 오류 메시지는 다음과 같습니다.

```
java.lang.AssertionError:
Expected: <100>
     but: was <101>
        at org.hamcrest.MatcherAssert.assertThat(MatcherAssert
            .java:20)
...
```

assertTrue()와는 다릅니다. 실패하면 다음과 같은 스택 트레이스를 출력합니다.

```
java.lang.AssertionError
    at org.junit.Assert.fail(Assert.java:86)
...
```

내용을 보았을 때 그다지 유용한 스택 트레이스는 아닙니다. 테스트 코드를 좀 더 분석하여 무엇이 문제인지 찾아보아야 합니다. 아마도 System.out.println 문을 몇 개 넣거나 디버거를 열어야 합니다.

assertTrue() 호출은 전통적인 단언입니다. 불(Boolean) 표현식에 햄크레스트 매처를 사용하면 좀 더 나은 정보를 알려 주는 실패 메시지를 볼 수 있습니다.

iloveyouboss_13/test/scratch/AssertTest.java

```
account.deposit(50);
assertThat(account.getBalance() > 0, is(true));
```

하지만 이것 역시 그다지 유용한 정보는 아닙니다. 어떤 사람은 이처럼 불필요한 정보를 장황하게 보여 주는 것이 우스꽝스럽다고 생각할 수도 있습니다. 차라리 단순한 assertTrue()가 더 낫습니다.

다른 햄크레스트 단언을 보겠습니다. (CoreMatchers 클래스에 있는) startsWith 매처를 사용합니다.

iloveyouboss_13/test/scratch/AssertTest.java

```
assertThat(account.getName(), startsWith("xyz"));
```

assertThat() 호출이 실패하면 다음과 같은 스택 트레이스가 나옵니다.

```
java.lang.AssertionError:
Expected: a string starting with "xyz"
     but: was "an account name"
        at org.hamcrest.MatcherAssert.assertThat(MatcherAssert.java:20)
...
```

스택 트레이스는 문제를 해결하는 데 필요한 모든 정보를 담고 있습니다.

3.1.3 중요한 햄크레스트 매처 살펴보기

JUnit에 포함되어 있는 햄크레스트 CoreMatchers 클래스는 바로 매처를 시작할 수 있는 매처 모음을 제공합니다. 매처를 몇 개만 사용해도 되지만 더 많은 햄크레스트 매처를 도입할수록 테스트 코드의 표현력은 깊어집니다. 이 절에서는 중요한 햄크레스트 매처를 몇 개 설명합니다.

자바 배열 혹은 컬렉션 객체를 비교할 때는 equalTo() 메서드를 사용하며, 예상한 대로 작동합니다. 다음 코드에서는 단언 두 개가 실패합니다.

iloveyouboss_13/test/scratch/AssertTest.java
```
assertThat(new String[] {"a", "b", "c"}, equalTo(new String[] {"a", "b"}));
```

iloveyouboss_13/test/scratch/AssertTest.java
```
assertThat(Arrays.asList(new String[] {"a"}),
    equalTo(Arrays.asList(new String[] {"a", "ab"})));
```

다음과 같이 비교하는 컬렉션이 일치한다면 단언은 통과할 것입니다.

iloveyouboss_13/test/scratch/AssertTest.java
```
assertThat(new String[] {"a", "b"}, equalTo(new String[] {"a", "b"}));
```

iloveyouboss_13/test/scratch/AssertTest.java
```
assertThat(Arrays.asList(new String[] {"a"}),
    equalTo(Arrays.asList(new String[] {"a"})));
```

경우에 따라 is 장식자(decorator)를 추가하여 매처 표현의 가독성을 더 높일 수도 있습니다. is는 단지 넘겨받은 매처를 반환할 뿐(즉, 아무것도 안 함)입니다. 때때로 아무것도 하지 않는 코드가 가독성을 높여 주기도 합니다.

iloveyouboss_13/test/scratch/AssertTest.java

```
Account account = new Account("my big fat acct");
assertThat(account.getName(), is(equalTo("my big fat acct")));
```

is("my big fat acct") 문장과 동일하게 equalTo("my big fat acct") 문장을 사용할 수도 있습니다. 장식자의 사용 여부는 개인 취향입니다. 우리 뇌는 is 같은 단어가 없어도 감쪽같이 인식할 수 있기 때문에 장식자는 빼고 equalTo 매처를 사용하는 것이 더 좋습니다.

어떤 것을 부정하는 단언을 만든다면 not 매처를 사용합니다.

iloveyouboss_13/test/scratch/AssertTest.java

```
assertThat(account.getName(), not(equalTo("plunderings")));
```

(기호에 따라 is 장식자를 사용하여 is(not(equalTo("plunderings")))로 표현할 수도 있습니다.)

null 값이나 null이 아닌 값을 검사하는 경우는 다음과 같습니다.

iloveyouboss_13/test/scratch/AssertTest.java

```
assertThat(account.getName(), is(not(nullValue())));
assertThat(account.getName(), is(notNullValue()));
```

null이 아닌 값을 자주 검사하는 것은 설계 문제이거나 지나치게 걱정하는 것입니다. 많은 경우에 이러한 검사는 불필요하고 가치가 없습니다.

iloveyouboss_13/test/scratch/AssertTest.java

```
assertThat(account.getName(), is(notNullValue())); // 유용하지 않음
assertThat(account.getName(), equalTo("my big fat acct"));
```

앞의 예에서 null이 아닌 값을 검사하는 단언을 제거할 수 있습니다. account. getName() 호출이 null을 반환한다면 두 번째 단언인 equalTo("...")는 테스트하지 않습니다. 작은 차이점이 있는데, 예외를 던지는 null 참조 예외는 테스트 오류가 발생하며 테스트 실패는 발생하지 않습니다. JUnit은 발생한 예외를 테스트 코드에서 잡지 않는 경우 오류를 보고합니다.

JUnit 햄크레스트 매처를 이용하면 다음 일을 할 수 있습니다.

- 객체 타입을 검사합니다.
- 두 객체의 참조가 같은 인스턴스인지 검사합니다.
- 다수의 매처를 결합하여 둘 다 혹은 둘 중에 어떤 것이든 성공하는지 검사합니다.
- 어떤 컬렉션이 요소를 포함하거나 조건에 부합하는지 검사합니다.
- 어떤 컬렉션이 아이템 몇 개를 모두 포함하는지 검사합니다.
- 어떤 컬렉션에 있는 모든 요소가 매처를 준수하는지 검사합니다.

이외에도 훨씬 많습니다. 자세한 내용은 햄크레스트 API 문서[1]를 참고하거나 더 좋은 방법은 그것들이 어떻게 동작하는지 파악하기 위해 IDE에서 직접 사용해 보는 것입니다.

제공되는 매처로 여러분이 원하는 것을 할 수 없다면 도메인에 맞는 사용자 정의 매처를 만들 수도 있습니다. 한계는 없습니다. 구글의 튜토리얼[2]에 어떻게 만드는지 나와 있으며, 책 뒷부분에서도 배울 수 있습니다(7.3.1절 참고).

---

1 https://goo.gl/g5W4xi, 모든 햄크레스트 매처가 JUnit에 탑재되어 있지는 않습니다.
2 https://code.google.com/p/hamcrest/wiki/Tutorial

3.1.4 부동소수점 수를 두 개 비교

컴퓨터는 모든 부동소수점 수를 표현할 수 없습니다.[3] 자바에서 부동소수점 타입(float과 double)의 어떤 수들은 근사치로 구해야 합니다. 단위 테스트에서 시사점은 두 부동소수점 수를 비교해도 항상 우리가 원하는 대로 나오지 않을 수 있다는 것입니다.

iloveyouboss_13/test/scratch/AssertHamcrestTest.java
```
assertThat(2.32 * 3, equalTo(6.96));
```

테스트를 통과할 것 같지만 실패합니다.

```
java.lang.AssertionError:
Expected: <6.96>
    but: was <6.959999999999999>
```

두 개의 float 혹은 double 양을 비교할 때는 두 수가 벌어질 수 있는 공차 또는 허용 오차를 지정해야 합니다. assertTrue()를 사용하여 다음과 같이 직접 작성할 수 있습니다.

iloveyouboss_13/test/scratch/AssertHamcrestTest.java
```
assertTrue(Math.abs((2.32 * 3) - 6.96) < 0.0005);
```

헉, 저 단언은 잘 읽히지 않네요. 실패 메시지 또한 내용을 파악하기 어렵습니다. 그 대신 isCloseTo라는 햄크레스트 매처를 사용할 수 있습니다. 이 매처는 closeTo() 정적 메서드를 제공합니다.

---

[3] 그 이유는 https://goo.gl/RpBqb2를 참고하세요.

> **Note** ≡ JUnit에 포함된 햄크레스트 매처는 더 큰 매처 집합의 부분 집합입니다. isCloseTo 매처 혹은 잠재적으로 유용한 10여 개의 매처를 사용하려면 별도로 제공되는 원본 햄크레스트 매처를 내려받아 프로젝트에 추가해야 합니다. 자세한 내용은 햄크레스트 웹 사이트[4]를 참고하세요. 행운을 빕니다!

isCloseTo 매처를 사용하면 부동소수점 수를 훨씬 수월하게 비교할 수 있습니다.

iloveyouboss_13/test/scratch/AssertHamcrestTest.java
```
import static org.hamcrest.number.IsCloseTo.*;
// ...
    assertThat(2.32 * 3, closeTo(6.96, 0.0005));
```

3.1.5 단언 설명

모든 JUnit 단언의 형식(전통적[5] fail(), 햄크레스트 assertThat())에는 message라는 선택적 첫 번째 인자가 있습니다. message 인자는 단언의 근거를 설명해 줍니다.

iloveyouboss_13/test/scratch/AssertTest.java
```
@Test
public void testWithWorthlessAssertionComment() {
    account.deposit(50);
    assertThat("account balance is 100", account.getBalance(),
            equalTo(50));
}
```

---

4 http://hamcrest.org/JavaHamcrest
5 역주 앞서 살펴본 assertTrue() 등을 의미합니다.

이 설명문은 심지어 테스트를 정확하게 설명하지도 않습니다. 오히려 거짓말에 가깝습니다. 주석의 기대 잔고는 (100)이지만 실제 코드의 기댓값은 (50)입니다. 구현 세부 사항을 설명하는 주석은 코드와 일치하지 않는 것으로 악명이 높습니다.

설명이 있는 주석문을 선호한다면 단언에 메시지를 추가할 수 있습니다. 하지만 더 좋은 방법은 테스트를 코드 자체만으로 이해할 수 있게 작성하는 것입니다. 테스트 이름을 변경하거나, 의미 있는 상수를 도입하거나, 변수 이름을 개선하거나, 복잡한 초기화 작업을 의미 있는 이름을 가진 도우미 메서드로 추출하거나, 가독성이 우수한 햄크레스트 단언을 사용하는 등의 방법을 활용하는 것이 테스트를 훨씬 좋게 만듭니다. 테스트 정리 내용은 11장에서 다룹니다.

단언 메시지는 테스트가 실패할 경우 유용한 정보를 좀 더 빠르게 알려 줍니다. 하지만 좀 더 군더더기 없는 코드를 만드는 것과 상충(trade-off) 관계이기도 합니다.

3.2 예외를 기대하는 세 가지 방법

코드의 행복한 경로를 보장하는 것과 더불어 기대하는 예외를 던지는지 확인하고 싶습니다. 어떤 클래스가 예외를 던지는 조건을 이해하면 그 클래스를 사용하는 클라이언트 개발자의 삶이 한결 편안해집니다.

JUnit은 적어도 세 가지 다른 방식으로 기대한 예외를 던지는지 명시할 수 있습니다. 간단한 경우를 알아봅니다. 클라이언트가 가용한 잔고보다 많은 돈을 인출하려고 하면 Account 코드는 예외를 던져야 합니다.

3.2.1 단순한 방식: 애너테이션 사용

JUnit의 @Test 애너테이션은 기대한 예외를 지정할 수 있는 인자를 제공합니다.

iloveyouboss_13/test/scratch/AssertTest.java
```java
@Test(expected=InsufficientFundsException.class)
public void throwsWhenWithdrawingTooMuch() {
    account.withdraw(100);
}
```

throwsWhenWithdrawingTooMuch 메서드를 실행할 때 InsufficientFundsException 예외가 발생하면 테스트는 통과합니다. 그렇지 않으면 테스트는 다음과 같이 실패합니다.

```
java.lang.AssertionError:
    Expected exception: scratch.AssertTest$InsufficientFundsException
...
```

throwsWhenWithdrawingTooMuch 메서드의 내용(account.withdraw(100);)을 주석 처리하고 테스트를 실행하면 이 예외를 볼 수 있습니다.

3.2.2 옛 방식: try/catch와 fail

발생한 예외를 처리하는 방법으로 try/catch 블록을 활용할 수도 있습니다. 예외가 발생하지 않으면 org.junit.Assert.fail() 메서드를 호출하여 강제로 실패합니다.

iloveyouboss_13/test/scratch/AssertTest.java
```java
try {
    account.withdraw(100);
    fail();
```

```
}
catch (InsufficientFundsException expected) {
}
```

계좌에서 인출할 때 예외가 발생하면 제어권은 catch 블록으로 넘어가고 테스트가 종료됩니다. 즉, 테스트 통과입니다. 그렇지 않으면 제어권은 fail 문으로 넘어갑니다. 앞과 같은 try/catch 구문은 희귀한 경우로 비어 있는 catch 블록이 허용됩니다. 예외 변수를 expected로 명명하여 코드를 읽는 사람에게 예외를 예상했고 잡았다는 것을 강조할 수 있습니다.

의도적으로 인출 동작을 주석 처리하여 테스트가 실패하게 해 봅시다.

옛 방식은 예외가 발생한 후 어떤 상태를 검사할 때 유용합니다. 예를 들어 예외 메시지를 확인하려는 경우가 그렇습니다. 다음 코드를 봅시다.

iloveyouboss_13/test/scratch/AssertTest.java
```
try {
    account.withdraw(100);
    fail();
}
catch (InsufficientFundsException expected) {
    assertThat(expected.getMessage(), equalTo("balance only 0"));
}
```

3.2.3 새로운 방식: ExpectedException 규칙

JUnit은 커스텀 규칙을 정의하여 테스트가 실행되는 흐름 동안 발생하는 일에 대한 더 큰 통제권을 부여합니다. 한편으로 JUnit 규칙은 관점 지향 프로그래밍(AOP, Aspect-Oriented Programming)[6]과 유사한 기능을 제공합니다. 자동으로

---

6 관점 지향 프로그래밍은 http://en.wikipedia.org/wiki/Aspect-oriented_programming을 참고하세요.

테스트 집합에 종단 관심사(cross-cutting concern)(불변성을 유지하는 관심사)[7]를 부착할 수 있습니다.

JUnit은 (별도로 코딩할 필요 없이) 바로 사용할 수 있는 소수의 유용한 규칙들을 제공합니다. 특히 ExpectedException 규칙은 예외를 검사하는 데 있어 단순한 방식과 옛 방식의 좋은 점만 모았습니다.

새로운 계좌(즉, 돈이 없는 계좌)에서 돈을 인출하는 테스트를 설계한다고 합시다. 그 계좌에서 돈을 찾으면 예외가 발생합니다.

ExpectedException 규칙을 사용하려면 테스트 클래스에 ExpectedException 인스턴스를 public으로 선언하고 @Rule 애너테이션을 부착해야 합니다(다음 클래스의 04행).

iloveyouboss_13/test/scratch/AssertTest.java
```
01  import org.junit.rules.*;
02  // ...
03      @Rule
04      public ExpectedException thrown = ExpectedException.none();
05
06      @Test
07      public void exceptionRule() {
08          thrown.expect(InsufficientFundsException.class);
09          thrown.expectMessage("balance only 0");
10
11          account.withdraw(100);
12      }
```

테스트의 셋업 단계에서 나머지 테스트를 실행할 때 발생할 수 있는 일을 규칙에 알립니다. thrown 규칙 인스턴스는 InsufficientFundsException 예외가 발생함을 알려 줍니다(08행).

---

[7] 역주 AOP는 한마디로 프로그램을 처음부터 끝까지 작성하는 것이 아니라 포인트 컷(point cut)을 지정하여 내가 원하는 적재적소에 꽂아 넣는 식으로 프로그래밍하는 것입니다.

또 예외 객체에 적절한 메시지가 포함되어 있는지 검사하길 원하여 thrown 규칙에 다른 기대 사항을 지정했습니다(09행). 관심이 있다면 규칙 객체가 예외에 원인 객체도 포함되는 것을 기대하게 할 수 있습니다.

마지막으로 우리가 기대하는 예외가 발생하길 바라는 테스트 실행(act) 부분인 자금 인출 동작입니다(11행). JUnit의 규칙 메커니즘은 나머지를 담당합니다. 규칙에 대한 모든 기대 사항이 충족되면 테스트가 통과하고, 그렇지 않으면 실패합니다.

기대하는 예외를 단언하는 방식이 이 세 가지뿐일까요? 아닙니다. 구글링을 해보면 적어도 몇 가지 추가적인 방법을 찾을 수 있으며, 자바 8부터 새로운 가능성이 열렸습니다. 예를 들어 스테판 버크너는 Fishbowl[8]이라는 작은 라이브러리를 만들어 람다 표현식으로 간결하게 처리하도록 했습니다. Fishbowl은 예외를 던지는 람다 표현식의 결과를 단언에 사용하는 예외 객체에 할당할 수 있습니다.

3.2.4 예외 무시

여러분이 작성하는 대부분의 테스트는 좀 더 마음이 편안하고 행복한 경로만 다루는 테스트일 가능성이 높습니다. 예외도 거의 발생하지 않고요. 하지만 자바는 검증된 예외(checked exception)를 처리하도록 여러분을 성가시게 만듭니다.

검증된 예외를 처리하려고 테스트 코드에 try/catch 블록을 넣지 마세요. 그 대신 발생하는 예외를 다시 던지세요.

---

[8] https://github.com/stefanbirkner/fishbowl을 참고하세요.

```
iloveyouboss_13/test/scratch/AssertTest.java
```
```java
@Test
public void readsFromTestFile() throws IOException {
    String filename = "test.txt";
    BufferedWriter writer =
                new BufferedWriter(new FileWriter(filename));
    writer.write("test data");
    writer.close();
    // ...
}
```

여러분이 이러한 긍정적인 테스트를 설계한다면 정말 예외적인 상황을 제외하고는 예외가 발생하지 않음을 알 것입니다. 앞과 같은 예외 상황은 걱정하지 마세요. 아주 드문 경우로, 기대하지 않은 예외가 발생하더라도 JUnit이 나머지 일을 대신해 줍니다. JUnit은 예외를 잡아 테스트 실패가 아니라 테스트 오류로 보고합니다.

3.3 마치며

이 장에서는 JUnit의 햄크레스트 단언을 활용하여 기대 사항을 표현하는 많은 방법을 배웠습니다. 다음 장에서는 JUnit 테스트를 잘 구조화하고 조직하는 방법을 알아봅니다.

4장

테스트 조직

4.1 AAA로 테스트 일관성 유지

4.2 돕자 테스트 vs 메서드 테스트

4.3 테스트와 프로덕션 코드의 관계

4.4 집중적인 단일 목적 테스트의 가치

4.5 문서로서의 테스트

4.6 @Before와 @After (공통 초기화와 정리) 더 알기

4.7 녹색이 좋다: 테스트를 의미 있게 유지

4.8 마치며

이전 장에서는 단위 테스트를 밑바닥부터 수행했습니다. 하지만 밑바닥부터 시작하면 새롭고 익숙하지 않은 환경에서는 잘못된 행동을 하거나 진행하는 과정이 힘들 수 있습니다.

따라서 어떻게 시작할지 시간을 들여 생각해 보는 과정이 필요합니다. 이 장에서는 테스트 코드를 잘 조직하고 구조화할 수 있는 JUnit 기능을 소개합니다.

이 장에서는 다음 주제를 다룹니다.

- 준비-실행-단언을 사용하여 테스트를 가시적이고 일관성 있게 만드는 방법
- 메서드를 테스트하는 것이 아니라 동작을 테스트하여 테스트 코드의 유지 보수성을 높이는 방법
- 테스트 이름의 중요성
- @Before와 @After 애너테이션을 활용하여 공통 초기화 및 정리 코드를 설정하는 방법
- 거슬리는 테스트를 안전하게 무시하는 방법

4.1 AAA로 테스트 일관성 유지

처음 iloveyouboss 예제에 대한 테스트 코드를 작성할 때(1장 참고) 우리는 테스트 코드를 가시적으로 준비, 실행, 단언 부분으로 조직했습니다. 이것을 트리플-A(AAA)라고도 합니다. 또 각 부분을 명시적으로 식별하려고 주석을 넣기도 했지만 AAA 관용어를 이해한 후에는 불필요해졌습니다.

iloveyouboss_05/test/iloveyouboss/ScoreCollectionTest.java

```
@Test
public void answersArithmeticMeanOfTwoNumbers() {
    ScoreCollection collection = new ScoreCollection();
    collection.add(() -> 5);
    collection.add(() -> 7);

    int actualResult = collection.arithmeticMean();

    assertThat(actualResult, equalTo(6));
}
```

AAA는 앞으로 작성할 모든 테스트 코드에 해당합니다. AAA로는 다음 일을 할 수 있습니다.

- **준비(Arrange)**: 테스트 코드를 실행하기 전에 시스템이 적절한 상태에 있는지 확인합니다. 객체들을 생성하거나 이것과 의사소통하거나 다른 API를 호출하는 것 등입니다. 드물지만 시스템이 우리가 필요한 상태로 있다면 준비 상태를 생략하기도 합니다.
- **실행(Act)**: 테스트 코드를 실행합니다. 보통은 단일 메서드를 호출합니다.
- **단언(Assert)**: 실행한 코드가 기대한 대로 동작하는지 확인합니다. 실행된 코드의 반환값 혹은 그 외 필요한 객체들의 새로운 상태를 검사합니다. 또 테스트한 코드와 다른 객체들 사이의 의사소통을 검사하기도 합니다.

테스트의 각 부분을 구별하는 빈 줄은 전체 테스트 코드를 훨씬 빠르게 이해하는 데 필수적인 가시적 도구입니다. 때에 따라 네 번째 단계가 필요합니다.

- **사후(After)**: 테스트를 실행할 때 어떤 자원을 할당했다면 잘 정리(clean up)되었는지 확인해야 합니다.

4.2 동작 테스트 vs 메서드 테스트

테스트를 작성할 때는 클래스 동작에 집중해야 하며 개별 메서드를 테스트한다고 생각하면 안 됩니다.

그 의미를 이해하기 위해 지루하지만 오랜 시간 검증된 예인 은행의 ATM 클래스를 생각해 봅시다. 그 클래스의 메서드에는 deposit(), withdraw(), getBalance()가 있습니다. 다음 테스트로 시작합시다.

- makeSingleDeposit
- makeMultipleDeposits

각 테스트 결과를 검증하려면 getBalance() 메서드를 호출해야 합니다. 하지만 getBalance() 메서드만 검사하는 테스트는 만들고 싶지 않을 것입니다. 그 메서드는 단지 객체의 필드만 리턴하므로 의미가 없기 때문입니다. 테스트 대상이 될 만한 흥미로운 동작에는 입금과 출금 같은 다른 동작이 먼저 나와야 합니다.

withdraw() 메서드로 옮기면 다음과 같습니다.

- makeSingleWithdrawal
- makeMultipleWithdrawals
- attemptToWithdrawTooMuch

모든 출금 테스트를 위해서는 먼저 입금(잔고가 있는 ATM 객체를 초기화하려면 입금을 해야 함)할 필요가 있습니다. 그렇지 않으면 테스트를 효과적으로 작성하기가 쉽지 않습니다.

단위 테스트를 작성할 때는 먼저 전체적인 시각에서 시작해야 합니다. 개별 메서드를 테스트하는 것이 아니라 클래스의 종합적인 동작을 테스트해야 합니다.

4.3 테스트와 프로덕션 코드의 관계

UNIT TESTING

JUnit 테스트는 검증 대상인 프로덕션 코드와 같은 프로젝트에 위치할 수 있습니다. 하지만 테스트는 주어진 프로젝트 안에서 프로덕션 코드와 분리해야 합니다. 프로덕션 코드(테스트 대상으로 테스트 대상 시스템(SUT, System Under Test)이라고도 함)를 배포할 것이지만 테스트는 일반적으로 그 뒤에 존재합니다.

여러분이 작성하는 테스트를 이야기할 때, 여기서 여러분은 프로그래머를 의미합니다. 단위 테스트는 프로그래머만 하는 활동입니다. 고객이나 최종 사용자, 비프로그래머는 테스트 결과를 보거나 실행만 합니다.

단위 테스트는 그림 4-1과 같이 일방향성입니다. 테스트 코드는 프로덕션 시스템 코드를 의존하지만, 그 반대는 해당하지 않습니다. 프로덕션 코드는 테스트 코드의 존재를 모릅니다.

▼ 그림 4-1 테스트 클래스와 타깃 클래스 관계

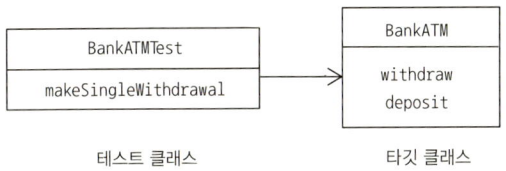

테스트 클래스   타깃 클래스

테스트를 작성하는 행위가 프로덕션 시스템의 설계에 영향을 주지 않는다는 것이 아닙니다. 더 많은 단위 테스트를 작성할수록 설계를 변경했을 때 테스트 작성이 훨씬 용이해지는 경우가 늘어날 것입니다. 흐름을 따라가 보세요. 여러분의 삶은 테스트 친화적인 설계를 채택할수록 편해지고 설계 자체도 더 좋아집니다.

4.3.1 테스트와 프로덕션 코드 분리

프로덕션 소프트웨어를 배포할 때 테스트를 함께 포함할 수도 있지만, 대부분의 회사는 그렇게 하지 않습니다. 그렇게 하면 로딩하는 JAR 파일이 부풀려지고(약간의 성능 저하) 코드 베이스의 공격 표면(attack surface)[1]도 늘어납니다. 하지만 프로덕션 소스 코드와 함께 배포할 때 테스트 코드를 넣지 않을 이유도 역시 없습니다.[2]

테스트 배포 여부를 고려하기보다 테스트를 프로덕션 소스와 같은 프로젝트에 넣을지 결정해야 합니다. 적어도 세 가지 선택지가 있습니다.

- **테스트를 프로덕션 코드와 같은 디렉터리 및 패키지에 넣기**

  구현하기 쉽지만 어느 누구도 실제 시스템에 이렇게 하지 않습니다. 이 정책을 쓰면 실제 배포할 때 테스트 코드를 걷어 내는 스크립트가 필요합니다. 클래스 이름(예를 들어 Test*.class)으로 구별하거나 테스트 클래스 여부를 식별할 수 있는 리플렉션 코드를 작성해야 합니다. 테스트를 같은 디렉터리에 유지하면 디렉터리 목록에서 뒤져야 하는 파일 개수도 늘어납니다.

- **테스트를 별도 디렉터리로 분리하지만 프로덕션 코드와 같은 패키지에 넣기**

  대부분의 회사에서 이것을 선택합니다. 이클립스와 메이븐 같은 도구는 이 모델을 권장합니다. 예시 디렉터리 구조는 그림 4-2와 같습니다.

---

[1] https://en.wikipedia.org/wiki/Attack_surface
[2] 역주 일반적인 경우에는 배포 파일에 소스 코드를 넣지 않습니다.

▼ 그림 4-2 테스트 코드의 파일 구조(같은 패키지)

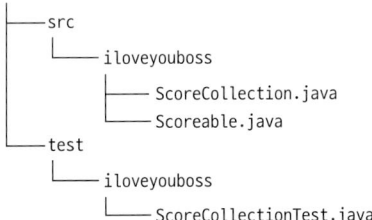

이 구조에서 iloveyouboss 패키지는 src와 test 소스 디렉터리에 모두 존재합니다. iloveyouboss.ScoreCollectionTest 테스트 클래스는 test 디렉터리의 ScoreCollectionTest.java 파일에 있으며 iloveyouboss. ScoreCollection과 iloveyouboss.Scoreable 프로덕션 클래스는 src 디렉터리에 있습니다.

test 디렉터리의 구조가 src 디렉터리를 반영하기 때문에 각 테스트는 검증하고자 하는 대상 클래스와 동일한 패키지를 가집니다. 테스트 클래스는 패키지 수준의 접근 권한을 가집니다. 이것에는 장점과 단점이 있는데, 자세한 내용은 4.3.2절을 참고하세요.

- **테스트를 별도의 디렉터리와 유사한 패키지에 유지하기**

  디렉터리 구조는 그림 4-3과 같습니다.

  ▼ 그림 4-3 테스트 코드의 파일 구조(별도 패키지)

  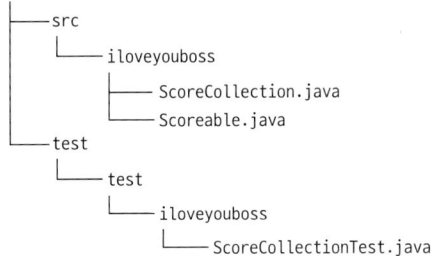

이 예에서 test.iloveyouboss.ScoreCollectionTest 테스트 클래스는 test 소스 폴더에 위치하고 프로덕션 클래스와 패키지 이름도 다릅니다. test를 패키지 이름 앞에 붙인 것은 일종의 예시입니다. 상황에 맞게 적용하면 됩니다.

테스트 코드를 프로덕션 코드의 패키지와 다르게 하면 공개(public) 인터페이스만 활용하여 테스트 코드를 작성합니다. 많은 개발자가 의도적으로 설계할 때 이 정책을 채택합니다. 이것에 대해 이야기해 봅시다.

4.3.2 내부 데이터 노출 vs 내부 동작 노출

어떤 개발자들은 테스트를 작성할 때 프로덕션 코드의 공개 인터페이스만 사용해야 한다고 믿습니다. 공개가 아닌 메서드를 테스트 코드에서 호출하면 정보 은닉(information hiding) 원칙을 위배한다고 생각합니다. 한 가지 시사점은 다음과 같습니다. 비공개 코드를 호출하는 테스트는 그 자체로 구현 세부 사항과 결속하게 됩니다. 이러한 세부 사항이 변경되면 기술적으로 공개적인 행동이 그대로라고 해도 테스트는 깨질 수 있습니다.

내부의 세부 사항을 테스트하는 것은 저품질로 이어질 수도 있습니다. 왜 그럴까요? 코드의 작은 변화가 수많은 테스트를 깨면 (테스트 코드가 과도하게 내부적인 구현 사항을 알고 있기 때문에) 프로그래머는 깨진 테스트를 고치면서 당황을 합니다. 테스트가 더 많이 깨질수록 프로그래머는 리팩토링을 꺼립니다. 그리고 리팩토링이 줄어들수록 코드 베이스는 빠르게 퇴화합니다. 이러한 강한 결합성 때문에 단위 테스트에 상당한 시간을 투자하는 것을 거부하는 팀들을 볼 수 있습니다.

이외에도 여러분은 종종 테스트를 작성하려고 객체에 대해 과도하게 사적인 질문을 할 수 있습니다. 내부 필드에 대한 단언을 하려고 게터(getter) 메서드를 만들어야 할 수도 있습니다. 테스트가 프로덕션 코드와 같은 패키지에 있다면 게터 메서드를 호출하여 패키지 수준의 접근 권한을 얻을 수 있습니다. 외부 세상으로 필드를 공개하지 않을수록 좀 더 편안해집니다.

테스트를 위해 내부 데이터를 노출하는 것은 테스트와 프로덕션 코드 사이에 과도한 결합을 초래합니다. 내부 동작을 노출하는 것은 다른 문제입니다.

커다란 클래스는 종종 수많은 복잡한 private 메서드를 포함합니다. 아마도 이들 동작에 직접 테스트 코드를 작성하고픈 충동을 느끼고는 할 것입니다.

테스트가 프로덕션 코드와 같은 패키지에 있으면 그 클래스에 대해 패키지 수준으로 접근할 수 있습니다. 다른 패키지에 있다면 자바 리플렉션으로 접근 권한을 우회할 수 있습니다. 하지만 둘 다 하지 않는 것이 좋습니다.

내부 행위를 테스트하려는 충동이 든다면 설계에 문제가 있는 것입니다. 묻혀 있는 수많은 흥미로운 행동은 거의 단일 책임 원칙(SRP, Single Responsibility Principle)을 어기게 됩니다. SRP는 어떤 클래스가 작고 단일 목적을 가져야 함을 의미하며, 가장 좋은 해결책은 흥미로운 private 메서드를 추출하여 다른 클래스로 이동하는 것입니다. 그렇게 하면 그 클래스의 유용한 public 메서드가 됩니다. 이러한 방식으로 Profile 클래스를 정리하는 내용은 9.1절에서 배웁니다.

집중적인 단일 목적 테스트의 가치

1장에서 만든 테스트 코드는 4줄로 짧습니다. 하나로 합쳐 봅시다.

iloveyouboss_12/test/iloveyouboss/ProfileTest.java

```
@Test
public void matches() {
    Profile profile = new Profile("Bull Hockey, Inc.");
```

```
    Question question = new BooleanQuestion(1, "Got milk?");

    // must-match 항목이 맞지 않으면 false
    profile.add(new Answer(question, Bool.FALSE));
    Criteria criteria = new Criteria();
    criteria.add(
        new Criterion(new Answer(question, Bool.TRUE),
                    Weight.MustMatch));

    assertFalse(profile.matches(criteria));

    // don't care 항목에 대해서는 true
    profile.add(new Answer(question, Bool.FALSE));
    criteria = new Criteria();
    criteria.add(
        new Criterion(new Answer(question, Bool.TRUE),
                    Weight.DontCare));

    assertTrue(profile.matches(criteria));
}
```

이렇게 나머지 테스트 케이스를 matches 메서드에 넣을 수 있습니다. 각각에 설명하는 주석을 넣습니다. 그러면 테스트를 분리했을 때 실행되는 반복적인 공통 초기화의 부담을 줄일 수 있을지 모릅니다. 하지만 JUnit이 제공하는 테스트 고립의 중요한 이점을 잃게 됩니다.

> **Tip** 다수의 케이스를 별도의 JUnit 테스트 메서드로 분리하세요. 각각에는 검증하는 동작을 표현하는 이름을 붙이세요.

테스트를 분리하면 다음과 같이 할 수 있습니다.

- 단언이 실패했을 때 실패한 테스트 이름이 표시되기 때문에 어느 동작에서 문제가 있는지 빠르게 파악할 수 있습니다.

- 실패한 테스트를 해독하는 데 필요한 시간을 줄일 수 있습니다. JUnit은 각 테스트를 별도의 인스턴스로 실행하기 때문입니다. 따라서 현재 실패한 테스트에 대해 다른 테스트의 영향을 제거할 수 있습니다.
- 모든 케이스가 실행되었음을 보장할 수 있습니다. 단언이 실패하면 현재 테스트 메서드는 중단합니다. 단언 실패는 java.lang.AssertionError를 던지기 때문입니다(JUnit은 이것을 잡아 테스트를 실패로 표시합니다). 단언 실패 이후의 테스트 케이스는 실행되지 않습니다.

4.5 문서로서의 테스트

단위 테스트는 우리가 만드는 클래스에 대한 지속적이고 믿을 수 있는 문서 역할을 해야 합니다. 테스트는 코드 자체로 쉽게 설명할 수 없는 가능성들을 알려줍니다. 이런 의미에서는 테스트가 없었으면 주석으로 적어 놓았을 많은 내용을 보충하기도 합니다.

4.5.1 일관성 있는 이름으로 테스트 문서화

테스트 케이스를 단일 메서드로 결합할수록 테스트 이름 또한 일반적이고 의미를 잃어 갑니다. matches라는 테스트 이름은 그 행동에 대해 아무것도 이야기해 주지 못합니다.

좀 더 작은 테스트로 이동할수록 각각은 분명한 행동에 집중합니다. 또 각 테스트 이름에 더 많은 의미를 부여할 수 있습니다. 테스트하려는 맥락을 제안하기보다는 어떤 맥락에서 일련의 행동을 호출했을 때 어떤 결과가 나오는지를 명시하세요.

(다음은 실제 사례이며 제프가 횡설수설하는 것은 아닙니다.)

멋지지 않은 이름	멋지고 설명적인 이름
makeSingleWithdrawal	withdrawalReducesBalanceByWithdrawnAmount
attemptToWithdrawTooMuch	withdrawalOfMoreThanAvailableFundsGeneratesError
multipleDeposits	multipleDepositsIncreaseBalanceBySumOfDeposits

음, 마지막 이름은 분명해 보이지만 그것은 여러분이 이미 ATM 도메인을 이해했기 때문입니다. 여전히 좀 더 분명한 이름은 프로그래머가 테스트 내용이 무엇인지 파악하도록 도와줍니다.

물론 너무 앞서갈 수도 있습니다. 합리적인 테스트 이름은 아마도 단어 일곱 개 정도로 구성되어 있을 것입니다. 더 긴 이름은 이해하기 어려운 이름이 될 수도 있습니다. 다수의 테스트 이름이 길다면 설계 문제가 될 수도 있습니다.

더 멋지고 설명적인 이름은 다음 양식을 따릅니다.

doingSomeOperationGeneratesSomeResult

(어떤 동작을 하면 어떤 결과가 나온다.)

다음과 같은 조금 다른 양식을 사용할 수도 있습니다.

someResultOccursUnderSomeCondition

(어떤 결과는 어떤 조건에서 발생한다.)

혹은 행위 주도 개발(BDD, Behavior-Driven Development)[3]에서 말하는 given-when-then 같은 양식을 사용할 수도 있습니다. 이것은 다음과 같이 표현할 수 있습니다.

---

3 https://en.wikipedia.org/wiki/Behavior-driven_development를 참고하세요.

givenSomeContextWhenDoingSomeBehaviorThenSomeResultOccurs
(주어진 조건에서 어떤 일을 하면 어떤 결과가 나온다.)

JDave와 easyb 같은 테스트 프레임워크가 긴 이름을 잘 지원하기는 하지만, given-when-then이라는 테스트 이름은 읽기에 길고 복잡할 수 있습니다. 보통은 givenSomeContext 부분은 제거하여 테스트 독자가 너무 많은 일을 하지 않도록 합니다.

whenDoingSomeBehaviorThenSomeResultOccurs
(어떤 일을 하면 어떤 결과가 나온다.)

이것은 처음에 언급한 doingSomeOperationGeneratesSomeResult와 일치합니다.

어느 형식이든 일관성을 유지하는 것이 중요합니다. 주요 목표는 테스트 코드를 다른 사람에게 의미 있게 만드는 것입니다.

4.5.2 테스트를 의미 있게 만들기

다른 사람(혹은 여러분 자신)이 테스트가 어떤 일을 하는지 파악하기 어려운다면 주석을 추가하는 것만으로 끝내지 마세요. 테스트 이름을 개선해야 합니다. 또 다음도 고려해야 합니다.

- 지역 변수 이름 개선하기
- 의미 있는 상수 도입하기
- 햄크레스트 단언 사용하기
- 커다란 테스트를 작게 나누어 집중적인 테스트 만들기
- 테스트 군더더기들을 도우미 메서드와 @Before 메서드로 이동하기

> **Tip** 테스트 이름과 코드를 재작업하여 부가적으로 주석을 넣지 않고도 스토리를 알 수 있도록 만드세요.

4.6 @Before와 @After (공통 초기화와 정리) 더 알기

2장에서 @Before 메서드를 사용하여 여러 테스트에 있는 중복된 초기화 코드를 제거했습니다(때때로 셋업(setup) 메서드라고도 합니다).

연관된 행동 집합에 대해 더 많은 테스트를 추가하면 상당한 테스트 코드가 같은 초기화 부분을 가진다는 것을 발견할 수 있습니다. @Before 메서드를 활용하면 중복된 코드로 유지 보수 악몽에 빠지는 것을 막을 수 있습니다.

JUnit이 @Before와 @Test 메서드를 어떤 순서로 실행하는지 이해하는 것은 중요합니다. 작은 예제가 있습니다.

iloveyouboss_13/test/scratch/AssertTest.java
```java
private Account account;

@Before
public void createAccount() {
    account = new Account("an account name");
}
```

@Before 메서드 및 hasPositiveBalance와 depositIncreasesBalance 두 테스트 메서드가 포함된 클래스를 상상해 보세요. JUnit을 실행하면 다음 흐름을 예상할 수 있습니다.

```
@Before createAccount
@Test depositIncreasesBalance
@Before createAccount
@Test hasPositiveBalance
```

(JUnit은 소스 코드에 있는 것과는 무관한 순서로 테스트 메서드를 실행한다는 것을 기억하세요.)

다른 말로 @Before 메서드는 매번 테스트 메서드 실행에 앞서 실행됩니다. 때때로 여러분 초기화 필요가 늘어날 수 있습니다. 예를 들어 각 테스트를 실행하기 전에 어떤 파일을 삭제할 수 있습니다. 이들 동작을 단일 @Before 메서드로 결합하기보다 @Before 메서드를 여러 개로 분할하세요.

```
@Before createAccount
@Before resetAccountLogs
@Test depositIncreasesBalance
  ...
```

주의하세요. 다수의 @Before 메서드가 있을 때 JUnit은 어떤 실행 순서를 보장하지 않습니다. createAccount() 메서드가 resetAccountLogs() 메서드보다 먼저 실행됨을 보장하지 않습니다. 일정한 순서가 필요하다면 단일 @Before 메서드로 결합하여 순서대로 실행되도록 해야 합니다.

어떤 @Before 메서드는 필요한 만큼의 초기화 코드를 넣으면 됩니다. @Before 메서드는 클래스에 있는 모든 테스트에 적용되며, 그 클래스에 있는 모든 테스트에 앞서 실행되어야 하는 코드만 넣어야 합니다.

매우 희귀한 경우로 @After 메서드가 필요할 수 있습니다. @Before의 북엔드[4]
에 해당합니다. @After 메서드는 클래스에 있는 각 테스트를 한 후에 실행되며,
테스트가 실패하더라도 실행됩니다. @After 메서드는 테스트에 발생하는 부산
물들을 정리하는 역할을 합니다. 예를 들어 열려 있는 데이터베이스와 연결을
종료합니다. 다음은 @After 메서드가 정의되어 있는 어떤 클래스의 가상 실행
흐름입니다.

- @Before createAccount
- @Test depositIncreasesBalance
- @After closeConnections
- @Before createAccount
- @Test hasPositiveBalance
- @After closeConnections

4.6.1 BeforeClass와 AfterClass 애너테이션

보통 테스트 수준의 초기화(@Before)면 충분합니다. 매우 드문 경우에만 테스
트 클래스 수준의 초기화인 @BeforeClass가 필요합니다. 이것은 클래스에 있는
어떤 테스트를 처음 실행하기 전에 한 번만 실행됩니다. JUnit은 그와 정반대인
@AfterClass 애너테이션도 제공합니다.

iloveyouboss_13/test/scratch/AssertMoreTest.java
```
public class AssertMoreTest {
    @BeforeClass
    public static void initializeSomethingReallyExpensive() {
        // ...
    }
```

---

4 역주 북엔드는 양측에 철재로 세워서 책들을 고정하는 역할을 합니다.

```
    @AfterClass
    public static void cleanUpSomethingReallyExpensive() {
        // ...
    }

    @Before
    public void createAccount() {
        // ...
    }

    @After
    public void closeConnections() {
        // ...
    }

    @Test
    public void depositIncreasesBalance() {
        // ...
    }

    @Test
    public void hasPositiveBalance() {
        // ...
    }
}
```

다음은 AssertMoreTest 클래스를 JUnit으로 실행한 흐름입니다.

```
@BeforeClass initializeSomethingReallyExpensive
@Before createAccount
@Test depositIncreasesBalance
@After closeConnections
@Before createAccount
@Test hasPositiveBalance
@After closeConnections
@AfterClass cleanUpSomethingReallyExpensive
```

4.7 녹색이 좋다: 테스트를 의미 있게 유지

UNIT TESTING

여러분은 보통 모든 테스트가 항상 통과한다고 기대해야 합니다. 실무에서 이 말은 버그가 나왔을 때 테스트 한두 개는 실패함을 의미합니다. 일반적으로 이러한 환경에서는 문제를 고립시키는 것이 쉽습니다.

실패하는 테스트가 있다면 더 늘리지 마세요! 실패하면 곧바로 고쳐서 모든 테스트가 항상 통과하도록 해야 합니다. '항상 녹색으로'가 프로덕션 코드를 변경해야 할 때 코드에 오류가 없도록 지켜 줍니다.

4.7.1 테스트를 빠르게

이클립스와 다른 IDE는 같은 테스트 클래스에 있는 테스트만 실행할 수 있습니다. 일부 IDE에서는 한 번에 단위 테스트 한 개만 실행할 수 있습니다. 이때 테스트를 실행하여 항상 녹색을 유지하는 한 가지 방법은 '필요하다고 생각하는 테스트만 실행'하는 것입니다.

하지만 실행하는 테스트 개수를 한정하는 것 역시 단점이 있는데, 더 큰 문제를 만들 수도 있기 때문입니다. 전체 테스트 스위트에서 제공하는 피드백을 받지 않는 기간이 길어지면 애플리케이션에서 어떤 부분을 깨뜨리는 코드를 작성할 확률이 늘어납니다. 이러한 문제를 추후에 찾는 것은 바로 찾는 것보다 상당한 시간이 소요됩니다.

테스트 코드에 데이터베이스처럼 느린 자원을 통제하는 부분이 없다면 수 초 안에 수천 개의 테스트를 실행하는 것이 가능합니다. 이 속도라면 전체 테스트를 항상 실행하는 것이 어렵지 않습니다. 이클립스와 호환되는 IDE에서는 항상 모든 테스트를 프로젝트에서 마우스 오른쪽 버튼을 누르고 그 수준에서 테스트를 실행하기만 하면 됩니다.

어떤 개발자는 한걸음 더 나아가 단위 테스트는 빛처럼 빨라야 한다고 주장하기도 합니다.[5] 10장에서는 목 객체를 활용하여 느린 테스트(데이터베이스 등의 의존)를 빠르게 전환하는 방법을 알려 줍니다.

모든 테스트가 실행되는 것을 기다릴 수 없다면 프로젝트에서 한 단계 내려와 패키지에 있는 모든 테스트를 실행해도 좋습니다. 혹은 Infinitest[6]처럼 백그라운드에서 테스트를 항상 실행하는 도구를 고려해도 좋습니다.

의심할 여지없이 외부 자원에 접근하는 테스트가 많다면 느려집니다. JUnit은 Categories 기능을 제공하여 특정 카테고리에 해당하는 테스트만 별도로 실행할 수 있습니다.[7]

더 나은 방법은 느린 바구니에 해당하는 테스트 개수를 주의하며 최소화하는 것입니다. 대부분의 단위 테스트는 매우 빨라야 합니다. 책에서는 더 느린 통합 테스트(integration tests)를 다루는 것이 아니고 빠른 피드백을 얻을 수 있는 단위 테스트에 집중합니다.

> **Tip** 여러분이 견딜 수 있는 만큼 많은 테스트를 실행하세요.

---

5 http://www.artima.com/weblogs/viewpost.jsp?thread=126923을 참고하세요.
6 https://infinitest.github.io/
7 https://github.com/junit-team/junit4/wiki/Categories

4.7.2 테스트 제외

코드를 개발하다 보면 현재 테스트 코드가 적색이 될 수도 있지만 괜찮습니다. 오히려 다수의 테스트 실패를 동시에 다루는 번거로움을 피할 수 있습니다.

다수의 실패를 다루는 한 가지 해결책은 문제가 있는 테스트에 집중하고 다른 실패 테스트는 주석 처리하는 것입니다. JUnit은 주석 처리보다 나은 메커니즘을 제공합니다. 즉, @Ignore 애너테이션을 달면 됩니다.

iloveyouboss_13/test/scratch/AssertTest.java
```
@Test
@Ignore("don't forget me!")
public void somethingWeCannotHandleRightNow() {
    // ...
}
```

@Ignore의 설명 메시지는 신댁 사항입니다.

JUnit 테스트 러너는 한 개 혹은 그 이상의 제외된 테스트를 알려 줍니다. 이클립스에서는 Runs: 부분에서 괄호로 제외된 테스트 개수를 알려 줍니다. 주석 처리를 하면 금방 잊기 때문에 따로 볼 수 있는 것이 좋습니다. 주석 처리한 상태로 코드 저장소에 커밋하면 노스다코타 주(North Dakota)의 표시되지 않은 어느 펜스 기둥에 돈 주머니를 매달아서 묻은 것과 같습니다.

4.8 마치며

JUnit은 그 표면 아래에 수많은 세부 사항을 숨길 수 있는 단순한 도구로 보입니다. 이 장에서는 표면만 살펴보았지만, 우리가 다룬 JUnit 기능들은 실무 단위 테스트가 왜 필요한지 그 이유를 다루기에 충분합니다.

이제 JUnit 메커니즘을 이해했습니다. 다음 도전 과제는 고품질의 단위 테스트를 만드는 것입니다. 다음 절에서는 더 나은 테스트를 만드는 데 도움을 주는 일련의 암기법을 다룹니다.

제 2부

빠른 암기법 습득

JUnit으로 생산성을 높이려면 테스트 대상과 커버하는 경계 조건, 좋은 테스트의 요건을 배워야 합니다. 운이 좋게도 이러한 항목들의 가이드라인은 유용한 암기법인 FIRST, Right-BICEP, CORRECT로 요약할 수 있습니다. 2부는 알파벳 수영장에서 헤엄쳐 봅시다.

5장

좋은 테스트의 FIRST 속성

5.1 FIRST: 좋은 테스트 조건
5.2 [F]IRST: 빠르다
5.3 F[I]RST: 고립시킨다
5.4 FI[R]ST: 좋은 테스트는 반복 가능해야 한다
5.5 FIR[S]T: 스스로 검증 가능하다
5.6 FIRS[T]: 적시에 사용한다
5.7 마치며

단위 테스트는 주의 깊게 사용했을 때 많은 이점을 얻을 수 있습니다. 하지만 테스트 또한 여러분이 작성하고 유지 보수해야 하는 또 다른 코드입니다. 테스트에 다음 문제점이 있다면 여러분 시간과 수면은 부족해질 것입니다.

- 테스트를 사용하는 사람에게 어떤 정보도 주지 못하는 테스트
- 산발적으로 실패하는 테스트
- 어떤 가치도 증명하지 못하는 테스트
- 실행하는 데 오래 걸리는 테스트
- 코드를 충분히 커버하지 못하는 테스트
- 구현과 강하게 결합되어 있는 테스트. 따라서 작은 변화에도 다수의 테스트가 깨집니다.
- 수많은 설정 고리로 점프하는 난해한 테스트

이 장에서는 테스트를 빛나게 하고 값어치를 하는 테스트를 만드는 데 도움을 주는 핵심 개념과 몇 가지 전술을 배울 것입니다.

5.1 FIRST: 좋은 테스트 조건

다음 FIRST 원리를 따르면 단위 테스트 작성자가 흔히 빠지는 위험을 피할 수 있습니다.

- [F]ast: 빠른
- [I]solated: 고립된
- [R]epeatable: 반복 가능한

- [S]elf-validating: 스스로 검증 가능한
- [T]imely: 적시의

FIRST 단어는 그 자체로 단위 테스트 맥락에서 상당한 의미가 있습니다. 여러분은 아마도 먼저 코드를 작성하고 그 후에 테스트 코드를 작성할 것입니다. 하지만 놀랍게도 테스트를 먼저 작성하고 코드를 작성하면 이전과 다른 더 좋은 결과를 얻을 수도 있습니다. 많은 사람이 이를 가리켜 테스트 주도 개발(TDD, Test-Driven Development)이라고 합니다.

일반적인 단위 테스트(POUT, Plain Ol' Unit Testing)와 TDD 차이점은 TDD에서는 테스트를 먼저 작성한다는 것입니다. 관심이 있다면 12장을 참고하세요.

테스트를 먼저 작성하든 이후에 작성하든 FIRST 원리를 고수하면 어떤 것이든 잘해 나갈 수 있을 것입니다.

5.2 [F]IRST: 빠르다

빠른 테스트와 느린 테스트의 구분선은 다소 자의적입니다. 포터 스튜어드(Potter Stewart) 판사가 "내가 보면 안다."라고 말했던 것처럼 말이죠. 빠른 테스트는 코드만 실행하며[1] 소요 시간은 수 밀리초 수준입니다. 느린 테스트는 데이터베이스, 파일, 네트워크 호출처럼 필요한 외부 자원을 다루는 코드를 호출합니다. 실행 시간은 수십·수백·수천 밀리초가 걸리기도 합니다.

전형적인 자바 시스템에는 단위 테스트 수천 개가 필요합니다. 평균 200밀리초가 걸린다면 단위 테스트 2500개를 실행하는 데 총 8분 이상 기다려야 합니다.

---

1 역주 DB 같은 외부 시스템에 접근하지 않고 로컬에 있는 로직 코드만 실행함을 의미합니다.

8분이 그다지 끔찍한 수준은 아니지만 개발 기간 내내 8분짜리 테스트를 수없이 실행하고 싶지는 않을 것입니다.

> 팻: "그래서요? 저는 제가 변경하는 코드와 관련한 테스트만 실행할 수 있어요."
>
> 데일: "당신이 변경 사항 중에 하나를 머지(merge)했을 때 고약한 작은 결함을 고치는 데 여러 시간이 걸렸어요. 무슨 말씀이시죠? 좋아요. '나의 코드 변경은 아마도 다른 코드를 깨지 않는다'는 관점이군요."(웃음)
>
> 팻: "음, 변경 사항이 좀 쌓인 후에 모든 테스트를 실행할 거예요. 하루에 한두 번이면 충분할 거예요."
>
> 데일: "당신이 다수의 변경 사항을 쌓았을 때, 단지 그것을 머지하는 데만 몇 시간이 필요했습니다. 더 자주 머지하여 변경 사항이 나머지 시스템에 어떤 영향을 주는지 파악하면 더 좋을 것 같아요."

시스템이 커지면 단위 테스트도 실행하는 데 점점 오래 걸립니다. 처음 8분이 손쉽게 15분 혹은 30분까지 늘어나기도 합니다. 여러분에게 이러한 일이 일어난다면 그리 특이한 상황은 아니며 누구나 겪을 수 있는 진퇴양난입니다. 하지만 자랑스러워할 일도 아니죠.

단위 테스트를 하루에 서너 번 실행하기도 버겁다면 무언가 잘못된 방향으로 나아가고 있는 것입니다. 단위 테스트 스위트의 가치는 대상 시스템에 대한 지속적이고 종합적인 빠른 피드백을 주지 못하면 그만큼 저하됩니다. 테스트 코드가 기호에서 멀어지고 있다면 여러분이나 여러분 팀이 테스트를 작성하는 데 들이는 노력 또한 의문을 가지게 될 것입니다.

테스트를 빠르게 유지하세요! 설계를 깨끗하게 하면 빠르게 유지할 수 있습니다. 가장 먼저 느린 테스트에 대한 의존성을 줄이세요. 모든 테스트 코드가 데이터베이스를 호출한다면 전체 테스트 또한 느릴 것입니다.

우리는 responsesByQuestion() 메서드에 대한 테스트를 작성하려고 합니다. 이 메서드는 각 질문에 대해 true와 false 답변 히스토그램을 반환합니다.

iloveyouboss_16-branch-persistence/src/iloveyouboss/domain/StatCompiler.java

```java
public class StatCompiler {
    private QuestionController controller = new QuestionController();

    public Map<String, Map<Boolean, AtomicInteger>> responsesByQuestion(
            List<BooleanAnswer> answers) {
        Map<Integer, Map<Boolean, AtomicInteger>> responses = new
            HashMap<>();
        answers.stream().forEach(answer -> incrementHistogram(responses,
                            answer));
        return convertHistogramIdsToText(responses);
    }

    private Map<String, Map<Boolean, AtomicInteger>>
            convertHistogramIdsToText(
            Map<Integer, Map<Boolean, AtomicInteger>> responses) {
        Map<String, Map<Boolean, AtomicInteger>> textResponses = new
            HashMap<>();
        responses.keySet().stream().forEach(id ->
            textResponses.put(controller.find(id).getText(),
                        responses.get(id)));
        return textResponses;
    }

    private void incrementHistogram(
            Map<Integer, Map<Boolean, AtomicInteger>> responses,
            BooleanAnswer answer) {
        Map<Boolean, AtomicInteger> histogram =
            getHistogram(responses, answer.getQuestionId());
        histogram.get(Boolean.valueOf(answer.getValue())).
                getAndIncrement();
    }

    private Map<Boolean, AtomicInteger> getHistogram(
```

```
            Map<Integer, Map<Boolean, AtomicInteger>> responses, int id) {
        Map<Boolean, AtomicInteger> histogram = null;
        if (responses.containsKey(id))
            histogram = responses.get(id);
        else {
            histogram = createNewHistogram();
            responses.put(id, histogram);
        }
        return histogram;
    }

    private Map<Boolean, AtomicInteger> createNewHistogram() {
        Map<Boolean, AtomicInteger> histogram;
        histogram = new HashMap<>();
        histogram.put(Boolean.FALSE, new AtomicInteger(0));
        histogram.put(Boolean.TRUE, new AtomicInteger(0));
        return histogram;
    }
}
```

히스토그램은 불 값의 개수에 대한 맵입니다. responses 해시 맵은 질문 ID와 그에 대한 히스토그램을 매핑합니다. incrementHistogram() 메서드는 주어진 질문에 대해 히스토그램을 갱신합니다. 마지막으로 convertHistogramIdsToText() 메서드는 responses 맵을 질문 텍스트 대 히스토그램으로 매핑합니다.

불행하게도 convertHistogramIdsToText() 메서드는 테스트 도전 과제에 해당합니다. QuestionController 객체의 find() 메서드를 호출하면 느린 영속적 저장소와 상호 작용합니다. 테스트가 느릴 뿐만 아니라 적절한 질문 개체를 얻어 오기 위해 데이터베이스도 실행해야 합니다. 데이터베이스 데이터와 테스트에서 기대하는 데이터 값의 거리 때문에 테스트는 따르기 어렵고 불안할 것입니다.

질문을 얻기 위해 컨트롤러에 질의하기보다는 먼저 질문을 가져오고, 그 텍스트를 responsesByQuestion() 메서드의 인수로 넘깁니다.

먼저 대답에 대한 질문 ID와 질문 내용의 맵을 생성하는 questionText() 메서드를 생성합니다.

iloveyouboss_16-branch-persistence-redesign/src/iloveyouboss/domain/StatCompiler.java
```
public Map<Integer, String> questionText(List<BooleanAnswer> answers) {
    Map<Integer, String> questions = new HashMap<>();
    answers.stream().forEach(answer -> {
        if (!questions.containsKey(answer.getQuestionId()))
            questions.put(answer.getQuestionId(),
                controller.find(answer.getQuestionId()).getText()); });
    return questions;
}
```

responsesByQuestion() 메서드에 질문 ID와 내용을 매핑하는 questions 변수를 추가합니다.

iloveyouboss_16-branch-persistence-redesign/src/iloveyouboss/domain/StatCompiler.java
```
public Map<String, Map<Boolean, AtomicInteger>> responsesByQuestion(
        List<BooleanAnswer> answers, Map<Integer, String> questions) {
    Map<Integer, Map<Boolean, AtomicInteger>> responses = new
        HashMap<>();
    answers.stream().forEach(answer -> incrementHistogram(responses,
                    answer));
    return convertHistogramIdsToText(responses, questions);
}
```

responsesByQuestion() 메서드는 convertHistogramIdsToText() 메서드에 questions 맵을 넘깁니다.

iloveyouboss_16-branch-persistence-redesign/src/iloveyouboss/domain/StatCompiler.java

```
  private Map<String, Map<Boolean, AtomicInteger>>
      convertHistogramIdsToText(
      Map<Integer, Map<Boolean, AtomicInteger>> responses,
      Map<Integer, String> questions) {
    Map<String, Map<Boolean, AtomicInteger>> textResponses = new
        HashMap<>();
    responses.keySet().stream().forEach(id ->
      textResponses.put(questions.get(id), responses.get(id)));
    return textResponses;
  }
```

questionText() 메서드에 있는 코드는 여전히 느린 영속적 저장소에 의존하지만 우리가 테스트하려는 코드는 작은 부분입니다. 나중에 이것을 어떻게 테스트할지 알아볼 것입니다. convertHistogramIdsToText() 메서드는 메모리상의 해시 맵만 사용하며 느린 영속적 저장소는 조회하지 않습니다. 이제 responsesByQuestion() 메서드를 손쉽게 테스트할 수 있습니다.

iloveyouboss_16-branch-persistence-redesign/test/iloveyouboss/domain/StatCompilerTest.java

```
  @Test
  public void responsesByQuestionAnswersCountsByQuestionText() {
    StatCompiler stats = new StatCompiler();
    List<BooleanAnswer> answers = new ArrayList<>();
    answers.add(new BooleanAnswer(1, true));
    answers.add(new BooleanAnswer(1, true));
    answers.add(new BooleanAnswer(1, true));
    answers.add(new BooleanAnswer(1, false));
    answers.add(new BooleanAnswer(2, true));
    answers.add(new BooleanAnswer(2, true));
    Map<Integer, String> questions = new HashMap<>();
    questions.put(1, "Tuition reimbursement?");
    questions.put(2, "Relocation package?");

    Map<String, Map<Boolean, AtomicInteger>> responses =
        stats.responsesByQuestion(answers, questions);
```

```
        assertThat(responses.get("Tuition reimbursement?").
            get(Boolean.TRUE).get(), equalTo(3));
        assertThat(responses.get("Tuition reimbursement?").
            get(Boolean.FALSE).get(), equalTo(1));
        assertThat(responses.get("Relocation package?").
            get(Boolean.TRUE).get(), equalTo(2));
        assertThat(responses.get("Relocation package?").
            get(Boolean.FALSE).get(), equalTo(0));
    }
```

responsesByQuestionAnswersCountsByQuestionText() 테스트는 진짜 빠릅니다. 우리가 딱 좋아하는 스타일이죠. 이 테스트는 responsesByQuestion(), convertHistogramIdsToText(), incrementHistogram() 메서드에 있는 많은 흥미로운 로직을 포함합니다. 우리는 세 메서드에 있는 로직을 조합하여 흥미로운 테스트를 작성할 수 있습니다. 그렇게 하면 손쉽게 다수의 테스트를 가지게 됩니다. 더 많은 로직을 커버하는 소수의 빠른 테스트는 데이터베이스 호출에 의존하는 단일 테스트보다 수월하게 실행될 것입니다.

테스트 코드는 빠르게 동작하며, 느린 것에 의존하는 코드를 최소화한다면 작성하기도 쉬워집니다. 이러한 의존성을 최소화하는 것 역시 좋은 설계의 목표입니다. 다시 한 번 말하지만, 코드를 클린 객체 지향 설계 개념과 맞출수록 단위 테스트 작성도 쉬워집니다.

우리는 여전히 컨트롤러에 의존하는 questionText() 메서드를 테스트하고 싶습니다. 10장에서는 필요한 기술을 다루고, 13장에서는 questionText() 메서드의 테스트 코드를 작성합니다.

5.3 F[I]RST: 고립시킨다

좋은 단위 테스트는 검증하려는 작은 양의 코드에 집중합니다. 이것은 우리가 단위라고 말하는 정의와 부합합니다. 직접적 혹은 간접적으로 테스트 코드와 상호 작용하는 코드가 많을수록 문제가 발생할 소지가 늘어납니다.

테스트 대상 코드는 데이터베이스를 읽는 다른 코드와 상호 작용할 수도 있습니다. 데이터 의존성은 많은 문제를 만듭니다. 궁극적으로 데이터베이스에 의존해야 하는 테스트는 데이터베이스가 올바른 데이터를 가지고 있는지 확인해야 합니다. 데이터 소스를 공유한다면 테스트를 깨뜨리는 (아마도 여러분 통제 범위 밖에 있는 상황) 외부 변화도 걱정해야 합니다. 다른 개발자들이 종종 이러한 테스트 코드를 동시에 실행할 수도 있다는 것을 잊지 마세요. 단순히 외부 저장소와 상호 작용하게 되면 테스트가 가용성(availability) 혹은 접근성(accessibility) 이슈로 실패할 가능성이 증가합니다.

또 좋은 단위 테스트는 다른 단위 테스트에 의존하지 않습니다(혹은 같은 메서드에 있는 테스트 케이스). 아마도 여러 테스트가 값비싸게 생성된 데이터를 재사용하는 방식으로 테스트 순서를 조작하여 전체 테스트의 실행 속도를 높이려고 할 수도 있습니다. 하지만 이렇게 하면 의존성의 악순환만 동시에 발생합니다. 일이 잘못되면 테스트가 실패했을 때 이러한 일을 만들어 내는 앞선 이벤트의 긴 사슬을 따라 무엇이 원인인지 알아내느라 긴 시간을 소모할 수도 있습니다.

따라서 테스트 코드는 어떤 순서나 시간에 관계없이 실행할 수 있어야 합니다.

각 테스트가 작은 양의 동작에만 집중하면 테스트 코드를 집중적이고 독립적으로 유지하기 쉬워집니다. 테스트에 두 번째 단언을 추가할 때 다음과 같이 스스로 질문해야 합니다. "이들 단언이 단일 동작을 검증하도록 돕는가, 아니면 내가 새로운 테스트 이름으로 기술할 수 있는 어떤 동작을 대표하는가?"

객체 지향 클래스 설계의 단일 책임 원칙(SRP)(185쪽 'SOLID 클래스의 설계 원칙' 참고)에 따르면 클래스는 작고 단일한 목적을 가져야 합니다. 좀 더 구체적으로 SRP는 클래스를 변경해야 할 이유가 하나만 있어야 한다고 말합니다.

또 SRP는 테스트 메서드에서도 훌륭한 지침을 제공합니다. 테스트 메서드가 하나 이상의 이유로 깨진다면 테스트를 분할하는 것도 고려해 보세요. 집중적인 단위 테스트가 깨지면 대개 그 원인은 분명합니다.

테스트 코드를 스위스처럼 만들어야 합니다. 고립시켜 시계처럼 동작하게 하세요.

5.4 FI[R]ST: 좋은 테스트는 반복 가능해야 한다

테스트는 뜬금없이 나오면 안 됩니다. 여러분이 테스트를 설계했으므로 전적으로 여러분 통제 아래에 있습니다. 또 테스트 조건을 고안할 힘도 있으며, 테스트 결과가 어떻게 나올지에 대한 수정 공(crystal ball)[2]도 필요 없습니다. 테스트 설계에서 여러분 역할 중 일부는 테스트 결과가 매번 어떻게 나와야 하는지에 대해 설명하는 단언을 제공하는 것입니다.

반복 가능한 테스트는 실행할 때마다 결과가 같아야 합니다. 따라서 반복 가능한 테스트를 만들려면 직접 통제할 수 없는 외부 환경에 있는 항목들과 격리시켜야 합니다.

---

2 역주 점쟁이가 미래를 보려고 사용하는 수정 공이 불필요하다는 의미로, 테스트 코드 자체로 그 내용을 설명할 수 있어야 합니다.

하지만 시스템은 불가피하게 통제할 수 없는 요소와 상호 작용해야 할 것입니다. 예를 들어 현재 시간을 다루어야 한다면 테스트 코드는 반복 가능한 테스트를 힘들게 하는 불편한 요소를 어떻게든 다루게 됩니다. 이때는 테스트 대상 코드의 나머지를 격리하고 시간 변화에 독립성을 유지하는 방법으로 목 객체(10장 참고)를 사용할 수 있습니다.

iloveyouboss 애플리케이션에서는 새로운 질문이 프로파일에 추가되었을 때 생성 타임스탬프가 저장되는 것을 검증하고자 합니다. 타임스탬프는 움직이는 표적(moving target)이므로 특정 타임스탬프를 단언(assert)하는 것은 어려운 일입니다.

테스트에서 프로파일에 질문을 추가한 후에는 즉시 시스템 시간을 요청할 수 있습니다. 대부분의 밀리초는 걱정하지 않아도 되기에 지속된 시간과 테스트 코드의 시간을 비교합니다. 대부분은 잘 동작하지만, 지속된 시간이 17:34:05.999라면 테스트는 실패할 수도 있습니다.[3]

산발적으로 실패하는 테스트는 골칫거리입니다. 때때로 테스트가 동시에 실행되는 코드를 주도하면 시스템 결함이 드러나기도 합니다. 하지만 더 자주 간헐적으로 실패하는 테스트는 양치기 소년(cry wolf)이 됩니다. 어떤 사람은 시간을 들여서 이것을 보고는 "이거 진짜 문제인가? 흠, 알겠어."라고 말하며 /* 이 테스트는 종종 양치기 소년으로 동작함 */이라는 주석을 추가할지도 모릅니다. 이렇게는 하지 마세요.

다시 시간 과제로 돌아가 봅니다. 우리가 움직이는 시간을 멈출 수만 있다면 좋을 텐데! 음, 하지만 시간은 멈출 수 없습니다. 그렇게 속일 수는 있지요. 혹은 코드가 진짜 시간을 가진 것처럼 속일 수 있습니다. 자바 8에서는 `java.time.Clock` 객체를 사용하여 고정된 시간을 반환할 수 있습니다. 테스트에서 현재 시간을 얻으려는 코드에 가짜 `Clock` 객체를 넘길 수 있습니다.

---

3 역주 밀리초만 떼고 비교하면 17:34:05인데 테스트 시간은 17:34:06이 될 수 있기 때문에 테스트가 실패할 수도 있습니다.

iloveyouboss_16-branch-persistence/test/iloveyouboss/controller/QuestionControllerTest.java

```
@Test
public void questionAnswersDateAdded() {
    Instant now = new Date().toInstant();
    controller.setClock(Clock.fixed(now, ZoneId.of("America/Denver")));
    int id = controller.addBooleanQuestion("text");

    Question question = controller.find(id);

    assertThat(question.getCreateTimestamp(), equalTo(now));
}
```

앞의 예제에서 첫 번째 행은 Instant 객체를 생성하여 now 지역 변수에 저장합니다. 두 번째 행은 now 인스턴스를 넘겨 Clock 객체를 생성하고(시간을 물어볼 때 항상 now 인스턴스를 반환) 그 Clock 객체를 세터(setter) 메서드를 사용하여 컨트롤러에 주입합니다. 테스트의 단언은 질문의 생성 타임스탬프가 now 변수와 동일한지 검사합니다.

iloveyouboss_16-branch-persistence/src/iloveyouboss/controller/QuestionController.java

```
public class QuestionController {
    private Clock clock = Clock.systemUTC();
    // ...

    public int addBooleanQuestion(String text) {
        return persist(new BooleanQuestion(text));
    }

    void setClock(Clock clock) {
        this.clock = clock;
    }
    // ...

    private int persist(Persistable object) {
        object.setCreateTimestamp(clock.instant());
```

```
        executeInTransaction((em) -> em.persist(object));
        return object.getId();
    }
}
```

persist() 메서드는 주입된 clock 인스턴스에서 Instant 객체를 얻어 Persistable 객체 setCreateTimestamp() 메서드의 인자로 넘깁니다. 클라이언트가 setClock() 메서드를 호출하여 Clock 인스턴스를 주입하지 않으면 기본적으로 필드 수준에서 초기화된 systemUTC 시계를 사용합니다.

짜잔! QuestionController 클래스는 Clock 객체의 출처는 신경 쓰지 않고 오직 현재의 Instant 객체로 대답합니다. 테스트에서 사용된 시계는 실제의 것을 대표하는 테스트 더블(test double) 역할을 합니다. 테스트 더블에 관한 내용과 그것을 구현하고 활용하는 수많은 방법은 10장을 참고하세요.

여러분은 가끔 데이터베이스 같은 외부 환경적인 영향과 직접 상호 작용을 해야 할 수도 있습니다. 데이터베이스를 동시에 변경할 수 있는 다른 개발자들과 충돌을 피하려고 사적인 샌드박스(sandbox)를 설정하고 싶을 수도 있습니다. 그때는 별도의 오라클 인스턴스 혹은 비표준 포트를 사용하는 웹 서버를 따로 활용할 수도 있습니다.

반복성이 없다면 가장 최악의 순간에 놀랄 수도 있습니다. 설상가상으로 이러한 놀라운 상황이 가짜일 수도 있습니다. 즉, 진짜 버그가 아니라 단지 테스트 문제인 것이죠. 유령 문제를 좇아서 시간을 낭비할 필요가 없습니다.

각 테스트는 항상 동일한 결과를 만들어 내야 합니다.

5.5 FIR[S]T: 스스로 검증 가능하다

UNIT TESTING

팻: "저는 수년간 테스트를 작성해 왔습니다. 가끔 저는 코드의 일부를 실행하는 main() 메서드를 작성해요. 그 메서드는 System.out.println()을 사용하여 콘솔에 한 뭉치의 로그를 뿜어냅니다. 그 결과를 보고 제게 맞는 답이라고 기대하는 것과 비교합니다."

데일: "멋지네요. 우리 중 대부분은 실무에서 그렇게 해 왔습니다. 하지만 그렇게 하면 많은 개수의 테스트를 지탱하기 어렵습니다. main() 메서드에서 다음에 테스트할 내용에 수많은 주석을 추가했던 것으로 기억해요."

팻: "저는 그것들을 손에 잡히는 만큼으로 작게 분할했습니다."

데일: "음, 그리고 저는 기대한 결괏값이 무엇인지 기억하는 데도 문제가 있었어요. 때때로 화면을 응시하고 출력의 바다에서 문제점을 골라내야 했습니다."

팻: "저는 난시 기대한 출력이 무엇인지 알려 주는 더 많은 주석을 추가했어요. 때때로 Boolean 값으로 내가 원하는 결과인지 아닌지 출력하기도 했습니다."

데일: "마치 JUnit을 다시 발명하는 것 같습니다. 한 가지 다른 점이 있지요. 당신의 main() 테스트 드라이버는 항상 가시적으로 결과를 검증해야 하는데, JUnit이 그것을 대신해 줄 수 있어요. 테스트가 통과인지 실패인지 알려 줍니다."

팻: "있잖아요. 저는 당신이 단위 테스트를 강조하는 것에 동의하지 못하겠어요. 하지만 제 main() 메서드를 적절한 JUnit 테스트로 다시 작업하는 일은 훌륭한 생각인 것 같아요."

팻이 테스트 맛을 알게 된 것 같습니다.

테스트는 기대하는 것이 무엇인지 단언하지 않으면 테스트가 아닙니다. 단위 테스트는 여러분 시간을 소모하기보다는 절약합니다. 테스트 결과를 수동으로 검증하는 것은 시간 소모적인 절차고 리스크가 늘어납니다. 멍해지기 쉽고 코드가 출력해 내는 거대한 로그를 보다가 중요한 신호를 놓칠 수도 있습니다.

테스트는 스스로 검증 가능할 뿐만 아니라 준비할 수도 있어야 합니다. 테스트를 실행하기 전에 수동으로 준비 단계를 만드는 어리석은 짓은 하지 마세요. 테스트에 필요한 어떤 설정 단계든 자동화를 해야 합니다. 기억하세요. 그럼에도 테스트를 실행하는 데 외부 설정이 필요하다면 FIRST 중에 I 부분(고립성)을 위반한 것입니다.

자가 검증성의 주제를 최대한 키워 봅니다. 테스트 코드는 전체 시스템을 위한 단위 테스트 묶음의 일부로 동작합니다. 때때로 수동으로 실행할 수도 있지만 한 단계 나아가 보면 테스트를 언제 어떻게 실행할지도 자동화할 수 있습니다.

이클립스 혹은 인텔리제이 IDEA를 사용한다면 Infinitest 같은 도구를 고려해 볼 수 있습니다. 시스템이 변경되면 Infinitest는 이들을 식별하고 백그라운드로 잠재적으로 영향을 받는 테스트들을 실행합니다. Infinitest에서 테스트는 선행적인(proactive) 작업이 아니라 통문(gating) 조건이 됩니다. 소스 코드는 컴파일되지 않으면 그것을 해결할 때까지 다음으로 진행하지 않습니다.

좀 더 큰 규모에서는 젠킨스[4] 혹은 TeamCity[5] 같은 지속적 통합(CI, Continuous Integration) 도구를 사용할 수도 있습니다. CI 도구는 소스 저장소를 관찰하여 변화를 감지하면 빌드와 테스트 절차를 시작합니다.

한계는 없습니다. 이상적으로 만들어 낼 수 있는 모든 변화에 대한 테스트를 작성하는 시스템을 상상해 보세요. 코드를 소스 저장소에 통합할 때마다 빌드가 자동으로 수행되고 모든 테스트를 실행합니다(단위 테스트와 그 밖의 다른 테

---

4 https://jenkins.io/
5 https://www.jetbrains.com/teamcity/

스트). 또 시스템이 허용 가능한 수준으로 건강한지 알려 줍니다. 빌드 서버는 확신 정도를 판단하고, 한 단계 나아가 프로덕션 시스템에 변경 사항을 반영합니다.

팻은 코웃음을 치며 말합니다. "물론입니다."

팻 웃지 마세요. 오늘날 많은 팀은 지속적 배포(CD, Continuous Delivery)를 하고 있으며, 도입 단계에서 제품 배포까지 오버헤드를 획기적으로 줄여 갑니다.

5.6 FIRS[T]: 적시에 사용한다

사실상 언제라도 단위 테스트를 작성할 수 있습니다. 시스템에 있는 오래된 부분에 코드를 추가하고 거기서 단위 테스트를 시작할 수도 있습니다. 가능하면 적절한 순간에 단위 테스트에 집중하는 것이 낫습니다.

단위 테스트는 좋은 습관입니다. 양치처럼 아직 완전히 체화되지 않은 대부분의 좋은 습관과 마찬가지로 "이번 한 번만"이라고 하면서 건너뛰고 싶은 이유를 찾고 미루기 쉽습니다. 치과 의사는 이러한 행동을 사랑하겠지만 치아에 끼여 있는 치석을 제거하는 시간은 증오스러울 것입니다.

마찬가지로 단위 테스트로 코드를 검증하는 것을 미룰수록 (불쾌한) 치석이 끼고 충치(결함)가 늘어날 것입니다. 또 코드를 소스 저장소에 넣으면 그것을 되돌려 테스트를 작성하기는 더욱 힘들어집니다.

많은 테스트에 중독된 개발 팀의 단위 테스트에 관한 지침 혹은 규칙은 엄격합니다. 어떤 팀에서는 리뷰 프로세스, 심지어 충분한 테스트가 없을 때 코드를 거부하는 자동화된 도구도 사용합니다.

"우리는 짝 프로그래밍(pair programming)과 일종의 동료 압박(peer pressure)을 사용하여 테스트하지 않은 코드는 반영하지 않습니다." 데일은 이렇게 말합니다. "CI 환경에 자주 체크인하여 개발자들이 적시에 단위 테스트를 작성하는 습관을 들이도록 하고 있습니다. 우리 팀은 테스트 코드가 시스템 건강에 기여하는 것을 사랑합니다."

여러분 팀에 맞는 유사한 규칙을 세울 수 있습니다. 단위 테스트처럼 좋은 실천 습관은 지속적인 경계를 요구합니다.

단위 테스트를 더 많이 할수록 테스트 대상 코드가 줄어듭니다. 그러면 먼저 단위 테스트 작성이 쉬워집니다. 또 두 번째로 새로운 코드를 넣었을 때 테스트 효과가 즉시 나타납니다.

작은 규모로 코딩 다음 테스트 주기로 발전한다면 그다음에는 테스트 다음 코드의 단계를 고려해 보세요. 어떻게 테스트를 먼저 하는지에 대해서는 12장을 참고하세요.

마지막으로 옛날 코드에 내한 테스트는 시간 낭비가 될 수도 있습니다. 코드에 큰 결함이 없고 당장 변경할 예정이 없다면(즉, 코드를 변경하지만 현재에서 어떤 것도 깨지 않아야 할 때) 여러분 노력은 거의 보상받지 못할 것입니다. 그 노력을 좀 더 말썽이 많고 역동적인 부분에 사용하세요.

5.7 마치며

단위 테스트를 작성하는 것은 상당한 시간이 필요합니다. 테스트 코드가 그에 상응하는 가치가 있다고 해도 이러한 테스트 코드 또한 여러분이 유지 보수해야 합니다. 테스트 코드를 고품질로 유지하여 이러한 투자를 보호하세요. 그리고 FIRST 두문자를 이용하여 좋은 테스트 속성을 기억하세요.

다음 장에서 배울 Right-BICEP은 어떤 종류의 JUnit 테스트를 작성해야 하는지 결정하는 암기법을 알려 줍니다.

6장

Right-BICEP: 무엇을 테스트할 것인가?

6.1 [Right]-BICEP. 결과가 올바른가?

6.2 Right-[B]ICEP: 경계 조건은 맞는가?

6.3 경계 조건에서는 CORRECT를 기억하라

6.4 Right-B[I]CEP: 역 관계를 검사할 수 있는가?

6.5 Right-BI[C]EP: 다른 수단을 활용하여 교차 검사할 수 있는가?

6.6 Right-BIC[E]P: 오류 조건을 강제로 일어나게 할 수 있는가?

6.7 Right-BICE[P]: 성능 조건은 기준에 부합하는가?

6.8 마치며

메서드 혹은 클래스의 코드를 보았을 때 숨어 있는 모든 버그를 찾아내는 것은 불가능합니다. 경험이 쌓이면 느낌만으로도 어디에 문제가 있는지 찾아 집중해서 테스트할 수 있습니다. 그렇게 하기까지 가능한 실패 사례를 발견해 내는 것은 쉽지 않아 보입니다. 최종 사용자는 우리 버그를 꽤 잘 찾아내지만, 이러한 상황은 우리 경력에는 도움이 되지 않습니다. 우리에게 필요한 것은 무엇을 테스트하는 것이 중요한지 도와줄 수 있는 지침입니다.

Right-BICEP은 무엇을 테스트할지에 대해 쉽게 선별하게 합니다.

- **Right**   결과가 올바른가?
- **B**   경계 조건(boundary conditions)은 맞는가?
- **I**   역 관계(inverse relationship)를 검사할 수 있는가?
- **C**   다른 수단을 활용하여 교차 검사(cross-check)할 수 있는가?
- **E**   오류 조건(error conditions)을 강제로 일어나게 할 수 있는가?
- **P**   성능 조건(performance characteristics)은 기준에 부합하는가?

6.1 [Right]-BICEP: 결과가 올바른가?

테스트 코드는 무엇보다도 먼저 기대한 결과를 산출하는지 검증할 수 있어야 합니다. 1장에서 산술 평균 테스트는 ScoreCollection 클래스가 5와 7을 넣었을 때 평균으로 6을 반환하는지 보여 줍니다.

iloveyouboss_13/test/iloveyouboss/ScoreCollectionTest.java

```
@Test
public void answersArithmeticMeanOfTwoNumbers() {
    ScoreCollection collection = new ScoreCollection();
    collection.add(() -> 5);
    collection.add(() -> 7);

    int actualResult = collection.arithmeticMean();

    assertThat(actualResult, equalTo(6));
}
```

ScoreCollection에 더 많은 숫자나 더 큰 수를 넣어 테스트를 강화할 수도 있습니다. 하지만 그러한 테스트는 행복 경로 테스트의 영역에 해당합니다. 소프트웨어의 최종 사용자 목표를 반영하는 긍정적인 사례이지만 전체에 비해서는 작은 부분입니다. 코드가 이러한 경우에 올바른 값을 제공한다면 사용자는 만족할 것입니다.

행복 경로 테스트는 중요한 다음 질문에서 한 가지 답변을 나타냅니다.

　나는 코드가 정상적으로 동작한다면, 그것을 알 수 있을까?

다른 관점으로, 어떤 작은 부분의 코드에 대해 행복 경로 테스트를 할 수 없다면 그 내용을 완전히 이해하지 못한 것입니다. 그리고 앞의 질문에 대답할 수 있을 때까지 잠시 추가 개발은 보류하면 좋습니다.

사실 어떤 단위 테스터들은 명시적으로 그들이 작성하는 모든 단위 테스트에 앞의 질문을 되묻습니다. 또 시나리오에서 코드가 반환해야 하는 답을 보여 주는 테스트 코드를 작성할 수 있을 때까지 실제 코드 작성을 중단합니다. 이렇게 좀 더 훈련된 양식의 단위 테스트는 TDD를 설명하는 장에서 다룹니다(12장 참고).

"잠시만, 글쎄요. 모든 요구 사항을 알 수 있다고 주장하는 것은 현실적이지 않습니다. 요구 사항이 모호하거나 불완전하다면요? 그러면 모든 요구 사항이 확정될 때까지 개발을 멈추어야 하나요?"

모든 질문에 대답할 수 있을 때까지 기다릴 필요는 없습니다. 이것에 대해 최선의 판단을 하고 나중에 답변이 명확해졌을 때 개선하면 됩니다. 대부분은 어떻게든 변경이 일어납니다. 고객이 생각을 바꾸거나 어떤 사람은 다른 답변을 요구하는 어떤 것을 배우기도 합니다.

여러분이 작성하는 단위 테스트는 선택을 문서화합니다. 어떤 변경이 발생하면 적어도 현재까지 코드가 어떻게 동작했는지는 알게 됩니다.

6.2 Right-[B]ICEP: 경계 조건은 맞는가?

코드에 있는 분명한 행복 경로는 입력 값의 양극단을 다루는 코드 시나리오의 경계 조건에 걸리지 않을 수도 있습니다. 여러분이 마주치는 수많은 결함은 이러한 모서리 사례(corner case)이므로 테스트로 이것들을 처리해야 합니다.

생각해야 하는 경계 조건은 다음과 같습니다.

- 모호하고 일관성 없는 입력 값. 예를 들어 특수 문자("!*W:X\&Gi/w$→>$g/h#WQ@)가 포함된 파일 이름
- 잘못된 양식의 데이터. 예를 들어 최상위 도메인이 빠진 이메일 주소 (fred@foobar.)
- 수치적 오버플로를 일으키는 계산

- 비거나 빠진 값. 예를 들어 0, 0.0, "" 혹은 null
- 이성적인 기댓값을 훨씬 벗어나는 값. 예를 들어 150세의 나이
- 교실의 당번표처럼 중복을 허용해서는 안 되는 목록에 중복 값이 있는 경우
- 정렬이 안 된 정렬 리스트 혹은 그 반대. 정렬 알고리즘에 이미 정렬된 입력 값을 넣는 경우나 정렬 알고리즘에 역순 데이터를 넣는 경우[1]
- 시간 순이 맞지 않는 경우. 예를 들어 HTTP 서버가 OPTIONS 메서드[2]의 결과를 POST 메서드보다 먼저 반환해야 하지만 그 후에 반환하는 경우

1장에 있는 ScoreCollection 클래스의 코드는 문제없어 보입니다.

iloveyouboss_13/src/iloveyouboss/ScoreCollection.java

```java
package iloveyouboss;

import java.util.*;

public class ScoreCollection {
    private List<Scoreable> scores = new ArrayList<>();

    public void add(Scoreable scoreable) {
        scores.add(scoreable);
    }

    public int arithmeticMean() {
        int total = scores.stream().mapToInt(Scoreable::getScore)
                .sum();
        return total / scores.size();
    }
}
```

---

1 역주 퀵 정렬 알고리즘에 역순 데이터를 넣으면 성능이 최악입니다.
2 역주 OPTIONS 메서드는 HTTP 서버에서 제공 가능한 메서드 목록을 반환합니다.

몇몇 경계 조건을 살펴봅니다. 입력된 Scoreable 인스턴스는 null일 수 있습니다.

iloveyouboss_14/test/iloveyouboss/ScoreCollectionTest.java

```
@Test(expected=IllegalArgumentException.class)
public void throwsExceptionWhenAddingNull() {
    collection.add(null);
}
```

arithmeticMean() 메서드에서는 NullPointerException이 발생합니다. 테스트 코드에서 먼저 걸러 내야 합니다. 따라서 클라이언트에 유효하지 않은 값을 넣자마자 오류가 발생하도록 하는 것이 좋습니다. add() 메서드에 보호절(guard clause)을 넣어 입력 범위를 분명하게 합니다.

iloveyouboss_14/src/iloveyouboss/ScoreCollection.java

```
public void add(Scoreable scoreable) {
    if (scoreable == null) throw new IllegalArgumentException();
    scores.add(scoreable);
}
```

ScoreCollection 객체에 Scoreable 인스턴스가 전혀 없을 수도 있습니다.

iloveyouboss_14/test/iloveyouboss/ScoreCollectionTest.java

```
@Test
public void answersZeroWhenNoElementsAdded() {
    assertThat(collection.arithmeticMean(), equalTo(0));
}
```

코드는 '0으로 나누기 오류'인 ArithmeticException이 발생할 수도 있습니다. arithmeticMean() 메서드에 있는 보호절은 컬렉션이 비었을 때 0 값을 기대한다고 명시합니다.

iloveyouboss_14/src/iloveyouboss/ScoreCollection.java

```
public int arithmeticMean() {
    if (scores.size() == 0) return 0;
    // ...
}
```

큰 정수 입력을 다룬다면 숫자들의 합이 Integer.MAX_VALUE를 초과할 수 있습니다. 아마도 다음과 같이 될 것입니다.

iloveyouboss_14/test/iloveyouboss/ScoreCollectionTest.java

```
@Test
public void dealsWithIntegerOverflow() {
    collection.add(() -> Integer.MAX_VALUE);
    collection.add(() -> 1);

    assertThat(collection.arithmeticMean(), equalTo(1073741824));[3]
}
```

한 가지 가능한 해법은 다음과 같습니다.

iloveyouboss_14/src/iloveyouboss/ScoreCollection.java

```
long total = scores.stream().mapToLong(Scoreable::getScore).sum();
return (int)(total / scores.size());
```

long 타입에서 int 타입으로 다운 캐스팅할 때는 잠시 생각해 보세요. 아마도 다른 테스트 코드로 추가적인 검사를 해야 할 것처럼 보입니다. 하지만 아닙니다. add() 메서드가 개별 입력 값을 int 타입으로 한정하고 개수만큼 나누면 int 최댓값보다 작아지기 때문에 int 타입의 범위를 넘어설 일은 없습니다.

---

3 역주 Integer.MAX_VALUE는 2147483647로 1073741824보다 큽니다. 1을 더했는데 오히려 값은 줄었습니다.

클래스를 설계할 때 이러한 잠재적인 정수 오버플로 등을 고려할지 여부는 전적으로 여러분에게 달려 있습니다. 클래스가 외부에서 호출하는 API이고 클라이언트를 완전히 믿을 수 없다면 나쁜 데이터에 대한 보호가 필요합니다.

하지만 클라이언트가 여러분 팀 소속이라면(또 단위 테스트를 작성하고) 앞서 살펴본 보호절들을 제거하고 클라이언트에게 알려도 됩니다. 이것은 완벽히 합법적인 선택이고 코드에서 불필요하게 과도한 인자를 검사하는 군더더기를 줄여 줍니다.

보호절을 제거한다면 클라이언트 프로그래머에게 코드 주석으로 경고할 수도 있습니다. 더 좋은 것은 코드 제한 사항을 문서화하는 테스트를 추가하는 것입니다.

iloveyouboss_15/test/iloveyouboss/ScoreCollectionTest.java
```java
@Test
public void doesNotProperlyHandleIntegerOverflow() {
    collection.add(() -> Integer.MAX_VALUE);
    collection.add(() -> 1);

    assertTrue(collection.arithmeticMean() < 0);
}
```

(아마도 대부분의 시스템에서 검사하지 않은 오버플로 자체를 허용하고 싶지는 않을 것입니다. 하지만 발생한다면 잡아서 예외를 던지는 것이 좋습니다.)

6.3 경계 조건에서는 CORRECT를 기억하라

CORRECT 약어는 잠재적인 경계 조건을 기억하는 데 도움을 줍니다. 각 항목에 대해 유사한 조건을 테스트하려는 메서드에 해당하며, 이 조건을 위반했을 때 어떤 일이 일어날 수 있는지 고려해 보세요.

- [C]onformance(준수): 값이 기대한 양식을 준수하고 있는가?
- [O]rdering(순서): 값의 집합이 적절하게 정렬되거나 정렬되지 않았나?
- [R]ange(범위): 이성적인 최솟값과 최댓값 안에 있는가?
- [R]eference(참조): 코드 자체에서 통제할 수 없는 어떤 외부 참조를 포함하고 있는가?
- [E]xistence(존재): 값이 존재하는가(널이 아니거나(non-null), 0이 아니거나(nonzero), 집합에 존재하는가 등)?
- [C]ardinality(기수): 정확히 충분한 값들이 있는가?
- [T]ime(절대적 혹은 상대적 시간): 모든 것이 순서대로 일어나는가? 정확한 시간에? 정시에?

다음 장에서 이 경계 조건을 알아봅니다.

6.4 Right-B[I]CEP: 역 관계를 검사할 수 있는가?

때때로 논리적인 역 관계를 적용하여 행동을 검사할 수 있습니다. 종종 수학 계산에서 사용합니다. 곱셈으로 나눗셈을 검증하고 뺄셈으로 덧셈을 검증하는 것처럼 말입니다.

우리는 뉴턴의 알고리즘[4]을 활용하여 제곱근을 구합니다. 어떤 숫자의 제곱근을 유도하고 그 결과를 제곱하면(즉, 자기 자신을 곱하면) 우리가 시작했던 것과 같은 숫자를 얻어야 함을 기억할 것입니다.

iloveyouboss_15/test/scratch/NewtonTest.java
```java
import org.junit.*;
import static org.junit.Assert.*;
import static org.hamcrest.number.IsCloseTo.*;
import static java.lang.Math.abs;

public class NewtonTest {
    static class Newton {
        private static final double TOLERANCE = 1E-16;

        public static double squareRoot(double n) {
            double approx = n;
            while (abs(approx - n / approx) > TOLERANCE * approx)
                approx = (n / approx + approx) / 2.0;
            return approx;
        }
    }
```

---

[4] 기본으로 제공되며, 믿을 수 있는 Math.sqrt() 메서드가 있기 때문에 바보 같은 생각입니다. 외형적으로는 NIH 증후군에 해당합니다.

```
    @Test
    public void squareRoot() {
        double result = Newton.squareRoot(250.0);
        assertThat(result * result, closeTo(250.0, Newton.TOLERANCE));
    }
}
```

테스트에서는 250을 인자로 Newton.squareRoot() 메서드를 호출하여 result 변수에 저장합니다. 단언에서는 result 값을 (그것이 무엇이든 우리가 알아야 할 필요는 없지만) 제공하여 원래의 250에 충분히 가까운지 검사합니다.

주의하세요! 루틴 두 개가 공통된 코드를 호출한다면 프로덕션 코드와 역 행동 모두 같은 결함을 공유하게 됩니다. 검증을 위해 독립적인 방법을 찾아보세요. 곱셈을 사용하는 것은 제곱근 로직의 도치(inversion)로 작용합니다. 다른 예로 데이터베이스에 데이터를 넣는 코드가 있다면 테스트에서 직접적인 JDBC 쿼리를 해 보는 것도 하나의 방법입니다.

또 다른 비수학적인 예제: iloveyouboss 애플리케이션에서 Profile 클래스는 Answer 객체를 추가하는 기능을 제공합니다. 우리는 주어진 Predicate에 맞는 Answer 객체들을 찾는 Profile 객체의 유연한 인터페이스를 원합니다.

iloveyouboss_15/test/iloveyouboss/ProfileTest.java
```
    int[] ids(Collection<Answer> answers) {
        return answers.stream()
            .mapToInt(a -> a.getQuestion().getId()).toArray();
    }

    @Test
    public void findsAnswersBasedOnPredicate() {
        profile.add(new Answer(new BooleanQuestion(1, "1"), Bool.FALSE));
        profile.add(new Answer(new PercentileQuestion(2, "2", new
                String[]{}), 0));
```

```
        profile.add(new Answer(new PercentileQuestion(3, "3", new
                    String[]{}), 0));

        List<Answer> answers =
            profile.find(a -> a.getQuestion().getClass() ==
                        PercentileQuestion.class);

        assertThat(ids(answers), equalTo(new int[] { 2, 3 }));
    }
```

Profile 클래스는 다음과 같이 구현할 수 있습니다.

iloveyouboss_15/src/iloveyouboss/Profile.java

```
public class Profile {

    private Map<String, Answer> answers = new HashMap<>();
    // ...

    public void add(Answer answer) {
        answers.put(answer.getQuestionText(), answer);
    }
    // ...

    public List<Answer> find(Predicate<Answer> pred) {
        return answers.values().stream()
            .filter(pred)
            .collect(Collectors.toList());
    }
}
```

교차 검사에는 프레디케이트의 보어(complement)를 찾는 것도 포함됩니다. 즉, PercentileQuestion 외의 답변들을 찾는 것이죠. 긍정 사례 답변들과 역 답변을 합하면 전체가 되어야 합니다.

```
iloveyouboss_15/test/iloveyouboss/ProfileTest.java
List<Answer> answersComplement =
    profile.find(a -> a.getQuestion().getClass() !=
                PercentileQuestion.class);

List<Answer> allAnswers = new ArrayList<Answer>();
allAnswers.addAll(answersComplement);
allAnswers.addAll(answers);

assertThat(ids(allAnswers), equalTo(new int[] { 1, 2, 3 }));
```

교차 검사는 모든 요소를 더하고 균형이 맞는지 확인하는 방법으로, 복식 부기[5]에서 총 계정 원장을 맞추는 것과 같습니다.

6.5 Right-BI[C]EP: 다른 수단을 활용하여 교차 검사할 수 있는가?

UNIT TESTING

흥미로운 문제에는 무수한 해법이 존재합니다. 여러분은 그중 성능이 좋거나 냄새가 좋기 때문에 1등 해법을 선택합니다. 그러면 프로덕션 결과를 교차 검사하기 위해 '패배자' 해법이 남습니다. 아마도 프로덕션 시스템에 활용하기에는 너무 느리거나 유연하지 않겠지만, 그것들이 믿을 수 있고 참값을 보장한다면 1등 해법을 교차 검사할 때 활용할 수 있습니다.

---

[5] 역주 복식 부기에서는 회계 장부의 차변 금액 합계와 대변 금액 합계가 항상 같아야 합니다.

교차 검사를 위해 '좀 떨어지는' 제곱근의 자바 라이브러리를 사용할 수 있습니다(명백히 나쁜 자아 때문에 고통받고 있습니다). 새롭고 대단히 멋진 제곱근 로직이 Math.sqrt() 메서드와 동일한 결과를 내는지 확인합니다.

iloveyouboss_15/test/scratch/NewtonTest.java
```
assertThat(Newton.squareRoot(1969.0),
        closeTo(Math.sqrt(1969.0), Newton.TOLERANCE));
```

다른 예: 도서 대출 시스템을 개발한다고 가정합시다. 도서관에 대한 기대 사항은 어떤 때라도 모든 것의 균형이 맞아야 한다는 점입니다. 대출된 도서와 (대출되지 않고) 선반에 있는 도서 개수를 합하면 각 도서의 총 수량과 같아야 합니다. 각 도서는 서로 다른 장소에 저장될 수 있지만 모두 합하면 합이 맞아야 하고 서로 교차 검사할 수 있어야 합니다.

교차 검사를 보는 다른 방법은 클래스의 서로 다른 조각 데이터를 사용하여 모든 데이터가 합산되는지 확인해 보는 것입니다.

6.6 Right–BIC[E]P: 오류 조건을 강제로 일어나게 할 수 있는가?

UNIT TESTING

행복 경로가 있다는 것은 반대로 불행한 경로도 있다는 것을 의미합니다. 오류가 절대로 발생할 수 없다고 생각할 수도 있습니다. 디스크가 꽉 차거나, 네트워크 선이 떨어지거나, 이메일이 블랙홀에 빠지고 프로그램이 중단될 수 있습니다. 여러분은 테스트 코드로 이러한 모든 실전 문제를 우아하고 이성적인 방식으로 다루기 원할 것입니다. 그렇게 하려면 테스트도 오류들을 강제로 발생시켜야 합니다.

유효하지 않은 인자들을 다루는 등의 일은 쉽지만 특정 네트워크 오류를 시뮬레이션하려면 특별한 기법(실제로 케이블을 뽑지도 않고 가능한)이 필요합니다. 이에 대한 한 가지 방법을 204쪽에서 다룹니다.

하지만 먼저 코드를 테스트하기 위해 도입할 수 있는 오류의 종류 혹은 다른 환경적인 제약 사항들을 생각해 봅시다. 다음은 고려해야 할 몇 가지 시나리오입니다.

- 메모리가 가득 찰 때
- 디스크 공간이 가득 찰 때
- 벽시계 시간[6]에 관한 문제들
- 네트워크 가용성 및 오류들
- 시스템 로드
- 제한된 색상 팔레트
- 매우 높거나 낮은 비디오 해상도

좋은 단위 테스트는 단지 코드에 존재하는 로직 전체에 대한 커버리지를 달성하는 것이 아닙니다. 때때로 뒷주머니에서 작은 창의력을 꺼내는 노력이 필요합니다. 가장 끔찍한 결함들은 종종 전혀 예상하지 못한 곳에서 나옵니다.

---

6 역주 예를 들어 서버와 클라이언트 간 시간이 달라서 발생하는 문제들

6.7 Right-BICE[P]: 성능 조건은 기준에 부합하는가?

UNIT TESTING

구글의 롭 파이크(Rob Pike)[7]는 "병목 지점(bottleneck)은 놀라운 곳에서 일어납니다. 따라서 실제로 병목이 어디인지 증명되기 전까지는 미리 짐작하여 코드를 난도질하지 마세요."라고 말합니다. 정말 많은 프로그래머가 성능 문제가 어디에 있으며 최적의 해법이 무엇인지 추측합니다. 유일한 문제점은 이러한 추측이 종종 잘못되었다는 것입니다.

추측만으로 성능 문제에 바로 대응하기보다는 단위 테스트를 설계하여 진짜 문제가 어디에 있으며 예상한 변경 사항으로 어떤 차이가 생겼는지 파악해야 합니다.

이 테스트는 어떤 코드가 특정 시간 안에 실행되는지 단언합니다.

iloveyouboss_15/test/iloveyouboss/ProfileTest.java
```
@Test
public void findAnswers() {
    int dataSize = 5000;
    for (int i = 0; i < dataSize; i++)
        profile.add(new Answer(
            new BooleanQuestion(i, String.valueOf(i)), Bool.FALSE));
    profile.add(
        new Answer(
            new PercentileQuestion(
                dataSize, String.valueOf(dataSize), new String[] {}), 0));

    int numberOfTimes = 1000;
    long elapsedMs = run(numberOfTimes,
```

---

[7] 역주 Go 언어의 설계자로 유명한 프로그래머입니다.
https://ko.wikipedia.org/wiki/롭파이크

```
            () -> profile.find(
                a -> a.getQuestion().getClass() == PercentileQuestion.class));

        assertTrue(elapsedMs < 1000);
    }
```

앞의 테스트가 유용한지 궁금합니다. 잠시 살펴보겠습니다.

자바를 활용하면 run() 메서드를 손쉽게 만들 수 있습니다.

iloveyouboss_15/test/iloveyouboss/ProfileTest.java
```
private long run(int times, Runnable func) {
    long start = System.nanoTime();
    for (int i = 0; i < times; i++)
        func.run();
    long stop = System.nanoTime();
    return (stop - start) / 1000000;
}
```

몇 가지 주의 사항이 있습니다.

- 전형적으로 코드 덩어리를 충분한 횟수[8]만큼 실행하길 원할 것입니다. 이렇게 타이밍과 CPU 클록 주기(clock cycle)에 관한 이슈를 제거합니다.
- 반복하는 코드 부분을 자바(JVM)가 최적화하지 못하는지 확인해야 합니다.
- 최적화되지 않은 테스트는 한 번에 수 밀리초가 걸리는 일반적인 테스트 코드들보다 매우 느립니다. 느린 테스트들은 빠른 것과 분리하세요. 성능 테스트는 야밤에 한 번이면 충분합니다. 누군가 성능이 떨어지는 코드를 추가했을 때 전체 테스트 시간이 늘어나는 것을 원치는 않을 것입니다.

---

8 역주 성능을 측정할 때는 충분한 개수를 반복해야 결과 수치가 튀지 않습니다. 몇 번만 하면 할 때마다 들쭉날쭉할 수 있습니다.

- 동일한 머신이라도 실행 시간은 시스템 로드처럼 잡다한 요소에 따라 달라질 수 있습니다.[9]

너무나 많은 것이 임의적이라서 더 골치가 아픕니다. 앞선 예는 검색 동작이 1초 안에 1000번 실행 가능한지 단언합니다. 하지만 1초라는 것은 주관적입니다. 거대한 서버에서 테스트를 실행하면 충분히 빠르겠지만 사양이 형편없는 데스크톱에서 실행하면 그다지 빠르지 않을 것입니다. 환경에 따라 실패하는 테스트를 다루는 것은 결코 즐겁지 않으며 여러 환경에서 일관성 있는 동작을 보장하는 해법은 쉽지 않습니다. 유일한 해법은 가능한 프로덕션 환경과 유사한 머신에서 실행하는 것입니다.

그리고 초당 1000번의 조건은 느닷없이 나왔습니다. 성능 요구 사항은 보통 종단 간(end-to-end) 기능을 기반으로 하지만 앞선 테스트는 단위 수준으로 검증하고 있습니다.

테스트하는 메서드가 사용자에게 보여지는 진입점이 아니라면 사과와 오렌지를 비교하는 것입니다.

단위 성능 측정을 잘 사용하는 방법은 변경 사항을 만들 때 기준점(baseline)으로 활용하는 것입니다. find() 메서드에 있는 자바 람다 기반의 해법이 최적화되지 않는다고 가정합시다. 성능이 향상되는지 확인하기 위해 람다 기반을 좀 더 전통적인 해법으로 교체하고 싶을 수 있습니다.

최적화를 하기 전에 먼저 기준점으로 단지 현재 경과 시간(elapsed time)을 측정하는 성능 테스트를 작성하세요(그것을 몇 번 실행해 보고 평균을 계산하세요). 코드를 변경하고 성능 테스트를 다시 실행하고 결과를 비교합니다. 상대적인 개선량을 찾으세요. 실제 숫자 자체는 중요하지 않습니다.

---

9 역주 성능을 테스트할 때는 사전 조건을 단단하게 정의해 놓아야 반복성과 재현성을 보장할 수 있습니다.

> Tip ★ 모든 성능 최적화 시도는 실제 데이터로 해야 하며 추측을 기반으로 해서는 안 됩니다.

성능이 핵심 고려 사항이라면 단위 테스트보다는 좀 더 고수준에서 문제에 집중하고 싶을 것이고, JMeter[10] 같은 도구를 사용하길 원할 수도 있습니다. 여전히 단위 수준 성능 측정에 관심이 많다면 JUnitPerf[11] 같은 서드파티 도구를 찾아도 됩니다.

6.8 마치며

이 장에서는 어떤 종류의 테스트를 작성해야 하는지 배웠습니다. Right-BICEP 암기법을 활용하여 행복 경로, 경계 조건과 오류 조건을 다루는 테스트를 작성해야 함을 기억할 것입니다. 또 결과를 교차 검사하고 역 관계를 살펴보며 테스트 코드의 유효성을 강화할 수 있다는 것도 배웠습니다. 그리고 언제 코드의 성능을 보는 것이 유용한지도 알았습니다.

다음 장에서는 이 장에서 다룬 CORRECT 암기법을 자세히 다룹니다. 여러분이 작성하는 코드에 등장하는 많은 경계 조건을 다루는 추가적인 아이디어도 배웁니다.

---

10 http://jmeter.apache.org/
11 https://github.com/clarkware/junitperf

7장

경계 조건: CORRECT 기억법

7.1 [C]ORRECT: [C]onformance(준수)

7.2 C[O]RRECT: [O]rdering(순서)

7.3 CO[R]RECT: [R]ange(범위)

7.4 COR[R]ECT: [R]eference(참조)

7.5 CORR[E]CT: [E]xistence(존재)

7.6 CORRE[C]T: [C]ardinality(기수)

7.7 CORREC[T]: [T]ime(시간)

7.8 마치며

단위 테스트는 종종 경계 조건들에 관계된 결함들을 미연에 방지하는 데 도움이 됩니다. 경계 조건은 행복 경로의 끝에 있는 것으로 자주 문제가 발생합니다.

이전 장에서는 CORRECT 약어로 그 조짐을 알아낼 수 있었으며, 이 약어는 단위 테스트를 만들 때 고려해야 할 경계 조건들을 생각하는 데도 도움이 됩니다.

- [C]onformance(준수): 값이 기대한 양식을 준수하고 있는가?
- [O]rdering(순서): 값의 집합이 적절하게 정렬되거나 정렬되지 않았나?
- [R]ange(범위): 이성적인 최솟값과 최댓값 안에 있는가?
- [R]eference(참조): 코드 자체에서 통제할 수 없는 어떤 외부 참조를 포함하고 있는가?
- [E]xistence(존재): 값이 존재하는가(널이 아니거나(non-null), 0이 아니거나(nonzero), 집합에 존재하는가 등)?
- [C]ardinality(기수): 정확히 충분한 값들이 있는가?
- [T]ime(절대적 혹은 상대적 시가): 모든 것이 순서대로 일어나는가? 정확한 시간에? 정시에?

각 CORRECT 조건에 대해 넘겨진 인수, 필드와 지역적으로 관리하는 변수들까지 가능한 모든 발생 원인이 데이터에 미칠 영향을 고려하세요. 다음 질문에 완전히 대답할 수 있어야 합니다.

그 밖의 문제될 것이 있는가?

잘못될 수 있는 어떤 것이라도 떠오르면 테스트 이름을 적어 놓으세요. 그리고 시간이 있다면 테스트에 살을 붙이세요. 한 가지 가능한 오류 시나리오를 생각해 두면 종종 연계되는 다른 시나리오도 떠올릴 수 있습니다. 테스트에 대해 가능한 오랫동안 상상력을 유지해 보세요.

7.1 [C]ORRECT: [C]onformance(준수)

많은 데이터 요소가 특정 양식을 따라야 합니다. 예를 들어 이메일 주소는 일반적으로 다음과 같은 형식입니다.

```
name@somedomain
```

(여기서 somedomain은 pragprog.com입니다.) 주소 이름과 도메인 부분은 각각 서로 다른 상당히 자세한 세부 규칙을 따릅니다. 위키피디아[1]를 보면 많은 세부 내용을 알 수 있습니다. 많은 규칙에 대해 이메일 주소의 규약을 검증하길 원한다고 상상해 봅시다. (하지만 이렇게 하고 싶지는 않을 것입니다. 이때는 다른 사람들의 노력에 의존하는 것이 훨씬 좋습니다. 완전한 명세[2]를 참고하세요.)

보통 코드는 이메일 주소를 파싱하여 이름 부분을 추출할 수 있습니다. @ 기호 앞부분입니다. 하지만 @ 기호가 없는 경우나 이름이 비어 있는 경우에도 대처하기 바랍니다. 코드를 설계하는 것은 여러분 몫입니다. 이때 null 값이나 빈 문자열을 반환하거나 예외를 던질 수도 있습니다. 그것과 관계없이 각 경계 조건이 발생했을 때 어떤 일이 일어나는지 보여 줄 수 있는 테스트 코드를 작성해야 합니다.

이메일 주소, 전화번호, 계좌 번호, 파일 이름 등 양식 있는 문자열 데이터를 검증할 때는 많은 규칙이 필요합니다. 하지만 보통 단순합니다. 좀 더 복잡한

---

[1] https://en.wikipedia.org/wiki/Email_address
[2] https://www.ietf.org/rfc/rfc0822.txt?number=822

구조적 데이터의 경우 테스트 케이스를 조합하면 그 수가 폭발적으로 늘어나기도 합니다.

헤더 기록, 몇 개의 데이터 기록과 트레일러 기록으로 구성된 보고 자료를 읽는다고 합시다. 테스트해야 할 경계 조건은 다음과 같습니다.

- 헤더가 없습니다. 데이터와 트레일러만 존재합니다.
- 데이터가 없습니다. 헤더와 트레일러만 존재합니다.
- 트레일러가 없습니다. 헤더와 데이터만 존재합니다.
- 트레일러만 있습니다.
- 헤더만 있습니다.
- 데이터만 있습니다.

기대하는 구조에 입력 데이터가 맞는지 확인해 볼 수 있는 방법을 더 많이 브레인스토밍하면 더욱더 잘할 수 있습니다. 그 과정에서 더욱 많은 결함을 발견할 수 있는데, 결함들은 시스템의 흥미로운 경계들에 옹기종기 모여 살고 있기 때문입니다. 그렇다면 언제 테스트 작성을 중단해야 할까요?

계좌 번호 같은 필드는 시스템에 있는 수많은 메서드에 넘겨질 것입니다. 하지만 시스템에 그 필드가 처음 입력될 때 검증한다면(아마도 UI를 사용하여 공개적으로 노출된 API 인자로 쓰거나 파일에서 읽을 때) 그 필드를 인자로 넘길 때마다 검사하지 않아도 됩니다. 이처럼 시스템의 데이터 흐름을 이해하면 불필요한 검사를 최소화할 수 있습니다.

7.2 C[O]RRECT: [O]rdering(순서)

데이터 순서 혹은 커다란 컬렉션에 있는 데이터 한 조각의 위치는 코드가 쉽게 잘못될 수 있는 CORRECT 조건에 해당합니다.

iloveyouboss 애플리케이션에 있는 순서 조건을 보세요. 애플리케이션의 핵심 기능 중 하나는 각 회사들이 조건에 잘 맞는지 여부를 점수로 목록화하는 것입니다. 당연히 가장 잘 맞는 것을 먼저 보고 싶을 것입니다. 그 순으로 좋지 않은 회사와 최악의 회사를 나열합니다.

answersResultsInScoredOrder 테스트는 순서 요구를 나타냅니다.

iloveyouboss_15/test/iloveyouboss/ProfilePoolTest.java
```
@Test
public void answersResultsInScoredOrder() {
    smeltInc.add(new Answer(doTheyReimburseTuition, Bool.FALSE));
    pool.add(smeltInc);
    langrsoft.add(new Answer(doTheyReimburseTuition, Bool.TRUE));
    pool.add(langrsoft);

    pool.score(soleNeed(doTheyReimburseTuition, Bool.TRUE,
            Weight.Important));
    List<Profile> ranked = pool.ranked();

    assertThat(ranked.toArray(),
            equalTo(new Profile[]{ langrsoft, smeltInc }));
}
```

테스트 내용은 다음과 같습니다.

- Smelt사에는 부정적인 답변 추가
- Langrsoft사에는 긍정적인 답변 추가
- 프로파일 풀에 각 질문 추가
- '단일 요구' 조건 생성. 이 조건에는 학비 상환이 중요함을 명시
- 조건 객체를 풀에 있는 score() 메서드에 넘김
- 프로파일 순서에 Langrsoft가 먼저 나옴을 단언(그 이유는 Smelt사가 false로 답변한 사항을 true로 대답했기 때문)

ProfilePoolTest 클래스에 있는 smeltInc, doTheyReimburseTuition, langrsoft, pool 필드는 그들이 어떻게 선언하고 초기화되었는지 쉽게 알 수 있도록 이름을 붙였습니다. 또 흥미로운 이름인 soleNeed() 메서드는 단일 Criterion을 가진 Criteria 객체를 1줄로 만들 수 있게 합니다.

iloveyouboss_15/test/iloveyouboss/ProfilePoolTest.java

```java
private Criteria soleNeed(Question question, int value, Weight weight) {
    Criteria criteria = new Criteria();
    criteria.add(new Criterion(new Answer(question, value), weight));
    return criteria;
}
```

다음 구현은 프로파일의 서열을 만드는 핵심 측면이 프로파일 점수를 기준으로 정렬함을 알려 줍니다.

iloveyouboss_15/src/iloveyouboss/ProfilePool.java

```java
public void score(Criteria criteria) {
    for (Profile profile: profiles)
        profile.matches(criteria);
}

public List<Profile> ranked() {
    Collections.sort(profiles,
```

```
            (p1, p2) -> ((Integer)p1.score()).compareTo(p2.score()));
    return profiles;
}
```

오, 이럴 수가! 테스트가 실패합니다. 이것들은 잘못되기 쉽습니다. 순서가 반대였네요. 테스트를 통과하려면 compareTo 메서드에 넘기는 변수를 p1이 아닌 p2를 수신자로 해야 합니다.

iloveyouboss_16/src/iloveyouboss/ProfilePool.java

```
public List<Profile> ranked() {
    Collections.sort(profiles,
        (p1, p2) -> ((Integer)p2.score()).compareTo(p1.score()));
    return profiles;
}
```

7.3 CO[R]RECT: [R]ange(범위)

자바 기본형으로 변수를 만들 때 대부분은 필요한 것보다 훨씬 많은 용량을 가집니다. int 타입으로 사람 나이를 표현한다면 적어도 수백만 세기를 표현할 만큼 충분합니다. 불필요하게 잘못될 가능성이 생깁니다. 예를 들어 므두셀라(Methuselah)보다 훨씬 나이 많은 사람이 나오거나 나이가 음수인 시간을 거슬러 올라간 사람을 만들 수도 있습니다.

기본형의 과도한 사용에 대한 코드 냄새를 기본형 중독(primitive obsession)이라고 합니다. 자바 같은 객체 지향 언어의 장점은 사용자 정의 추상화를 클래스로 만들 수 있다는 것입니다.

원은 360도입니다. 이동 방향을 자바 기본형으로 저장하기보다 Bearing 클래스로 범위를 제약하는 로직을 캡슐화할 수 있습니다. Bearing 클래스의 테스트는 코드가 유효하지 않은 값으로 방위(bearing)를 생성할 때 어떤 일이 일어나는지 보여 줍니다.

iloveyouboss_16/test/scratch/BearingTest.java

```java
public class BearingTest {
    @Test(expected=BearingOutOfRangeException.class)
    public void throwsOnNegativeNumber() {
        new Bearing(-1);
    }

    @Test(expected=BearingOutOfRangeException.class)
        public void throwsWhenBearingTooLarge() {
        new Bearing(Bearing.MAX + 1);
    }

    @Test
    public void answersValidBearing() {
        assertThat(new Bearing(Bearing.MAX).value(),
                equalTo(Bearing.MAX));
    }

    @Test
    public void answersAngleBetweenItAndAnotherBearing() {
        assertThat(new Bearing(15).angleBetween(new Bearing(12)),
                equalTo(3));
    }

    @Test
    public void angleBetweenIsNegativeWhenThisBearingSmaller() {
        assertThat(new Bearing(12).angleBetween(new Bearing(15)),
                equalTo(-3));
    }
}
```

제약 사항은 Bearing 클래스의 생성자에 구현되어 있습니다.

iloveyouboss_16/src/scratch/Bearing.java

```java
public class Bearing {
    public static final int MAX = 359;
    private int value;

    public Bearing(int value) {
        if (value < 0 || value > MAX) throw new
            BearingOutOfRangeException();
        this.value = value;
    }

    public int value() {
        return value;
    }

    public int angleBetween(Bearing bearing) {
        return value - bearing.value;
    }
}
```

angleBetween() 메서드는 int 타입을 반환하는 것에 주목하세요. 여기에는 결과에 어떤 범위 제약(이를테면 음수가 되면 안 됨)도 걸지 않았습니다.

방위를 Bearing 클래스로 추상화하여 클라이언트 코드가 범위를 벗어나지 않도록 했습니다. 시스템에서 Bearing 객체를 사용하면 범위 문제가 생기지 않습니다.

단순하지 않은 다른 범위도 있을 수 있습니다. 점 두 개를 x, y라는 정수형 튜플로 유지하는 클래스를 상상해 봅니다. 범위에 관한 제약은 다음과 같습니다. 두 점이 이루는 각 변은 100 이하여야 합니다. 즉, x, y 좌표 쌍으로 허용되는 범위는 상호 의존적입니다.

우리는 좌표에 영향을 줄 수 있는 어떤 동작에 관하여 범위를 단언하고 싶습니다. 이것으로 x, y 좌표 쌍의 범위를 타당하게 유지할 수 있습니다. 즉, Rectangle 객체의 불변식을 참으로 유지할 수 있습니다. 좀 더 형식적으로 어떤 불변식은 한 덩어리의 코드가 실행되어도 참으로 유지해야 하는 속성을 의미합니다. 이때는 Rectangle 객체의 생명 시간(즉, 내부 상태가 변경되어도) 동안 불변식이 유지되길 원합니다.

불변식을 단언 형태로 넣을 수도 있습니다. @After 메서드를 추가하여 테스트가 완료되었을 때마다 확인할 수 있습니다. Rectangle 클래스의 제약 사항 불변식에 관한 구현은 다음과 같습니다.

iloveyouboss_16/test/scratch/RectangleTest.java
```java
import static org.junit.Assert.*;
import static org.hamcrest.CoreMatchers.*;
import static scratch.ConstrainsSidesTo.constrainsSidesTo;
import org.junit.*;

public class RectangleTest {
    private Rectangle rectangle;

    @After
    public void ensureInvariant() {
        assertThat(rectangle, constrainsSidesTo(100));
    }

    @Test
    public void answersArea() {
        rectangle = new Rectangle(new Point(5, 5), new Point(15, 10));
        assertThat(rectangle.area(), equalTo(50));
    }

    @Test
    public void allowsDynamicallyChangingSize() {
        rectangle = new Rectangle(new Point(5, 5));
        rectangle.setOppositeCorner(new Point(130, 130));
        assertThat(rectangle.area(), equalTo(15625));
```

        }
    }

Rectangle 인스턴스를 조작하는 모든 테스트에 대해 JUnit이 항상 불변식을 검사해 주는 것을 알면 마음이 편안합니다. 마지막 테스트인 allowsDynamicallyChangingSize() 메서드는 불변식을 위반하기 때문에 테스트는 실패합니다.

7.3.1 불변성을 검사하는 사용자 정의 매처 생성

@After 메서드에 있는 단언은 constrainsSidesTo라는 사용자 정의 햄크레스트 매처를 사용합니다. 매처는 왼쪽에서 오른쪽으로 읽었을 때 잘 읽히는 단언을 표현합니다. 각 변을 100으로 제약합시다.

사용자 정의 햄크레스트 매처를 구현하려면 org.hamcrest.TypeSafeMatcher 클래스를 상속하여 매칭하고자 하는 타입을 지정합니다. 우리의 경우에는 Rectangle 클래스입니다. 관례상 constrainsSidesTo 매처의 문구와 클래스 이름을 동일하게 맞춥니다.

클래스는 matchesSafely() 메서드를 오버라이드해야 합니다. matchesSafely() 메서드에 제약 사항이 포함됩니다. 사각형의 각 변이 범위 안에 있으면 true를 반환합니다. 제약을 어기면 false를 반환합니다. 사용자 정의 매처 클래스는 단언이 실패할 때 제공할 의미 있는 메시지를 describeTo() 메서드에 기재해야 합니다.

사용자 정의 매처 클래스는 또한 매처 인스턴스를 반환하는 정적 팩토리 메서드(static factory method)를 제공해야 합니다. 단언을 작성할 때 이 팩토리 메서드를 호출합니다. constrainsSidesTo 팩토리 메서드는 제약 조건(테스트에서는 100)을 매처의 생성자로 넘겨주는데, 그것은 matchesSafely() 메서드에서 사용됩니다.

iloveyouboss_16/test/scratch/ConstrainsSidesTo.java

```java
import org.hamcrest.*;

public class ConstrainsSidesTo extends TypeSafeMatcher<Rectangle> {
    private int length;

    public ConstrainsSidesTo(int length) {
        this.length = length;
    }

    @Override
    public void describeTo(Description description) {
        description.appendText("both sides must be <= " + length);
    }

    @Override
    protected boolean matchesSafely(Rectangle rect) {
        return
            Math.abs(rect.origin().x - rect.opposite().x) <= length &&
            Math.abs(rect.origin().y - rect.opposite().y) <= length;
    }

    @Factory
    public static <T> Matcher<Rectangle>
                  constrainsSidesTo(int length) {
        return new ConstrainsSidesTo(length);
    }
}
```

7.3.2 불변 메서드를 내장하여 범위 테스트

테스트할 대부분의 범위는 애플리케이션-도메인 제약이라기보다는 자료 구조에 관한 제약에 의존하게 될 것입니다.

희소 배열(sparse array)에 관한 의심스러운 구현을 살펴봅시다. 희소 배열은 저장 공간을 줄이는 목적으로 설계된 자료 구조입니다. 희소 배열을 위한 핵심

지점(sweet spot)은 대응되는 값이 대부분 null인 넓은 범위의 인덱스들입니다.
null이 아닌 값을 저장하고 값 배열과 합을 이루는 인덱스들의 배열을 쌍으로
저장하여 이러한 목적을 달성합니다.

SparseArray 클래스의 소스 코드 대부분은 다음과 같습니다.

iloveyouboss_16/src/util/SparseArray.java

```java
public class SparseArray<T> {
    public static final int INITIAL_SIZE = 1000;
    private int[] keys = new int[INITIAL_SIZE];
    private Object[] values = new Object[INITIAL_SIZE];
    private int size = 0;

    public void put(int key, T value) {
        if (value == null) return;

        int index = binarySearch(key, keys, size);
        if (index != -1 && keys[index] == key)
            values[index] = value;
        else
            insertAfter(key, value, index);
    }

    public int size() {
        return size;
    }

    private void insertAfter(int key, T value, int index) {
        int[] newKeys = new int[INITIAL_SIZE];
        Object[] newValues = new Object[INITIAL_SIZE];
        copyFromBefore(index, newKeys, newValues);

        int newIndex = index + 1;
        newKeys[newIndex] = key;
        newValues[newIndex] = value;

        if (size - newIndex != 0)
            copyFromAfter(index, newKeys, newValues);
```

```
        keys = newKeys;
        values = newValues;
    }

    private void copyFromAfter(int index, int[] newKeys, Object[]
                               newValues) {
        int start = index + 1;
        System.arraycopy(keys, start, newKeys, start + 1, size - start);
        System.arraycopy(values, start, newValues, start + 1, size -
                         start);
    }

    private void copyFromBefore(int index, int[] newKeys, Object[]
                                newValues) {
        System.arraycopy(keys, 0, newKeys, 0, index + 1);
        System.arraycopy(values, 0, newValues, 0, index + 1);
    }

    @SuppressWarnings("unchecked")
    public T get(int key) {
        int index = binarySearch(key, keys, size);
        if (index != -1 && keys[index] == key)
            return (T)values[index];
        return null;
    }

    int binarySearch(int n, int[] nums, int size) {
        // ...
    }
}
```

작성하려는 테스트 중 하나는 엔터티를 몇 개 넣고, 그 엔터티를 다시 가져옵니다.

iloveyouboss_16/test/util/SparseArrayTest.java

```
@Test
public void handlesInsertionInDescendingOrder() {
    array.put(7, "seven");
```

```
    array.put(6, "six");
    assertThat(array.get(6), equalTo("six"));
    assertThat(array.get(7), equalTo("seven"));
}
```

희소 배열 코드는 배열의 쌍을 추적하고 변경하여 조금 복잡합니다. 오류를 예방하는 데 도움을 주는 한 가지 방법은 구현에 맞는 불변식을 결정하는 것입니다. 희소 배열 구현에서는 null이 아닌 값만 허용하기 때문에 배열 크기는 반드시 null이 아닌 값들의 개수와 같아야 합니다.

내부 배열에 저장한 값들을 조사하는 테스트 작성을 고려할 수도 있지만 불필요하게 내부 구현 사항을 노출하게 될 수도 있습니다. 그 대신 checkInvariants() 메서드라는 대용품을 사용하여 어떤 불변식(지금까지는 하나만 있음)이 참이 아니면 예외를 던집니다.

iloveyouboss_16/src/util/SparseArray.java

```
public void checkInvariants() throws InvariantException {
    long nonNullValues = Arrays.stream(values).
                            filter(Objects::nonNull).count();
    if (nonNullValues != size)
        throw new InvariantException("size " + size +
            " does not match value count of " + nonNullValues);
}
```

(자바의 assert 키워드를 사용해도 불변식 실패를 구현할 수 있습니다.)

이제 테스트에 있는 checkInvariants() 호출을 분산시켜 희소 배열 객체로 어떤 일을 할 때 사용할 수 있습니다.

iloveyouboss_16/test/util/SparseArrayTest.java

```
@Test
public void handlesInsertionInDescendingOrder() {
    array.put(7, "seven");
    array.checkInvariants();
```

```
    array.put(6, "six");
    array.checkInvariants();
    assertThat(array.get(6), equalTo("six"));
    assertThat(array.get(7), equalTo("seven"));
}
```

테스트 오류에는 InvariantException이 포함되어 있습니다.

```
util.InvariantException: size 0 does not match value count of 1
    at util.SparseArray.checkInvariants(SparseArray.java:48)
    at util.SparseArrayTest
        .handlesInsertionInDescendingOrder(SparseArrayTest.java:65)
...
```

이 코드는 내부의 size 변수를 추적하는 데 문제가 있습니다.

> **Note ≡ 도전 과제: 결함은 어디에 있을까?**
>
> 결함으로 테스트 후반부가 실패하지만 checkInvariants() 호출로 코드의 어느 부분에 문제가 있는지 더 쉽게 지목할 수 있습니다.

인덱싱은 수많은 잠재적인 오류를 포함하고 있습니다. CORRECT 약어의 Range(범위) 부분 마지막 노트로 인덱스를 다룰 때 고려해야 할 몇 가지 테스트 시나리오는 다음과 같습니다.

- 시작과 마지막 인덱스가 같으면 안 됩니다.
- 시작이 마지막보다 크면 안 됩니다.
- 인덱스는 음수가 아니어야 합니다.
- 인덱스가 허용된 것보다 크면 안 됩니다.
- 개수가 실제 항목 개수와 맞아야 합니다.

7.4 COR[R]ECT: [R]eference(참조)

어떤 메서드를 테스트할 때는 다음을 고려해야 합니다.

- 범위를 넘어서는 것을 참조하고 있지 않은지
- 외부 의존성은 무엇인지
- 특정 상태에 있는 객체를 의존하고 있는지 여부
- 반드시 존재해야 하는 그 외 다른 조건들

고객의 계정 히스토리를 표시하는 웹 앱은 고객이 먼저 로그인해야 합니다. 스택의 pop( ) 메서드를 호출할 때는 스택이 비어 있으면 안 됩니다. 예를 들어 차량의 변속기를 주행에서 주차로 변경할 때는 먼저 차를 멈추어야 합니다. 변속기를 주행 중에 변경할 수 있다면 자동차에 심각한 피해가 발생할 것입니다.

어떤 상태에 대해 가정할 때는 그 가정이 맞지 않으면 코드가 합리적으로 잘 동작하는지 검사해야 합니다. 자동차의 마이크로 프로세서로 동작하는 변속기 관련 코드를 개발 중이라고 합시다. 차량이 이동 중일 때와 그렇지 않을 때 변속기 동작이 어떻게 달라지는지 테스트하고자 합니다. Transmission 클래스의 테스트 코드는 세 가지 중대한 시나리오를 다루고 있습니다. '가속 이후에 변속기를 주행으로 유지하는가', '주행 중에 주차로 바꾸는 파괴적인 요청을 무시하는가', '차량이 움직이지 않으면 주차로 변속기 변경을 허용하는가'입니다.

iloveyouboss_16/test/transmission/TransmissionTest.java

```java
@Test
public void remainsInDriveAfterAcceleration() {
    transmission.shift(Gear.DRIVE);
```

```
        car.accelerateTo(35);
        assertThat(transmission.getGear(), equalTo(Gear.DRIVE));
    }

    @Test
    public void ignoresShiftToParkWhileInDrive() {
        transmission.shift(Gear.DRIVE);
        car.accelerateTo(30);

        transmission.shift(Gear.PARK);

        assertThat(transmission.getGear(), equalTo(Gear.DRIVE));
    }

    @Test
    public void allowsShiftToParkWhenNotMoving() {
        transmission.shift(Gear.DRIVE);
        car.accelerateTo(30);
        car.brakeToStop();

        transmission.shift(Gear.PARK);

        assertThat(transmission.getGear(), equalTo(Gear.PARK));
    }
```

메서드의 사전 조건들(preconditions)은 자동차가 달릴 수 있는 상태가 되어야 함을 의미합니다. 변속기를 주차로 놓을 수 있는 사전 조건은 자동차가 반드시 정지 상태여야 합니다. 사전 조건이 맞지 않았을 때 메서드가 우아하게 동작함[3]을 보장하고 싶습니다. 우리의 경우에는 주차 요청을 무시해야 합니다.

사후 조건들(postconditions)은 코드가 참을 유지해야 하는 조건들을 의미하며, 테스트의 단언으로 명시합니다. 때때로 이것은 단순히 호출한 메서드의 반환값입니다. 또 다른 부작용(side effects)(호출 행동의 결과로 발생하는 상태 변화들

---

3 역주 프로그램이 우아하게(gracefully) 동작한다는 것은 보통 종료 상황에서 요청을 받자마자 동작을 바로 중지하지 않고 자원 해제 등 필요한 사항을 처리하고 종료하는 것을 의미합니다.

을 의미)을 검사해야 할 필요도 있습니다. allowsShiftToParkWhenNotMoving 테스트 케이스에서는 car 인스턴스에 brakeToStop() 메서드를 호출하면 자동차 속도가 0으로 설정되는 부작용이 생깁니다.

7.5 CORR[E]CT: [E]xistence(존재)

스스로에게 "주어진 값이 존재하는가?"라고 물어봄으로써 많은 잠재적인 결함을 발견할 수 있습니다. 어떤 인자를 허용하거나 필드를 유지하는 메서드에 대해 그 값이 null, 0 혹은 비어 있는 경우라면 어떤 일이 일어날지 생각해 보세요.

자바 라이브러리에서는 어떤 데이터가 존재하지 않거나 초기화되지 않은 상태로 사용되면 숨막히게 예외를 던지는[4] 경향이 있습니다. 불행히도 이띤 깃이 막혀 있는 곳에 null 값이 도달한다면 문제 원인을 이해하기 어려울 수 있습니다. '프로파일 이름이 설정되지 않음'처럼 특정한 메시지를 예외에서 알려 주면 문제를 추적하는 과정을 매우 단순하게 만들 수 있습니다.

우리는 프로그래머로서 보통 행복 경로를 만드는 데 무엇보다 주력합니다. 예상하는 데이터가 없을 때 발생하는 불행 경로는 그다음에 생각하고는 합니다. 잠재적인 지옥으로 향하는 고속도로처럼 테스트를 추가하고 싶다면 호출된 메서드가 null을 반환하거나, 기대하는 파일이 없거나, 네트워크가 다운되었을 때 어떤 일이 일어나는지 확인하는 테스트를 작성하세요.

---

[4] 역주 자바에서는 예외가 발생할 때 긴 스택 트레이스가 일어나는데 저자는 이것을 '숨막히게 예외를 던진다'고 표현했습니다.

아, 맞다! 여러분이 재채기를 할 때 (네트워크, 라이선스 키, 사용자들, 프린터들, 파일의 URL 등 이름 붙이는) 환경에 속한 것들이 없어질 수 있습니다. 그것이 무엇이든지요. null 값, 0, 빈 문자열과 다른 무정부주의자의 덫들로 충분히 테스트하세요.

Tip ☆ 여러분 메서드가 홀로 설 수 있도록 만드세요.

7.6 CORRE[C]T: [C]ardinality(기수)

UNIT TESTING

많은 프로그래머가 숫자 세기에 능하지 않습니다. 특히 손가락이 더 이상 도와줄 수 없는 열 개 이상은 말이죠. 다음 질문에 대해 손가락, 종이, 구글의 도움을 받지 않고 머릿속에서 바로 답변해 보세요.

일직선으로 뻗은 길이가 12미터인 곳에 울타리를 몇 개 세워야 합니다. 각 울타리 영역은 3미터이고, 각 영역의 끝에도 울타리 기둥을 세워야 합니다.

▼ 그림 7-1 울타리 기둥

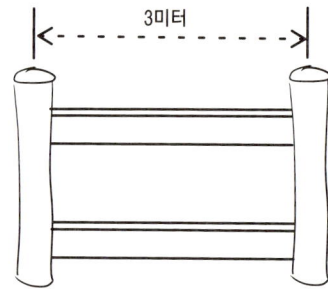

울타리 기둥은 몇 개 필요할까요?

여러분이 대다수의 사람과 같다면 아마도 짧은 순서로 대답하고 정답이 아닐 것입니다. 다시 생각해 보세요. 그림 7-2를 살펴보세요. 문제에 대해 충분히 생각하지 않아서 오류들이 너무 자주 발생하는데, 이것을 '울타리 기둥 오류(fencepost errors)'라고 합니다.

▼ 그림 7-2 울타리 기둥 오류

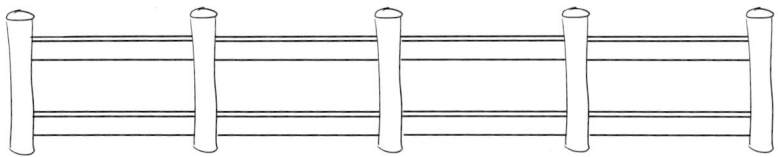

울타리 기둥 오류는 한 끗 차이로 발생하는 수많은 경우 중 한 가지를 의미하며, 종종 한곳 혹은 다른 곳에서 치명적인 상태가 되고는 합니다. 개수를 어떻게 잘 세어 테스트할지 고민해 보고, 얼마나 많은지 확인해 보세요.

존재(7.5절 참고)는 기술적으로 기수(cardinality)의 특수한 경우입니다. 기수를 사용하면 '일부' 혹은 '없음'보다 좀 더 구체적인 답변을 볼 수 있습니다. 그런데도 집합을 이루는 값 개수는 다음 세 가지 경우에 흥미롭습니다.

- 0
- 1
- 다수(1보다 많은)

어떤 사람들은 이것을 0-1-n 법칙이라고 합니다. 0은 7.5절에서 다루었듯이 중요합니다. 그리고 어떤 것이 한 개만 갖는 경우도 중요합니다. 어떤 것의 컬렉션을 다루면 보통 코드는 열 개, 100개 혹은 1000개를 다루는 것과 같습니다 (물론 항상 42개여야 한다는 등 정확한 개수가 필요한 경우도 있습니다).

(0-1-n 법칙은 단지 코드에서 개수를 다루는 것보다는 적용 범위가 넓습니다. 팀 오팅어(Time Ottinger)와 제프 랭어(Jeff Langr)는 '0, 1과 다수로 설계를 단순화하기'라는 블로그에서 ZOM 개념에 대해 토론했습니다.[5])

JJ 팬케이크 가게에서 상위 열 개의 음식 목록을 유지해야 한다고 합시다. 주문이 나올 때마다 이 상위 목록을 갱신하여 실시간으로 팬케이크 보스 아이폰 앱에 결과를 표시합니다. 개수의 개념은 테스트할 작업 목록을 도출하는 데 도움을 줍니다.

- 목록에 항목이 하나도 없을 때 보고서 출력하기
- 목록에 항목이 한 개만 있을 때 보고서 출력하기
- 목록에 항목이 없을 때 한 항목 추가하기
- 목록에 항목이 하나만 있을 때 한 항목 추가하기
- 목록에 항목이 아직 열 개 미만일 때 한 항목 추가하기
- 목록에 항목이 이미 열 개가 있을 때 한 항목 추가하기

이러한 모든 테스트를 작성했으므로 (훌륭합니다) JJ 팬케이크 가게의 사장님은 대신 상위 20개의 음식 목록을 요구합니다. 코드의 몇 줄을 바꾸어야 하는지 생각해 보고 정답은 다음과 같이 1줄이 되어야 합니다.

```
public static final int MAX_ENTRIES = 20;
```

사장님이 대신 상위 다섯 개 보고서를 요구한다면 땀 흘릴 필요 없이 한 곳만 변경하면 됩니다. 같은 상수를 사용하고 있으므로 테스트는 전혀 변경할 필요가 없습니다.

테스트 코드는 0, 1, n이라는 경계 조건에만 집중하고 n은 비즈니스 요구 사항에 따라 바뀔 수 있습니다.

---

5 http://agileinaflash.blogspot.com/2012/06/simplify-design-with-zero-one-many.html

7.7 CORREC[T]: [T]ime(시간)

CORRECT 약어의 마지막 경계 조건은 시간입니다. 시간에 관하여 마음에 담아 두어야 할 측면 몇 개는 다음과 같습니다.

- 상대적 시간(시간 순서)
- 절대적 시간(측정된 시간)
- 동시성 문제들

어떤 인터페이스들은 태생적으로 상태를 가지고 있습니다. login()은 logout() 메서드에 앞서 호출되어야 합니다. 이처럼 read()에 앞서 open() 메서드를 호출해야 하고, close()에 앞서 read() 메서드를 호출해야 하는 등입니다.

메서드들의 호출 순서가 맞지 않았을 때 어떤 일이 일어날지 생각해 봅시다. 다양한 대안 순서를 시도해 보세요. 첫 번째와 마지막 순서의 중간을 생략해 보세요. 데이터 순서가 중요한 것처럼(7.2절 예제 참고) 메서드의 호출 순서도 중요합니다.

상대적인 시간은 타임아웃(timeouts) 문제도 포함할 수 있습니다. 수명이 짧은 자원에 대해 코드가 얼마나 기다릴 수 있는지 결정해야 합니다. 타임아웃 등을 포함하여 코드에서 가능한 조건들을 시뮬레이션해 보고 싶을 수도 있습니다. 타임아웃으로 보호되지 않는 조건들을 찾아보세요. 이를테면 발생하지 않을 일을 기다리느라 코드가 무한 대기에 빠지지는 않았는지 확인하세요.

기다리는 어떤 것은 '너무 오랜' 시간이 걸릴지도 모릅니다. 메서드에서 소요되는 시간이 인내심이 없는 호출자에게는 너무 길지는 않은지 결정할 필요가 있습니다.

실제로 벽시계 시간은 다른 고려 사항일 수도 있습니다. 매우 드물지만 하루의 시간이 미묘한 방식으로 중요하기도 합니다. 퀴즈를 하나 내 보겠습니다.

참인가? 거짓인가? 한 해의 모든 날은 항상 24시간(윤초는 세지 않음)

정답은 상황에 따라 다릅니다. UTC(국제 표준시, 그리니치 표준시의 현대 버전)에서는 '예'입니다. 일광시간절약제(DST)가 관찰되지 않는 지역에서도 답은 '예'입니다. DST가 관찰되는 미국 대부분의 지역에서는 '아니요'입니다. 3월 하루는 23시간이고 (봄철 시간 조정) 11월 하루는 25시간 (가을철 시간 조정)입니다.

이처럼 복잡한 시간 세계의 결과는 산수가 항상 기대한 대로 동작하지 않습니다. (생각보다 더 나쁩니다. 책의 원래 버전은 DST로 교체되는 날짜를 4월과 11월로 인식했습니다. 눈치 빠른 검토자들이 이 오류를 찾았습니다. 같은 작업을 하는 테스트를 작성해 봅시다!) 오전 1:45의 30분 후가 3월과 11월에서는 오전 2:15가 아닙니다. 시간에 민감한 테스트는 이러한 경계 조건에 해당하는 날들을 확실하게 확인해야 합니다. DST가 관찰되는 지역에서는 이렇게 하고, 그렇지 않은 지역에서는 무시합니다.

여러분을 대신해서 어떤 하위 라이브러리가 이 문제들을 정확하게 처리할 것이라고 가정하지 마세요. 때가 되면 여기저기 깨진 코드가 많아집니다(저자 중 한 명은 한때 마지못해 달력 이벤트를 서로 교환하는 파일 포맷인 iCalendar의 전문가가 되었는데, 그때 어떤 두 구현도 명세를 동일하게 하거나 정확하게 구현하고 있지 않다는 것을 알아차렸습니다).

실패에 대한 또 다른 해결책은 시스템 시계에 의존하는 테스트를 작성하는 것입니다. 여러분은 대신 테스트 코드에 통제할 수 있는 곳에서 얻어 오는 시간을 사용하도록 애플리케이션을 변경합니다. 이것에 대해서는 어떻게 해야 하는지 5.4절을 참고하세요.

마지막으로 시간에 따라 서서히 퍼지는 문제점 중 하나는 동시성과 동기화된 접근 맥락에 관한 문제입니다. 멀티스레드이면서 동시적인 프로그램을 설계하고 구현하고 디버깅하는 것은 별도로 도서 한 권이 필요한 수준으로(《자바 병렬 프로그래밍》(에이콘출판사, 2008)) 이 두꺼운 도서의 주제를 얇고 집중적인 부분만 다룰 것입니다(분량은 많지만 간단히 핵심만 봅니다).

질문은 스스로에게 물어보는 것부터 시작하세요. 동시에 같은 객체를 다수의 스레드가 접근한다면 어떤 일이 벌어질까요? 어떤 전역 혹은 인스턴스 수준의 데이터나 메서드에 동기화를 해야 할까요? 파일 혹은 하드웨어에 외적인 접근은 어떻게 처리해야 할까요? 클라이언트에 동시성 요구 사항이 있다면 다수의 클라이언트 스레드를 보여 주는 테스트를 작성할 필요가 있습니다.

7.8 마치며

모든 경계를 알 필요가 있습니다. 테스트에서는 더욱 그렇습니다. 경계 조건들은 자주 고약하고 작은 결함들을 만들어 내는 곳입니다. CORRECT 약어는 단위 테스트를 작성할 때 고려해야 하는 경계들을 기억하는 데 도움을 줍니다.

올바른 것을 테스트하고 고품질의 테스트 코드를 작성하는 방법을 알았으므로, 이제 유지 보수 비용을 줄이고 결함을 적게 만드는 단계로 도약해야 합니다. 하지만 대부분의 코드는 처음 화면에 입력한 대로 남아 있습니다. 그것을 깨끗하게 정리하는 데 주의를 기울여야 합니다. 그것을 어떻게 해야 하는지 단위 테스트와 설계에 관한 부분의 첫 번째 장인 8장에서 살펴봅니다.

제 3 부

더 큰 설계 그림

인간은 빵만으로는 살 수 없습니다. 단위 테스트도 마찬가지입니다. 단위 테스트는 단지 '설계'라고 하는 더 큰 그림의 일부에 불과합니다. 시스템을 개발하면서 코드 설계를 깔끔하게 유지하고 싶을 것입니다. 이제 좋은 단위 테스트로 어떻게 리팩토링을 할 수 있는지 배울 것입니다. 효과적으로 리팩토링하기 위해 반대로 좋고 커다란 설계가 어떤 모습인지 이해할 필요가 있습니다. 또 어떤 것은 테스트하기 어렵다는 것을 알게 되고, 목 객체로 어떻게 불가피하게 어려운 의존성을 테스트와 고립시킬 수 있는지도 알게 됩니다. 마지막으로 테스트는 가치를 전달할 수 있어야 하기 때문에 좀 더 어려운 테스트 절차를 밟아 보고 유지 보수를 쉽게 할 수 있도록 만들어 볼 것입니다.

8장

깔끔한 코드로 리팩토링하기

8.1 작은 리팩토링

8.2 메서드를 위한 더 좋은 집 찾기

8.3 자동 및 수동 리팩토링

8.4 과한 리팩토링?

8.5 마치며

시스템이 비대해졌습니다! 여러분은 시스템을 무작위로 골라 선택할 수 있고, 심각하게 중복된 부분을 발견할 수 있습니다. 다른 클래스에서 통째로 복사해 온 100줄이 넘는 메서드나 유틸리티 코드 몇 줄이 수많은 곳에서 중복되어 있습니다. 이러한 중복은 비용이 상당합니다. 중복된 코드 조각이 늘면 유지 보수 비용도 증가하고 변경에 대한 리스크도 함께 늘어납니다. 그래서 시스템에 있는 중복의 양을 최소화하려고 합니다.

코드를 이해하는 비용 또한 상당합니다. 깔끔하고 좋은 구조를 갖춘 코드는 10분이면 변경할 수 있지만, 복잡하고 지저분한 코드는 몇 시간이 필요합니다. 따라서 시스템의 명확성도 극대화하고 싶습니다.

낮은 중복성과 높은 명확성이라는 두 가지 목표를 합리적인 비용과 놀라운 투자 수익률(ROI)로 달성할 수 있습니다. 좋은 소식은 단위 테스트를 만들면 이러한 목표에 도달할 수 있다는 것입니다. 이 장에서는 이러한 목표를 마음에 두고 코드를 리팩토링하는 방법을 배웁니다.

8.1 작은 리팩토링

여러분이 여행하는 데 15광년이 필요한 켄타우루스 자리의 프록시마성에 다녀왔다면 리팩토링이라는 단어를 들어 보지 못했을 수 있습니다. 그렇지 않다면 적어도 IDE 메뉴에서는 보았을 것입니다. 또 코드를 리팩토링한다는 것이 기존 기능은 그대로 유지하면서 코드의 하부 구조를 건강하게 변형하는 것임도 들어 보았습니다.

다른 말로 리팩토링은 코드를 이리저리 옮겨서 시스템이 정상 동작함을 보장하는 것입니다. 마음대로 코드 구조를 바꾸는 것은 위험합니다. 이크! 이렇게 했을 때 적절한 보호 장치가 있는지 확인할 필요가 있습니다. 그것이 바로 테스트입니다.

8.1.1 리팩토링의 기회

iloveyouboss 애플리케이션으로 다시 돌아갑니다. 2장에서는 테스트를 몇 개 만들었습니다. 상기시키는 차원에서 Profile 클래스의 핵심 메서드인 matches()를 봅니다.

iloveyouboss_16/src/iloveyouboss/Profile.java
```
public boolean matches(Criteria criteria) {
    score = 0;

    boolean kill = false;
    boolean anyMatches = false;
    for (Criterion criterion: criteria) {
        Answer answer = answers.get(
            criterion.getAnswer().getQuestionText());
        boolean match =
            criterion.getWeight() == Weight.DontCare ||
            answer.match(criterion.getAnswer());
        if (!match && criterion.getWeight() == Weight.MustMatch) {
            kill = true;
        }
        if (match) {
            score += criterion.getWeight().getValue();
        }
        anyMatches |= match;
    }
    if (kill)
        return false;
    return anyMatches;
}
```

메서드는 특별히 길지 않았고 표현식과 문장들을 합하여 10여 줄 정도 됩니다. 하지만 상당히 빽빽하고 꽤 많은 로직을 담고 있습니다. 앞서 다섯 개가 넘는 테스트 케이스를 추가했었습니다.

8.1.2 메서드 추출: 두 번째로 중요한 리팩토링 친구

(좋습니다. 색인을 뒤지기 전에 비밀을 공개하겠습니다. 리팩토링의 가장 중요한 친구는 이름 짓기(rename)입니다. 대상은 클래스, 메서드, 모든 종류의 변수입니다. 명확성은 대개 코드 의도를 선언하는 것이고, 좋은 이름은 코드 의도를 전달하는 가장 좋은 수단입니다.)

우리 목표는 matches() 메서드의 복잡도를 줄여 코드가 무엇을 담당하는지 그 정책을 쉽게 이해하는 것입니다. 부분적으로 세부 로직을 추출하여 새로운 별도의 메서드로 이동합니다.

조건문은 흔히 잘 읽히지 않는데, 특히 복잡할 때 너욱 그렇습니다. 다음 코드는 matches() 메서드의 for 문 안에 있는 match 변수의 할당입니다.

iloveyouboss_16/src/iloveyouboss/Profile.java
```
for (Criterion criterion: criteria) {
    Answer answer = answers.get(
        criterion.getAnswer().getQuestionText());
    boolean match =
        criterion.getWeight() == Weight.DontCare ||
        answer.match(criterion.getAnswer());
    // ...
}
```

할당 부분을 별도의 메서드로 추출하여 복잡성을 고립시킵니다. 그러면 반복문에는 단순한 선언문만 남습니다. match 변수는 조건이 답변에 맞는지 여부만 나타냅니다.

iloveyouboss_17/src/iloveyouboss/Profile.java

```java
public boolean matches(Criteria criteria) {
    score = 0;

    boolean kill = false;
    boolean anyMatches = false;
    for (Criterion criterion: criteria) {
        Answer answer = answers.get(
            criterion.getAnswer().getQuestionText());
        boolean match = matches(criterion, answer);

        if (!match && criterion.getWeight() == Weight.MustMatch) {
            kill = true;
        }
        if (match) {
            score += criterion.getWeight().getValue();
        }
        anyMatches |= match;
    }
    if (kill)
        return false;
    return anyMatches;
}

private boolean matches(Criterion criterion, Answer answer) {
    return criterion.getWeight() == Weight.DontCare ||
        answer.match(criterion.getAnswer());
}
```

조건이 답변과 어떻게 매치되는지 알고 싶다면 새로 추출된 matches() 메서드로 이동합니다. 저수준의 세부 사항을 추출했기 때문에 Profile이 Criteria 객체를 어떻게 매칭하는지에 대해 고수준의 정책만 이해하는 것으로 충분하다면, 군더더기로 관심이 분산되지 않습니다.

코드를 이리저리 옮기면 기존 기능들이 쉽게 깨집니다. 따라서 자신감을 가지고 코드를 변경할 수 있어야 하고, 지금까지 알려지지 않은 교활한 작은 결함들이 나오지 않으리라는 확신을 가져야 합니다.

운이 좋게도 2장에 있는 Profile 클래스에 대한 테스트 코드들이 필요한 자신감을 줄 것입니다. 작은 코드 변경이 있을 때 테스트 집합들을 빠르게 실행할 수 있습니다. 싸고 쉽고 즐겁습니다.

코드를 안전하게 옮길 수 있는 능력은 단위 테스트의 가장 중요한 이점입니다. 새로운 기능을 안전하게 추가할 수 있고 좋은 설계를 유지하면서 변경할 수 있습니다. 충분한 테스트가 없으면 코드를 변경하기 어렵습니다. 혹은 이러한 변경은 매우 높은 리스크가 발생합니다.

8.2 메서드를 위한 더 좋은 집 찾기

이제 반복문은 훨씬 가독성이 좋아졌습니다. 멋집니다! 하지만 matches() 메서드로 새롭게 추출한 코드[1]는 Profile 객체와 아무런 관계가 없음에 주목하세요. 프로파일을 서로 매칭할 때 Answer 클래스 혹은 Criterion 클래스와 관련이 있어 보입니다.

새롭게 추출된 matches() 메서드를 Criterion 클래스로 이동합니다. Criterion 객체는 이미 Answer 객체들을 알고 있지만, 그 역은 성립하지 않습니다. 즉, Answer 클래스는 Criterion 클래스를 의존하지 않습니다. matches() 메서드를 Answer 클래스로 이동했다면 이는 양방향 의존 관계가 됩니다. 좋지 않습니다.

새로운 집에 있는 matches() 메서드입니다.

---

[1] 역주 boolean match = matches(criterion, answer); 코드를 의미합니다.

iloveyouboss_18/src/iloveyouboss/Criterion.java

```java
public class Criterion implements Scoreable {
    // ...
    public boolean matches(Answer answer) {
        return getWeight() == Weight.DontCare ||
            answer.match(getAnswer());
    }
}
```

이동한 후에 Profile 클래스의 반복문은 다음과 같습니다.

iloveyouboss_18/src/iloveyouboss/Profile.java

```java
for (Criterion criterion: criteria) {
    Answer answer = answers.get(
        criterion.getAnswer().getQuestionText());
    boolean match = criterion.matches(answer);

    if (!match && criterion.getWeight() == Weight.MustMatch) {
        kill = true;
    }

    if (match) {
        score += criterion.getWeight().getValue();
    }
    anyMatches |= match;
}
```

answer 지역 변수에 할당하는 문장은 꽤 길고 복잡합니다.

iloveyouboss_18/src/iloveyouboss/Profile.java

```java
Answer answer = answers.get(
    criterion.getAnswer().getQuestionText());
```

앞의 코드는 디메테르의 법칙(the Law of Demeter)(요약하면 다른 객체로 전파되는 연쇄적인 메서드 호출을 피해야 함)을 위반하고 깔끔하지도 않습니다.

이것을 개선하는 첫 번째 단계는 answer 할당문의 우변을 새로운 메서드인 answerMatching() 메서드로 추출하는 것입니다. 가독성이 좋아졌습니다.

iloveyouboss_19/src/iloveyouboss/Profile.java
```java
public boolean matches(Criteria criteria) {
    score = 0;

    boolean kill = false;
    boolean anyMatches = false;
    for (Criterion criterion: criteria) {
        Answer answer = answerMatching(criterion);
        boolean match = criterion.matches(answer);

        if (!match && criterion.getWeight() == Weight.MustMatch) {
            kill = true;
        }
        if (match) {
            score += criterion.getWeight().getValue();
        }
        anyMatches |= match;
    }
    if (kill)
        return false;
    return anyMatches;
}

private Answer answerMatching(Criterion criterion) {
    return answers.get(criterion.getAnswer().getQuestionText());
}
```

임시 변수들은 쓰임새가 다양합니다. 임시 변수로 값비싼 비용의 계산 값을 캐시에 넣거나 메서드 몸체에서 변경되는 것들을 수집하는 데 익숙할 것입니다. answer 임시 변수는 어떤 경우에도 해당하지 않지만, 임시 변수의 또 다른 용례는 코드 의도를 명확하게 하는 것입니다. 임시 변수가 한 번만 사용된다고 해도 유효한 선택입니다.

8.3 자동 및 수동 리팩토링

여기서 answer 지역 변수는 코드의 명확성을 높이지 않고 한 번만 사용합니다. 변수를 제거하고 answerMatching(criterion) 표현을 인라인하겠습니다.

iloveyouboss_20/src/iloveyouboss/Profile.java
```java
for (Criterion criterion: criteria) {
    boolean match = criterion.matches(answerMatching(criterion));

    if (!match && criterion.getWeight() == Weight.MustMatch) {
        kill = true;
    }
    if (match) {
        score += criterion.getWeight().getValue();
    }
    anyMatches |= match;
}
```

직접 answer 변수를 인라인할 수도 있지만 대부분의 IDE는 인라인 리팩토링을 자동화하고 있습니다. 이클립스에서 **Refactor** > **Inline** 메뉴를 선택하세요.

자동화된 IDE가 있기 때문에 리팩토링이 기능 동작에 영향을 주지 않는 코드 변경이 될 수 있습니다. 선택한 IDE에서 리팩토링 메뉴를 살펴보세요. 좋은 IDE는 수십 가지의 리팩토링 자동화를 내장하고 있습니다. 이것들을 배우고 사용해 보세요. 코드를 변형하는 데 든 무수한 시간뿐만 아니라 수동으로 했을 때 발생하는 실수들을 수정하는 데 든 무수한 시간도 절약해 줍니다.

여러분은 운이 좋습니다. 2000년경에 자바 프로그래머는 매우 안전하지 않은 방법으로 코드를 직접 일일이 이동시켰습니다. 지금은 자동화된 리팩토링 기능이 너무 훌륭합니다. 지저분한 일은 컴퓨터에 맡기고 코드가 잘 동작하는지만 확인하면 됩니다.

matches() 메서드의 세부 사항을 제거했기 때문에 이제 고수준의 정책을 쉽게 이해할 수 있습니다. 메서드의 핵심 목표를 구별할 수 있습니다.

- 매칭되는 조건의 가중치를 합하여 점수를 계산합니다.
- 필수(must-match) 항목이 프로파일 답변과 매칭되지 않으면 false를 반환합니다.
- 그렇지 않고 매칭되는 것이 있으면 true를 반환하고, 매칭되는 것이 없으면 false를 반환합니다.

matches() 메서드를 좀 더 분명한 핵심 의도 세 개로 다시 구조화하겠습니다. 마지막 것을 먼저 합니다. anyMatches 값을 반환하는 return 문을 boolean 메서드의 결과를 반환하는 것으로 변경합니다. matches() 메서드에서 어떤 프로파일이 매치되는지 여부를 결정하는 코드 4줄을 찾아서 anyMatches() 메서드로 이동합니다.

iloveyouboss_20-misadventure/src/Iloveyouboss/Profile.java

```java
public boolean matches(Criteria criteria) {
    score = 0;

    boolean kill = false;
    for (Criterion criterion: criteria) {
        boolean match = criterion.matches(answerMatching(criterion));

        if (!match && criterion.getWeight() == Weight.MustMatch) {
            kill = true;
        }
        if (match) {
            score += criterion.getWeight().getValue();
        }
    }
    if (kill)
        return false;
    return anyMatches(criteria);
}
```

```
private boolean anyMatches(Criteria criteria) {
    boolean anyMatches = false;
    for (Criterion criterion: criteria)
        anyMatches = criterion.matches(answerMatching(criterion));
    return anyMatches;
}
```

리팩토링을 하면 테스트를 다시 실행해야 합니다. 서로 떨어진 코드들을 새로운 메서드로 추출할 때는 자동화하는 방법이 없기 때문에 수동으로 리팩토링해야 합니다. 따라서 더 위험합니다. 실제로 다음 테스트는 실패합니다.

iloveyouboss_20-misadventure/test/iloveyouboss/ProfileTest.java

```
@Test
public void matchAnswersTrueWhenAnyOfMultipleCriteriaMatch() {
    profile.add(answerThereIsRelocation);
    profile.add(answerDoesNotReimburseTuition);
    criteria.add(new Criterion(answerThereIsRelocation,
                Weight.Important));
    criteria.add(new Criterion(answerReimbursesTuition,
                Weight.Important));

    boolean matches = profile.matches(criteria);

    assertTrue(matches);
}
```

해결책은 anyMatches 값을 갱신할 때 복합 할당 연산자(|=)를 사용하는 것입니다(겉으로 보기에 손으로 할당문을 리팩토링할 때 | 문자가 틈 사이로 빠져나간 것 같습니다).

iloveyouboss_21/src/iloveyouboss/Profile.java

```
private boolean anyMatches(Criteria criteria) {
    boolean anyMatches = false;
    for (Criterion criterion: criteria)
```

```
            anyMatches |= criterion.matches(answerMatching(criterion));
        return anyMatches;
    }
```

음, 어떤 경우라도 코드를 수동으로 변경하면 실수하기 쉽습니다. 이러한 이유로 가능하면 IDE에서 제공하는 자동화된 리팩토링 도구를 사용하세요. 또 테스트를 하면 행복합니다. 리팩토링할 때는 항상 테스트를 실행하세요.

어떤 경우라도 메서드를 추출할 때 기존 동작에 문제가 없는지 확인해야 합니다. 계속해 보죠.

8.4 과한 리팩토링?

유사하게 모든 매칭의 전체 가중치를 계산하는 코드를 추출합니다.

iloveyouboss_22/src/iloveyouboss/Profile.java
```
    public boolean matches(Criteria criteria) {
        calculateScore(criteria);

        boolean kill = false;
        for (Criterion criterion: criteria) {
            boolean match = criterion.matches(answerMatching(criterion));
            if (!match && criterion.getWeight() == Weight.MustMatch) {
                kill = true;
            }
        }
        if (kill)
            return false;
        return anyMatches(criteria);
```

```java
    }

    private void calculateScore(Criteria criteria) {
        score = 0;
        for (Criterion criterion: criteria)
            if (criterion.matches(answerMatching(criterion)))
                score += criterion.getWeight().getValue();
    }
```

음, 반복문이 두 개가 되었습니다. 아마 문제 상황은 아닌지 고민될 것입니다.

마지막으로 매치되지 않는 어떤 필수(must-meet) 조건이 있는지 여부를 결정하는 로직을 추출하세요.

iloveyouboss_23/src/iloveyouboss/Profile.java

```java
    public boolean matches(Criteria criteria) {
        calculateScore(criteria);
        if (doesNotMeetAnyMustMatchCriterion(criteria))
            return false;
        return anyMatches(criteria);
    }

    private boolean doesNotMeetAnyMustMatchCriterion(Criteria criteria) {
        for (Criterion criterion: criteria) {
            boolean match = criterion.matches(answerMatching(criterion));
            if (!match && criterion.getWeight() == Weight.MustMatch)
                return true;
        }
        return false;
    }
```

이러한 새로운 메서드와 반복문이 각각 세 개씩입니다. 장난하느냐고요? 그렇지 않습니다. 성능 시사점을 이야기해 봅시다. 하지만 먼저 메서드를 세 개 가짐으로써 얻는 이득부터 살펴봅시다.

8.4.1 보상: 명확하고 테스트 가능한 단위들

matches() 메서드는 이제 즉시 이해할 수 있을 정도로 전체 알고리즘이 깔끔하게 정리되었습니다. 현재 코드는 다음 순서의 알고리즘을 따릅니다.

- 주어진 조건에 따라 점수를 계산합니다.
- 프로파일이 어떤 필수 조건에 부합하지 않으면 false를 반환합니다.
- 그렇지 않으면 어떤 조건에 맞는지 여부를 반환합니다.

이전 버전의 코드는 훨씬 더 주의 깊게 읽어야 하고 matches() 메서드 의도를 혼동할 수 있는 다양한 가능성을 내포하고 있었습니다.

알고리즘에 있는 세 단계의 각 구현 세부 사항은 다음 도우미 메서드인 calculateScore(), doesNotMeetAnyMustMatchCriterion()과 anyMatches()에 숨겨져 있습니다. 각 도우미 메서드는 명확하고 고립된 방식으로 잘 표현되어 있으며, 다른 염려할 만한 군더더기가 없습니다.

8.4.2 성능 염려: 그러지 않아도 된다

어떤 독자는 혼란스러울 수 있습니다. matches() 메서드를 리팩토링한 결과 anyMatches(), calculateScore(), doesNotMeetAnyMustMatchCriterion() 메서드 각각에 criterion 조건에 대한 반복문을 갖게 되었습니다. 새로운 반복문 세 개로 matches() 메서드는 잠재적으로 실행 시간이 네 배가 되었습니다.

우리 답변은 "그래서 어쨌다는 겁니까?"입니다.

이러한 불쾌한 질문에 실무 요구 사항에 기반을 둔 정당한 답변을 한다면 우리는 경청할 것입니다. 그렇지 않은 경우라도 걱정하지 마세요. 맞습니다. 성능은 중요합니다. 그렇다면 리팩토링한 코드는 이제 성능 기대 사항을 맞추지 못할까요?

잠시만요! 여러분은 이 질문에 답변할 수 없습니다. 우리(혹은 고객)는 할 수 있을지 모르지만(달성해야 하는 요구 사항이 있으니까요), 아마도 데이터가 적은 수준이고 가능한 성능 저하에 대해 신경 쓰지 않을 것입니다. 아니면 아마도 코드는 상상하는 것만큼 성능이 나쁘지 않을 수도 있을 것입니다. 프로파일을 수백만 개 처리해야 한다면 성능은 최우선 고려 대상이 될 것입니다.

성능이 즉시 문제되지 않는다면 어설픈 최적화 노력으로 시간을 낭비하기보다 코드를 깔끔하게 유지하세요. 최적화된 코드는 여러 방면에서 문제 소지가 있습니다. 일반적으로 코드 가독성이 낮고 유지 보수 비용이 증가하고 설계 또한 유연하지 않습니다.

반대로 깔끔한 설계는 성능을 위해 최적화할 때 즉시 대응할 수 있는 최선의 보호막입니다. 깔끔한 설계는 코드를 이동시킬 수 있는 유연성을 제공하고 다른 알고리즘을 적용하는 데도 수월합니다.

> **Tip** 깔끔한 설계는 최적화를 위한 최선의 준비입니다.

성능이 당장 문제된다면 다른 일을 하기 전에 먼저 문제가 얼마나 심각한지 성능을 측정하세요(6.7절 참고). 그다음 작은 테스트 코드를 만들어 예전 코드의 속도가 어느 정도인지 확인하고, 리팩토링한 코드는 몇 퍼센트의 성능 저하가 있는지 판단하고 비교해 보세요.

지금 matches() 메서드의 코드는 분명하게 그 역할을 설명합니다. 하지만 더 큰 관점의 설계에 관한 문제를 제기할 수도 있습니다. 예를 들어 Profile 클래스가 너무 많은 일을 하고 있나요? 다음 장에서는 설계 실패를 알아보고, 테스트 코드를 활용하여 문제를 제자리로 돌려놓겠습니다.

8.5 마치며

대량의 코드를 빠르게 작성하는 것은 쉽습니다. 코드가 더러워지고 어떤 절차를 따르는지 파악하기 어려워지지만요. 단위 테스트는 기본 원칙을 깨지 않고 코드를 깔끔하게 유지해 주는 보호 장치를 제공합니다. 이 장에서는 시스템을 지속적으로 깔끔하게 유지하는 기법들을 배웠습니다. 이것으로 시스템에서 불가피한 상황 악화를 막을 수 있었습니다.

시스템에서 작은 먼지들을 쓸어버리면서 좀 더 큰 그림인 설계를 볼 수 있게 되었습니다. 다음 장에서는 단위 테스트에 기대어 어떻게 설계 요구 사항을 해결할 수 있는지 배웁니다.

9장

더 큰 설계 문제

9.1 Profile 클래스와 SRP

9.2 새로운 클래스 추출

9.3 명령-질의 분리

9.4 단위 테스트의 유지 보수 비용

9.5 다른 설계에 관한 생각들

9.6 마치며

이전 장에서는 matches() 메서드를 좀 더 깔끔하고 잘 조직된 하위 메서드 몇 개로 리팩토링했습니다. 그렇게 작은 코드들을 계속해서 리팩토링하는 것은 코드의 유지 보수 비용을 지속적으로 낮추어 줍니다.

단위 테스트를 작성하는 것은 진공 속에서 벌어지는 일이 아닙니다. 설계라고 부르는 좀 더 크고 지속적으로 이동하는 퍼즐의 일부와 같습니다. 시스템 설계는 테스트를 작성하는 능력에 영향을 미치고, 그 역 관계도 성립합니다.

이 장에서는 좀 더 큰 설계 관점에 대해 이야기합니다. 특히 단일 책임 원칙(SRP)에 초점을 맞추는데, 이는 좀 더 작은 클래스를 만들어 무엇보다 유연성과 테스트 용이성을 높여 줍니다. 그리고 명령-질의 분리도 알아보는데, 이것은 부작용을 만들고 동시에 값을 반환하여 사용자를 기만하는 메서드를 만들지 않도록 합니다. Profile 클래스에서 코드를 리팩토링하며, 이러한 원칙들을 적용해 나갈 것입니다.

9.1 Profile 클래스와 SRP

지금까지 만든 Profile 클래스를 봅시다.

iloveyouboss_23/src/iloveyouboss/Profile.java

```java
public class Profile {
    private Map<String, Answer> answers = new HashMap<>();

    private int score;
    private String name;

    public Profile(String name) {
        this.name = name;
```

```java
    }

    public String getName() {
        return name;
    }

    public void add(Answer answer) {
        answers.put(answer.getQuestionText(), answer);
    }

    public boolean matches(Criteria criteria) {
        calculateScore(criteria);
        if (doesNotMeetAnyMustMatchCriterion(criteria))
            return false;
        return anyMatches(criteria);
    }

    private boolean doesNotMeetAnyMustMatchCriterion(Criteria criteria) {
        for (Criterion criterion: criteria) {
            boolean match = criterion.matches(answerMatching(criterion));
            if (!match && criterion.getWeight() == Weight.MustMatch)
                return true;
        }
    return false;
    ]

    private void calculateScore(Criteria criteria) {
        score = 0;
        for (Criterion criterion: criteria)
            if (criterion.matches(answerMatching(criterion)))
                score += criterion.getWeight().getValue();
    }

    private boolean anyMatches(Criteria criteria) {
        boolean anyMatches = false;
        for (Criterion criterion: criteria)
            anyMatches |= criterion.matches(answerMatching(criterion));
        return anyMatches;
    }
```

```java
    private Answer answerMatching(Criterion criterion) {
        return answers.get(criterion.getAnswer().getQuestionText());
    }

    public int score() {
        return score;
    }

    @Override
    public String toString() {
        return name;
    }

    public List<Answer> find(Predicate<Answer> pred) {
        return answers.values().stream()
                .filter(pred)
                .collect(Collectors.toList());
    }
}
```

100줄이 안 되는 코드로, Profile 클래스는 과도하게 크거나 극도로 복잡해 보이지 않습니다. 하지만 결코 이상적이지 않은 설계를 보여 주는 클래스라는 몇 가지 힌트가 있습니다.

Profile 클래스는 회사 혹은 인물 정보를 추적하고 관리합니다. 예를 들어 이름과 질문에 대한 답변들의 컬렉션 등을 포함합니다. Profile 클래스가 포착하는 이러한 정보 집합들은 시간이 지나면서 많이 바뀔 수 있습니다. 더 많은 정보가 추가되거나 몇 가지 정보는 제거 혹은 변경될 수 있습니다.

Profile 클래스의 두 번째 책임은 조건의 집합이 프로파일과 매칭되는지 여부 혹은 그 정도를 알려 주는 점수를 계산하는 것입니다. 이전 장에서 코드 리팩토링을 달성하여 조건 매칭으로 점수 합산을 도와주는 메서드를 몇 개(다섯 개) 얻었습니다. 따라서 Profile 클래스에 대한 변경들은 두 번째 이유와 맞을 것 같습니다. 의심할 여지없이 시간이 지나면 매칭 알고리즘의 정교함도 개선될 수 있습니다.

Profile 클래스는 객체 지향 클래스 설계의 단일 책임 원칙(SRP)을 위반하고 있습니다. 이것은 클래스를 변경할 때는 단 한 가지 이유만 있어야 함을 의미합니다(SRP는 다음 'SOLID 클래스의 설계 원칙'에 있는 다섯 가지 중요한 클래스 설계 원칙 중 하나입니다). 어떤 클래스에 대해 단일 책임을 강조하면 변경으로 인한 리스크는 줄어듭니다. 클래스에 더 많은 책임이 존재할수록 클래스에 있는 코드를 변경할 때 기존의 다른 동작들을 깨기 쉽습니다. 더 작고 집중화된 클래스는 다른 맥락에서도 가치를 제공할 수 있습니다. 바로 재활용입니다. 반대로 다수의 책임을 가진 매우 큰 클래스는 다른 맥락에서 사용되기 어렵습니다.

SOLID 클래스의 설계 원칙

1990년대 중반에 로버트 마틴(Robert C. Martin)은 객체 지향 클래스 설계에 관한 다섯 가지 원칙을 모아서 유지 보수 가능한 객체 지향 시스템을 제작하는 최상의 지침을 제공했습니다. 마이클 패더스(Michael Feathers)는 2000년 초, 이 원칙들에 SOLID라는 약어를 붙였습니다.

- **단일 책임 원칙([S]RP)**: 클래스는 변경할 때 한 가지 이유만 있어야 합니다. 클래스는 작고 단일 목적을 추구합니다.
- **개방 폐쇄 원칙([O]CP)**: 클래스는 확장에 열려 있고 변경에는 닫혀 있어야 합니다. 기존 클래스의 변경을 최소화해야 합니다.
- **리스코프 치환 원칙([L]SP)**: 하위 타입은 반드시 상위 타입을 대체할 수 있어야 합니다. 클라이언트 입장에서 오버라이딩한 메서드가 기능성을 깨면 안 됩니다.
- **인터페이스 분리 원칙([I]SP)**: 클라이언트는 필요하지 않는 메서드에 의존하면 안 됩니다. 커다란 인터페이스를 다수의 작은 인터페이스로 분할하세요.
- **의존성 역전 원칙([D]IP)**: 고수준 모듈은 저수준 모듈을 의존해서는 안 됩니다. 둘 다 추상 클래스에 의존해야 합니다. 추상 클래스는 구체 클래스에 의존해서는 안 됩니다. 구체 클래스는 추상 클래스에 의존해야 합니다.

자세한 SOLID 원칙 내용은 위키피디아를 참고하세요.[1]

---

1 역주 https://namu.wiki/w/객체 지향 프로그래밍/원칙

9.2 새로운 클래스 추출

Profile 클래스는 책임 두 개를 정의합니다.

- 프로파일에 관한 정보 추적하기
- 조건 집합이 프로파일에 매칭되는지 혹은 그 정도를 판단하기

책임 두 개를 분리하여 각 클래스로 할당하고, 각 클래스가 작고 SRP에도 맞도록 하고 싶습니다. 그러기 위해서 매칭 책임에 관한 코드를 MatchSet 클래스로 추출하고자 합니다. 리팩토링으로 점진적인 경로를 탐색합니다. 작은 변화를 만들고 여전히 통과하는지 테스트를 실행합니다.

첫 번째 변경은 calculateScore() 로직을 MatchSet 클래스로 이동합니다. matches() 메서드에서 직접 calculateScore() 메서드를 호출하는 대신 답변들의 해시 맵이나 질문 조건처럼 필요한 정보를 인자로 넣어 새로운 MatchSet 객체를 생성하고 점수를 얻습니다.

iloveyouboss_big-1/src/iloveyouboss/Profile.java
```java
public boolean matches(Criteria criteria) {
    score = new MatchSet(answers, criteria).getScore();
    if (doesNotMeetAnyMustMatchCriterion(criteria))
        return false;
    return anyMatches(criteria);
}
```

calculateScore() 메서드를 MatchSet 클래스로 복사하고 클래스를 일부 추가합시다. MatchSet 클래스의 생성자에서 answers 인자를 동명의 필드로 저장하고, criteria 인스턴스는 calculateScore() 메서드로 넘깁니다. score 필드와 그것을 반환할 getScore() 메서드를 추가합니다.

컴파일하면 calculateScore() 메서드는 answerMatching() 메서드 호출이 필요합니다. 해당 메서드를 복사하세요.

iloveyouboss_big-1/src/iloveyouboss/MatchSet.java

```java
import java.util.*;

public class MatchSet {
    private Map<String, Answer> answers;
    private int score = 0;

    public MatchSet(Map<String, Answer> answers, Criteria criteria) {
        this.answers = answers;
        calculateScore(criteria);
    }

    private void calculateScore(Criteria criteria) {
        for (Criterion criterion: criteria)
            if (criterion.matches(answerMatching(criterion)))
                score += criterion.getWeight().getValue();
    }

    private Answer answerMatching(Criterion criterion) {
        return answers.get(criterion.getAnswer().getQuestionText());
    }

    public int getScore() {
        return score;
    }
}
```

두 클래스 모두 컴파일됩니다. Profile 클래스에 있는 코드는 더 이상 calculateScore() private 메서드를 사용하지 않습니다. 지우세요. answerMatching() 메서드는 그 클래스에서 여전히 사용됩니다. 중복 코드라고 메모해 주세요. 코드를 이동한 후에도 answerMatching() 메서드가 여전히 두 클래스 모두에 필요하다면 그 코드를 한곳에 위치시킬 방법을 고민해야 합니다.

점수 관련 코드는 이제 MatchSet 클래스에 있습니다. matches() 메서드에 있는 나머지 코드는 메서드의 두 번째 목표를 나타냅니다. 조건이 답변의 집합에 맞는지 여부를 true 혹은 false로 반환하는 것입니다. 우리는 뒤이어 이러한 책임을 MatchSet 클래스로 위임하기로 결정했습니다.

첫 단계: MatchSet 클래스에 matches() 메서드를 생성합니다. Profile 클래스의 matches() 메서드에 있는 2줄을 그곳으로 이동합니다. 코드가 호출하는 doesNotMeetAnyMustMatchCriterion()과 anyMatches() 두 메서드는 함께 이동해야 합니다. 따라서 새로운 집에 추가된 matches() 메서드는 다음과 같습니다.

iloveyouboss_big-2/src/iloveyouboss/MatchSet.java
```java
public boolean matches() {
    if (doesNotMeetAnyMustMatchCriterion(criteria))
        return false;
    return anyMatches(criteria);
}
```

Profile 클래스의 matches() 메서드가 MatchSet 클래스의 matches() 구현에 위임하기 위해 matchSet 지역 변수를 생성하고 점수를 저장한 후 그 변수에 matches() 메서드를 호출합니다.

iloveyouboss_big-2/src/iloveyouboss/Profile.java
```java
public boolean matches(Criteria criteria) {
    MatchSet matchSet = new MatchSet(answers, criteria);
    score = matchSet.getScore();
    return matchSet.matches();
}
```

MatchSet 클래스로 돌아가 이동된 doesNotMeetAnyMustMatchCriterion()과 anyMatches() 메서드 모두 criteria 인스턴스의 접근이 필요합니다. MatchSet 클래스의 생성자에서 새로운 필드로 criteria 인자를 저장합니다. 모든 것을 성공적으로 옮긴 MatchSet 클래스의 코드는 다음과 같습니다.

iloveyouboss_big-2/src/iloveyouboss/MatchSet.java

```java
import java.util.*;

public class MatchSet {
    private Map<String, Answer> answers;
    private int score = 0;
    private Criteria criteria;

    public MatchSet(Map<String, Answer> answers, Criteria criteria) {
        this.answers = answers;
        this.criteria = criteria;
        calculateScore(criteria);
    }
    // ...

    public boolean matches() {
        if (doesNotMeetAnyMustMatchCriterion(criteria))
            return false;
        return anyMatches(criteria);
    }

    private boolean doesNotMeetAnyMustMatchCriterion(Criteria criteria) {
        // ...
    }

    private boolean anyMatches(Criteria criteria) {
        // ...
    }
}
```

MatchSet 클래스는 매칭 요청을 처리하는 요구 사항을 만족하는 코드를 모두 가지고 있습니다. Criteria가 필드에 저장되어 있기 때문에 criteria를 calculateScore(), doesNotMeetAnyMustMatchCriterion()과 anyMatches() 메서드의 인자에서 제거합니다.

iloveyouboss_big-3/src/iloveyouboss/MatchSet.java

```java
import java.util.*;

public class MatchSet {
    private Map<String, Answer> answers;
    private int score = 0;
    private Criteria criteria;

    public MatchSet(Map<String, Answer> answers, Criteria criteria) {
        this.answers = answers;
        this.criteria = criteria;
        calculateScore();
    }

    private void calculateScore() {
        // ...
    }
    // ...

    public boolean matches() {
        if (doesNotMeetAnyMustMatchCriterion())
            return false;
        return anyMatches();
    }

    private boolean doesNotMeetAnyMustMatchCriterion() {
        // ...
    }

    private boolean anyMatches() {
        // ...
    }
}
```

객체 지향 설계에서 실세계 모델링 개념은 이 정도까지입니다. Profile 클래스를 실세계 개념에 잘 맞는다는 이유만으로 단일 클래스로 한정한다면 피해가 커질 것입니다. 클래스는 점점 커지고 복잡해질 것입니다. 또 재사용을 최소화하고 각 클래스 동작을 이해하는 것을 어렵게 하며, 클래스를 수정할 때마다 관련 없는 항목들이 깨지기 쉽습니다.

클래스를 설계할 때 개념에 매핑하되 구체적인 생각에는 매핑하지 마세요. MatchSet 개념은 매칭과 관련된 코드를 고립시켜 주었고, 코드가 더 단순해졌습니다. Profile 클래스 또한 단순해졌습니다.

설계는 코드를 변경하는 모든 곳에 존재합니다. 단지 클래스 수준의 상호 작용이 아니라 유지 보수의 모든 측면에 집중하세요. 개별 메서드에 대한 설계 공간을 살펴보고 명령-질의 분리의 개념을 알아보겠습니다.

9.3 명령-질의 분리

Profile 클래스에서 matches() 메서드를 살펴봅니다.

iloveyouboss_big-2/src/iloveyouboss/Profile.java
```java
public boolean matches(Criteria criteria) {
    MatchSet matchSet = new MatchSet(answers, criteria);
    score = matchSet.getScore();
    return matchSet.matches();
}
```

이 코드에는 계산된 점수를 Profile 객체의 필드로 저장하는 어색한 부작용이 있습니다. Profile 클래스의 맥락과는 맞지 않습니다. Profile 객체는 단일 점수를 갖지 않으며 조건과 매칭될 때만 점수가 산출됩니다.

score 변수에 따른 부작용은 관심사를 서로 분리할 수 없다는 다른 문제를 야기합니다. 점수를 원한다면 matches() 메서드를 호출해야 한다는 것을 알아야만 하는데, 이는 직관에 어긋나며 불 타입 결과를 낭비적으로 버리게 됩니다. 역으로 조건 집합을 매칭하고자 하면 자신도 모르게 Profile 객체의 속성(score)을 변경하게 됩니다.

어떤 값을 반환하고 부작용을 발생시키는 (시스템에 있는 어떤 클래스 혹은 엔터티의 상태 변경) 메서드는 명령-질의 분리(command-query separation) 원칙을 위반합니다. 이 원칙에 따르면 어떤 메서드는 명령을 실행(부작용을 생성하는 어떤 작업을 함)하거나 질의에 대답(어떤 값 반환)할 수 있으며, 두 작업을 모두 하면 안 됩니다.

일부 경우에 명령-질의 분리 원칙은 클라이언트 코드에 잠재적인 고통을 줄 수 있습니다. 질의 메서드가 객체 상태를 바꾸면 그 메서드를 두 번 호출하는 것(어떤 이유에서 같은 질문을 두 번 하는 것)이 불가능할 수도 있습니다. 혹은 두 번째 호출하면 바라지 않는 방향으로 객체 상태가 변질될 수도 있습니다.

명령-질의 분리 원칙을 위반하는 전통적인 예제는 java.util.Iterator 인터페이스에 있습니다. next() 메서드는 다음 객체를 가리키고 현재 객체 포인터를 증가시킵니다. 부주의한 호출은 "앗" 하는 결함으로 이어질 수 있습니다.

우리는 클라이언트 코드의 역할을 그들이 원할 때 MatchSet 객체들을 다루는 것으로 결정했습니다. 그 결과 Profile에 대한 인터페이스를 변경하여 Criteria 인스턴스를 넘길 때 새로운 MatchSet 객체를 단순히 반환하는 메서드를 추가했습니다. 클라이언트는 스스로 점수를 얻거나 MatchSet 객체에서 불형 답변(조건에 매칭되는 여부)을 가져올 수 있습니다.

그에 따라 Profile 클래스에서 score() 메서드와 score 필드를 제거합니다. 결과 클래스는 SRP를 따르는 좋은 예제가 되었습니다.

iloveyouboss_big-3/src/iloveyouboss/Profile.java

```
import java.util.*;
import java.util.function.*;
import java.util.stream.*;
```

```java
public class Profile {
    private Map<String, Answer> answers = new HashMap<>();
    private String name;

    public Profile(String name) {
        this.name = name;
    }

    public String getName() {
        return name;
    }

    public void add(Answer answer) {
        answers.put(answer.getQuestionText(), answer);
    }

    public MatchSet getMatchSet(Criteria criteria) {
        return new MatchSet(answers, criteria);
    }

    @Override
    public String toString() {
        return name;
    }

    public List<Answer> find(Predicate<Answer> pred) {
        return answers.values().stream()
            .filter(pred)
            .collect(Collectors.toList());
    }
}
```

오! 테스트 코드에서 문제가 발생하며, 몇 개는 실패합니다. 좋지 않습니다. 더 나아가기 전에 고쳐야 합니다.

9.4 단위 테스트의 유지 보수 비용

Profile에 대한 인터페이스를 변경하여 ProfileTest 클래스의 메서드가 몇 개 깨졌습니다. 먼저 이것을 고치려고 노력해야 하며, 이러한 노력은 단위 테스트를 소유하는 비용에 해당합니다.

리팩토링은 코드 동작을 변경하지 않고 코드 구현을 바꾸는 활동입니다. 테스트는 그 동작을 반영합니다. 하지만 현실에서는 클래스 동작을 변경하고 있습니다. 적어도 클래스의 인터페이스를 통해 클래스 동작을 노출하는 관점에서 말이죠.

보통 돌아오는 가치가 훨씬 크기 때문에 깨진 테스트 코드를 고치는 비용을 받아들입니다. 앞서 결함이 거의 없는 코드를 갖는 이점과 다른 코드가 깨질 것을 걱정하지 않으면서도 코드를 변경할 수 있는 이점, 그리고 코드가 정확히 어떻게 동작하는지 알 수 있는 이점(코드를 깊이 파고들어 무엇이 잘못되었는지 추측하느라 많은 시간을 소모하지 않고)을 이야기했습니다.

지금까지 테스트를 유지 보수하는 비용은 생각만큼 크지 않았습니다. 동시에 다수의 테스트가 깨지는 지금 같은 상황을 겪을 때만 발생하는 비용에 대해 인식했습니다.

좀 더 나아가서 실패하는 테스트의 정도를 부정적인 설계 지표로 인식하는 것도 생각해 봅시다. 더 많은 테스트가 동시에 깨질수록 더욱더 많은 설계 문제가 있을 것입니다.

9.4.1 자신을 보호하는 방법

코드 중복은 가장 큰 설계 문제입니다. 테스트 자체의 관점에서 여러 테스트에 걸친 코드 중복은 두 가지 문제가 있습니다. 첫째, 테스트를 따르기가 어려워집니다. 코드 3줄로 Answer 객체를 생성하고 채우면 코드를 읽는 사람은 3줄을 이동하면서 이해해야 합니다. createMatchingAnswer()처럼 도우미 메서드를 도입하여 단일 개념으로 추출하면 독자가 즉시 이해할 수 있습니다.

둘째, 작은 코드 조각들을 단일 메서드로 추출하면 그 코드 조각들을 변경해야 할 때 미치는 영향을 최소화할 수 있습니다. 다수의 장소에 흩어진 테스트를 수정하기보다 단일 장소를 수정하는 것이 훨씬 좋습니다.

단위 테스트를 설정하는 데 코드가 몇 줄 혹은 수십 줄 필요하다면 그것은 시스템 설계에 문제가 있다는 것입니다. SRP를 위반하면 클래스는 점점 커지고, 다른 클래스에 대한 의존성이 커지고, 테스트를 설정하는 데 더 많은 노력이 요구됩니다. 커다란 클래스를 분할하세요.

private 메서드(구현 세부 사항)를 테스트하려는 충동은 클래스가 필요 이상으로 커졌다는 또 다른 힌트입니다. private 메서드가 자꾸 늘어나면 내부 동작을 새 클래스로 옮기고 public으로 만드는 것이 좋습니다.

단위 테스트가 어려워 보인다면 그것도 좋은 힌트입니다. 설계를 개선하여 단위 테스트를 쉽게 만드세요. 그러면 단위 테스트를 유지하는 비용을 (없앨 수는 없겠지만) 줄일 수 있을 것입니다.

Tip ★ 시스템 설계 및 코드 품질이 낮아질수록 단위 테스트의 유지 보수 비용은 증가합니다.

9.4.2 깨진 테스트 고치기

ProfileTest 클래스에 있는 현재 테스트는 이제 MatchSet 객체에서 관리하는 것들에 집중되어 있습니다. 이들 테스트를 추출하여 새로운 MatchSetTest 클래스로 이동하고 그 테스트 코드가 컴파일을 성공하도록 합니다. 특히 MatchSet 객체를 만들려면 질문 내용 대 답변 객체를 담은 해시를 넘겨야 합니다. MatchSet 객체의 생성을 단순화하는 유틸리티 메서드와 MatchSet 객체에 Answer 객체를 추가하는 것을 단순하게 하는 또 다른 유틸리티 메서드를 추가합니다.

새로운 집으로 옮긴 테스트 코드는 다음과 같습니다.

iloveyouboss_big-4/test/iloveyouboss/MatchSetTest.java

```java
import static org.junit.Assert.*;
import java.util.*;
import org.junit.*;
import static org.hamcrest.CoreMatchers.*;

public class MatchSetTest {
    private Criteria criteria;
    private Question questionReimbursesTuition;
    // ...

    private Map<String, Answer> answers;

    @Before
    public void createAnswers() {
        answers = new HashMap<>();
    }

    @Before
    public void createCriteria() {
        criteria = new Criteria();
    }
```

```
@Before
public void createQuestionsAndAnswers() {
    // ...
}

private void add(Answer answer) {
    answers.put(answer.getQuestionText(), answer);
}

private MatchSet createMatchSet() {
    return new MatchSet(answers, criteria);
}

@Test
public void matchAnswersFalseWhenMustMatchCriteriaNotMet() {
    add(answerDoesNotReimburseTuition);
    criteria.add(
        new Criterion(answerReimbursesTuition, Weight.MustMatch));
    assertFalse(createMatchSet().matches());
}

@Test
public void matchAnswersTrueForAnyDontCareCriteria() {
    add(answerDoesNotReimburseTuition);
    criteria.add(
        new Criterion(answerReimbursesTuition, Weight.DontCare));
    assertTrue(createMatchSet().matches());
}
// ...
}
```

코드를 새로운 클래스들로 추출하면 여러분이 작성한 테스트가 좀 더 직관적이고 작성하기 쉬워집니다. MatchSet 코드를 테스트하는 코드는 더 이상 Profile 객체를 생성하지 않아도 됩니다. 또 테스트를 작성하기 쉬워지면 더 많은 순열(permutation)을 커버하는 경향이 있습니다.

private 메서드를 새로운 클래스의 public 메서드로 이동하면 그 클래스들이 일반적으로 테스트 커버리지가 충분하지 않음을 발견할 것입니다. private 동작을 테스트하는 것은 어렵기 때문입니다. 메서드가 public이 되면 여러분 업무는 그에 대한 테스트를 작성하여 새롭게 노출된 동작을 문서화해 두는 것입니다.

9.5 다른 설계에 관한 생각들

MatchSet() 생성자는 점수를 계산하는 작업을 합니다. 계산된 점수를 클라이언트에서 사용하지 않는다면 그것을 계산하는 노력은 낭비입니다. 이러한 이유로 (다른 것 중에[2]) 생성사에서는 실제직인 직업을 피해야 합니다.

다음 요청을 받았을 때 점수를 계산하도록 코드를 변경했습니다.

iloveyouboss_big-5/src/iloveyouboss/MatchSet.java

```java
public class MatchSet {
    // ...

    public MatchSet(Map<String, Answer> answers, Criteria criteria) {
        this.answers = answers;
        this.criteria = criteria;
    }

    public int getScore() {
        int score = 0;
        for (Criterion criterion: criteria)
            if (criterion.matches(answerMatching(criterion)))
```

---

[2] http://misko.hevery.com/code-reviewers-guide/flaw-constructor-does-real-work/를 참고하세요.

```
            score += criterion.getWeight().getValue();
        return score;
    }
    // ...
}
```

Score 필드가 사라졌고 calculateScore() 메서드는 getScore() 메서드 내부로 인라인되었습니다. getScore() 메서드가 호출될 때마다 매번 점수를 계산하는 것이 성능 저하로 이어진다면 이러한 문제를 해결하는 데 지연 초기화(lazy initialization)를 사용할 수도 있습니다.

answers 컬렉션을 다루는 방법은 몇 가지 질문을 던집니다. Profile 클래스에서 질문 내용을 키로 사용하는 Map<String, Answer> 객체를 생성합니다. 하지만 동시에 answers 맵 참조를 새로 생성되는 MatchSet 객체로 넘깁니다. 그것은 두 클래스가 어떻게 답변을 탐색하고 점수를 구하는지에 대한 정보를 너무 많이 가지고 있다는 의미입니다. 여러 클래스에 구현 상태가 흩어져 있을 때의 코드 냄새(code smell)를 기능의 산재(shotgun surgery)라고 합니다.[3] answers 맵을 데이터베이스 테이블로 교체한다면 결국 여러 군데를 고쳐야 하기 때문입니다.

answers 맵이 두 곳에 있다면 데이터 상태에도 혼란이 옵니다. 어쩌면 Profile 객체가 어떤 MatchSet 객체에서 다른 집합의 질문들을 가지게 되지는 않을까요? (현재 코드에서는 해당하지 않습니다. 하지만 코드 변경이 지속되면 다수의 결함이 발생할 소지가 있습니다.)

우리는 답변들의 저장소를 AnswerCollection 클래스로 분리하기로 했습니다. 점진적으로 리팩토링하며, 작게 변경하고 테스트를 실행하여 다음과 같이 끝났습니다.

---

[3] https://en.wikipedia.org/wiki/Shotgun_surgery를 참고하세요.

iloveyouboss_big-6/src/iloveyouboss/Profile.java

```java
public class Profile {
    private AnswerCollection answers = new AnswerCollection();
    private String name;

    public Profile(String name) {
        this.name = name;
    }

    public String getName() {
        return name;
    }

    public void add(Answer answer) {
        answers.add(answer);
    }

    public MatchSet getMatchSet(Criteria criteria) {
        return new MatchSet(answers, criteria);
    }
    // ...
}
```

iloveyouboss_big-6/src/iloveyouboss/AnswerCollection.java

```java
import java.util.*;
import java.util.function.*;
import java.util.stream.*;

public class AnswerCollection {
    private Map<String, Answer> answers = new HashMap<>();

    public void add(Answer answer) {
        answers.put(answer.getQuestionText(), answer);
    }

    public Answer answerMatching(Criterion criterion) {
        return answers.get(criterion.getAnswer().getQuestionText());
    }
```

```java
    public List<Answer> find(Predicate<Answer> pred) {
        return answers.values().stream()
                .filter(pred)
                .collect(Collectors.toList());
    }
}
```

iloveyouboss_big-6/src/iloveyouboss/MatchSet.java

```java
public class MatchSet {
    private AnswerCollection answers;
    private Criteria criteria;

    public MatchSet(AnswerCollection answers, Criteria criteria) {
        this.answers = answers;
        this.criteria = criteria;
    }

    public int getScore() {
        int score = 0;
        for (Criterion criterion: criteria)
            if (criterion.matches(answers.answerMatching(criterion)))
                score += criterion.getWeight().getValue();
        return score;
    }
    // ...
}
```

마지막으로 MatchSet 클래스는 여전히 criteria 컬렉션에서 criterion 객체들을 가져오는 중복된 반복문을 포함하고 있습니다. 구현이 동작하기는 하지만 성능 저하 요인이 되고, 이러한 반복이 필요한 다수의 메서드에 코드 중복이 발생할 수 있습니다. 이때는 방문자 패턴(Visitor pattern)[4]을 고려할 필요가 있습니다. 이 패턴은 모든 것을 하느라 얽혀 있는 반복문 덩어리로 코드를 되돌리지 않고도 문제를 해결해 줍니다.

---

4 https://en.wikipedia.org/wiki/Visitor_pattern 을 참고하세요.
  역주 방문자 패턴은 특수한 경우에만 쓰기 때문에 일반적인 상황에서는 사용을 권하지 않습니다.

시스템 설계에 대해 비판적인 눈을 유지하고 최상의 설계는 없다는 것을 명심하기 바랍니다. 시스템을 깨끗하게 하는 책임은 결코 끝이 없습니다.

9.6 마치며

이미 앞에서 들었지만 다시 한 번 강조해도 지나치지 않습니다.

> Tip ★ 설계를 지속적으로 개선해 나가는 자신감을 키우기 위해 단위 테스트의 커버리지를 높이세요.

이 장에서는 SRP와 명령-질의 분리처럼 커다란 설계 원칙들을 기반으로 설계를 개선하는 데 집중했습니다. 설계에 관한 앞선 원칙과 다른 커다란 개념들을 가능한 많이 알아 두어야 합니다. 또 설계에 관한 '작은' 개념들과 작은 코드 리팩토링이 어떻게 커다란 차이를 만들어 내는지도 이해해야 합니다. 설계 지능에 관한 지식들로 무장하면 단위 테스트는 불가피하게 다가오는 변경 사항을 능동적으로 지원할 수 있도록 코드를 다듬어 갈 수 있게 합니다.

기꺼이 새롭고 작은 클래스들과 메서드들을 만드세요. 이클립스 같은 도구를 사용하면 그리 어렵지 않은데, 종종 게으른 프로그래머들은 반발할 수 있습니다. 하지만 그만한 가치가 있습니다. 유연한 설계는 더 작고 잘 조직된 구성 요소로 시작됩니다.

좀 더 많은 코드를 테스트하고 싶지만 실무에서는 코드가 (데이터베이스와 서비스 같은 것들과) 상호 작용하기 때문에 항상 단위 테스트를 만드는 것이 녹록하지 않습니다. 다음 장에서는 목 객체를 도입하여 이러한 현실적인 어려움을 극복해 보겠습니다.

10장

목 객체 사용

10.1 테스트 도전 과제

10.2 번거로운 동작을 스텁으로 대체

10.3 테스트를 지원하기 위한 설계 변경

10.4 스텁에 지능 더하기: 인자 검증

10.5 목 도구를 사용하여 테스트 단순화

10.6 마지막 하나의 단순화: 주입 도구 소개

10.7 목을 올바르게 사용할 때 중요한 것

10.8 마치며

시스템이 테스트하기 어렵다는 사실을 발견하는 것은 어려운 일이 아닙니다. 아마도 책의 나머지에서 테스트가 너무 쉽게 보인다고 생각할 것입니다. 팻은 "단위 테스트를 시스템이 생기자마자(out of the box) 지원했다면 좋았겠지만, 그것은 현실에 맞지 않는다."라고 말합니다.

이 장에서는 목 객체를 도입하여 고통을 주는 협력자에 대한 의존성을 끊는 방법과 항상 존재하는 장애물을 넘을 수 있게 도와주는 도구 활용법을 배울 것입니다. 목(mock)과 함께 여러분은 단위 테스트의 터널 끝에서 한줄기 빛을 볼 수 있을 것입니다.

10.1 테스트 도전 과제

UNIT TESTING

iloveyouboss 애플리케이션에 새로운 기능을 추가합니다. 주소를 입력하는 대신 사용자는 지도에서 Profile 주소를 나타내는 지점을 선택할 수 있습니다. 애플리케이션은 선택된 지점의 위도와 경도 좌표를 AddressRetriever 클래스의 retrieve() 메서드로 넘깁니다. 이 메서드는 좌표를 기반으로 생성된 Address 객체를 반환해야 합니다.

운이 좋게도 이미 코딩되어 있습니다. 우리가 할 일은 retrieve() 메서드의 테스트를 작성하는 것입니다.

iloveyouboss_mock-1/src/iloveyouboss/AddressRetriever.java

```
import java.io.*;
import org.json.simple.*;
import org.json.simple.parser.*;
import util.*;
```

```java
public class AddressRetriever {
    public Address retrieve(double latitude, double longitude)
            throws IOException, ParseException {
        String parms = String.format("lat=%.6flon=%.6f", latitude,
                                    longitude);
        String response = new HttpImpl().get(
            "http://open.mapquestapi.com/nominatim/v1/
            reverse?format=json&"
            + parms);

        JSONObject obj = (JSONObject)new JSONParser().parse(response);

        JSONObject address = (JSONObject)obj.get("address");
        String country = (String)address.get("country_code");
        if (!country.equals("us"))
            throw new UnsupportedOperationException(
                "cannot support non-US addresses at this time");

        String houseNumber = (String)address.get("house_number");
        String road = (String)address.get("road");
        String city = (String)address.get("city");
        String state = (String)address.get("state");
        String zip = (String)address.get("postcode");
        return new Address(houseNumber, road, city, state, zip);
    }
}
```

살짝 보면 이 메서드에 대한 테스트를 작성하는 것이 쉬워 보입니다. 수십 줄의 길이에 문장 몇 개와 단일 조건문만 포함하기 때문입니다. 따라서 이 코드가 HTTP GET 요청(별색 처리된)을 만든다는 것을 인지할 수 있습니다.

여기까지는 좋습니다. HttpImpl 클래스는 아파치의 HttpComponents 클라이언트와 상호 작용하여 REST 호출을 실행합니다.

iloveyouboss_mock-1/src/util/HttpImpl.java

```java
import java.io.*;
import org.apache.http.*;
import org.apache.http.client.methods.*;
import org.apache.http.impl.client.*;
import org.apache.http.util.*;

public class HttpImpl implements Http {
    public String get(String url) throws IOException {
        CloseableHttpClient client = HttpClients.createDefault();
        HttpGet request = new HttpGet(url);
        CloseableHttpResponse response = client.execute(request);
        try {
            HttpEntity entity = response.getEntity();
            return EntityUtils.toString(entity);
        } finally {
            response.close();
        }
    }
}
```

HttpImpl 클래스는 Http 인터페이스를 구현합니다.

iloveyouboss_mock-1/src/util/Http.java

```java
public interface Http {
    String get(String url) throws IOException;
}
```

HttpImpl 클래스가 동작한다는 것을 알고 있습니다. 이미 다른 많은 시스템에서 성공적으로 배포해서 활용되고 있기 때문에 그것에 대한 테스트 작성 여부를 고민할 필요는 없습니다. 휴! 하지만 HttpImpl 클래스가 HTTP상의 외부 서비스와 상호 작용해야 한다는 것은 아닙니다. 단위 테스트가 어려워지는 단골 메뉴죠. AddressRetriever 클래스의 retrieve() 메서드에 대한 테스트는 실제 HTTP 호출을 실행하기 때문에 다음 두 가지 중대한 시사점이 있습니다.

- 실제 호출에 대한 테스트는 나머지 대다수의 빠른 테스트들에 비해 속도가 느릴 것입니다.
- Nominatim HTTP API가 항상 가용한지 보장할 수 없습니다. 통제 밖입니다.

API의 테스트 버전(아마도 QA 서버에 있는)은 가용성 부분을 통제할 수 있지만 여전히 느립니다. 그와 유사하게 종종 API가 다운되는 귀찮은 일도 벌어집니다.[1]

그 대신에 우리는 목표에 집중합니다. 의존성이 있는 다른 코드와 분리하여 retrieve() 메서드의 로직에 관한 단위 테스트를 원합니다. HttpImpl 클래스를 신뢰할 수 있다면 남은 것은 HTTP 호출을 준비하는 로직과 그 호출에 대한 HTTP 응답에서 생성되는 Address 객체를 생성하는 로직을 테스트하는 것입니다.

10.2 번거로운 동삭을 스텁으로 대체

UNIT TESTING

먼저 HTTP 호출에서 반환되는 JSON 응답을 이용하여 Address 객체를 생성하는 로직을 검증하는 데 집중합니다. 그렇게 하기 위해 HttpImpl 클래스의 get() 메서드 동작을 변경할 필요가 있습니다. 단지 테스트를 작성하는 용도로 하드 코딩한 JSON 문자열을 반환하도록 합시다. 테스트 용도로 하드 코딩한 값을 반환하는 구현체를 스텁(stub)이라고 합니다.

---

1 역주 스테이징 서버 혹은 개발자 서버는 수시로 서버를 다운 및 재부팅할 수 있습니다.

10장 목 객체 사용 **207**

HttpImpl 클래스는 Http 인터페이스를 구현합니다. 람다를 활용하여 스텁 구현을 동적으로 생성합니다.

iloveyouboss_mock-2/test/iloveyouboss/AddressRetrieverTest.java

```java
Http http = (String url) ->
    "{\"address\":{"
    + "\"house_number\":\"324\","
    + "\"road\":\"North Tejon Street\","
    + "\"city\":\"Colorado Springs\","
    + "\"state\":\"Colorado\","
    + "\"postcode\":\"80903\","
    + "\"country_code\":\"us\"}"
    + "}";
```

람다보다 익명 내부 클래스가 더 편하다면 다음과 같이 작성해도 됩니다.

iloveyouboss_mock-2/test/iloveyouboss/AddressRetrieverTest.java

```java
Http http = new Http() {
    @Override
    public String get(String url) throws IOException {
        return "{\"address\":{"
            + "\"house_number\":\"324\","
            + "\"road\":\"North Tejon Street\","
            + "\"city\":\"Colorado Springs\","
            + "\"state\":\"Colorado\","
            + "\"postcode\":\"80903\","
            + "\"country_code\":\"us\"}"
            + "}";
    }
};
```

저 JSON 문자열로 어떻게 할까요? 우리는 retrieve() 메서드에 JSON 문자열을 분석하는 코드를 작성했고, 거기에서 필요한 JSON 요소들을 판별했습니다.

이 스텝을 정의했으므로 테스트를 작성하기까지 절반 정도 왔습니다. 하지만 아직 HttpImpl 클래스에 있는 프로덕션 구현 대신에 스텁을 사용하는 방법을 AddressRetriever 클래스에 알려 주어야 합니다. 여기서 의존성 주입(dependency injection) 기법을 활용할 것입니다. 이것은 단순히 스텁을 AddressRetriever 인스턴스로 전달하거나 그것을 주입하는 것을 의미합니다. 지금은 AddressRetriever 클래스의 생성자를 이용하여 스텁을 주입하는 방법을 선택합니다.

생성자 의존성 주입을 지원하기 위해 Http 인스턴스를 인자로 하는 생성자를 추가하고 새로운 http 필드에 할당합니다. retrieve() 메서드에서는 http 필드를 역으로 참조하여 get() 메서드를 호출합니다. 변경점은 별색 처리했습니다.

iloveyouboss_mock-2/src/iloveyouboss/AddressRetriever.java

```java
public class AddressRetriever {
    private Http http;

    public AddressRetriever(Http http) {
        this.http = http;
    }

    public Address retrieve(double latitude, double longitude)
            throws IOException, ParseException {
        String parms = String.format("lat=%.6flon=%.6f", latitude,
                                     longitude);
        String response = http.get(
            "http://open.mapquestapi.com/nominatim/v1/"
            reverse?format=json&"
            + parms);

        JSONObject obj = (JSONObject)new JSONParser().parse(response);
        // ...
    }
}
```

이제 테스트를 작성할 수 있습니다.

iloveyouboss_mock-2/test/iloveyouboss/AddressRetrieverTest.java

```java
import java.io.*;
import org.json.simple.parser.*;
import org.junit.*;
import util.*;
import static org.hamcrest.CoreMatchers.*;
import static org.junit.Assert.*;

public class AddressRetrieverTest {
    @Test
    public void answersAppropriateAddressForValidCoordinates()
            throws IOException, ParseException {
        Http http = (String url) ->
            "{\"address\":{"
            + "\"house_number\":\"324\","
            + "\"road\":\"North Tejon Street\","
            + "\"city\":\"Colorado Springs\","
            + "\"state\":\"Colorado\","
            + "\"postcode\":\"80903\","
            + "\"country_code\":\"us\"}"
            + "}";
        AddressRetriever retriever = new AddressRetriever(http);

        Address address = retriever.retrieve(38.0,-104.0);

        assertThat(address.houseNumber, equalTo("324"));
        assertThat(address.road, equalTo("North Tejon Street"));
        assertThat(address.city, equalTo("Colorado Springs"));
        assertThat(address.state, equalTo("Colorado"));
        assertThat(address.zip, equalTo("80903"));
    }
}
```

테스트를 실행하면 다음 일들이 벌어집니다.

- 테스트는 Http의 스텁 인스턴스를 생성합니다. 스텁은 get(String url) 단일 메서드가 있으며 하드 코딩된 JSON 문자열을 반환합니다.
- 테스트는 AddressRetriever 객체를 생성하고 생성자에 스텁을 전달합니다.
- AddressRetriever 객체는 스텁을 저장합니다.
- 실행될 때 retrieve() 메서드는 먼저 넘어온 파라미터의 포맷을 정합니다. 그다음 스텁이 저장된 http 필드에 get() 메서드를 호출합니다. retrieve() 메서드는 http 필드가 스텁을 참조하는지 프로덕션 구현을 참조하는지 관여하지 않습니다. 메서드가 아는 것은 get() 메서드를 구현한 객체와 상호 작용하고 있다는 점입니다.
- 스텁은 테스트에 하드 코딩된 JSON 문자열을 반환합니다.
- 나머지 retrieve() 메서드는 하드 코딩된 JSON 문자열을 파싱하고 그에 따라 Address 객체를 구성합니다.
- 테스트는 반환된 Address 객체의 요소를 검증합니다.

10.3 테스트를 지원하기 위한 설계 변경

새로운 코드의 시스템 설계를 조금 변경하게 되었습니다. 이전에 Http 인스턴스는 retrieve() 메서드에서 생성되어 AddressRetriever 클래스의 세부 사항이었습니다. 이제 AddressRetriever 클래스와 상호 작용하는 어떤 클라이언트는 다음과 같이 적절한 Http 인스턴스를 생성하여 넘겨주어야 합니다.

```
AddressRetriever retriever = new AddressRetriever(new HttpImpl());
```

시스템 설계를 변경함으로써 테스트를 작성하는 것이 나쁜 일이 되었나요? 아닙니다. 간단한 방법으로 시스템이 기대하는 방식으로 동작함을 보여 주는 것이 가장 중요하기 때문입니다. 이제 설계가 더 나아졌습니다. Http 객체에 대한 의존성은 가능한 훨씬 깔끔한 방식으로 선언되고 인터페이스에 대한 의존성은 결합도를 조금 느슨하게 합니다.

생성자 주입으로 제한할 필요는 없습니다. 스텁을 주입하는 다른 방법이 많이 있으며 몇몇은 클래스의 인터페이스를 수정할 필요도 없습니다. 생성자 대신 세터(setter) 메서드를 사용할 수도 있습니다. 또 팩토리 메서드(factory method)를 오버라이드할 수도 있습니다. 추상 팩토리(abstract factory)를 도입할 수도 있고, 심지어는 구글 주스(Google Guice) 혹은 스프링(Spring)처럼 다소 마술 같은 주입을 수행하는 도구를 활용할 수도 있습니다.

10.4 스텁에 지능 더하기: 인자 검증

Http 스텁은 get() 메서드에 넘겨진 위도와 경도 값과는 무관하게 항상 동일하게 하드 코딩된 JSON 문자열을 반환합니다. 이것은 테스팅의 작은 구멍입니다. AddressRetriever 객체가 인자를 정확하게 넘기지 않으면 결함이 발생합니다.

> 팻: "어떤 함수에 인수를 정확하게 몇 개 넘기는 것이 얼마나 어려운데요? 우리가 정말 이것을 테스트할 필요가 있을까요?"

데일: "몇 주 전에 시스템의 다른 일부에서 누군가 부주의하게 위도와 경도 값을 뒤바꾸어서 출시했던 것을 잊으셨군요. 그 버그를 잡느라 몇 시간을 낭비했잖아요."

우리가 하고 있는 것에 대해 다른 방식으로 생각해 볼 수 있습니다. HttpImpl 클래스의 실제 동작을 수행한 것은 아니지만 다른 테스트들은 그것을 위해 존재합니다. retrieve() 메서드의 나머지 부분을 HttpImpl 객체가 토해 내는 반환값을 기준으로 실행하고 있습니다. 이제 남은 것은 retrieve() 메서드의 코드가 올바르게 HttpImpl 코드와 상호 작용하는지 검증하는 것입니다.

스텁에 Http 클래스의 get() 메서드에 전달되는 URL을 검증하는 보호절을 추가합니다. 기대하는 인자 문자열을 포함하지 않으면 그 시점에 명시적으로 테스트를 실패 처리합니다.

iloveyouboss_mock-3/test/iloveyouboss/AddressRetrieverTest.java
```java
import java.io.*;
import org.json.simple.parser.*;
import org.junit.*;
import util.*;
import static org.hamcrest.CoreMatchers.*;
import static org.junit.Assert.*;

public class AddressRetrieverTest {
    @Test
    public void answersAppropriateAddressForValidCoordinates()
            throws IOException, ParseException {
        Http http = (String url) ->
            {
                if (!url.contains("lat=38.000000&lon=-104.000000"))
                    fail("url " + url + " does not contain correct
                        parms");
                return "{\"address\":{"
                    + "\"house_number\":\"324\","
                    + "\"road\":\"North Tejon Street\","
                    + "\"city\":\"Colorado Springs\","
```

```
                    + "\"state\":\"Colorado\","
                    + "\"postcode\":\"80903\","
                    + "\"country_code\":\"us\"}"
                    + "}";
        };
        AddressRetriever retriever = new AddressRetriever(http);
        // ...
    }
}
```

스텁은 이제 약간의 지능이 생겼습니다. 이것은 목이라고 알려진 것에 가깝습니다. 목은 의도적으로 흉내 낸 동작을 제공하고 수신한 인자가 모두 정상인지 여부를 검증하는 일을 하는 테스트 구조물입니다.

우리의 똑똑한 스텁은 이제 제 몫을 합니다. 테스트가 실패했네요. 형식화된 인자 문자열이 앰퍼샌드(&)를 누락했네요.

iloveyouboss_mock-3/src/Iloveyouboss/AddressRetriever.java

```
public Address retrieve(double latitude, double longitude)
        throws IOException, ParseException {
    String parms = String.format("lat=%.6flon=%.6f", latitude, longitude);
    String response = http.get(
        "http://open.mapquestapi.com/nominatim/v1/"
        reverse?format=json&"
        + parms);

    JSONObject obj = (JSONObject)new
                        JSONParser().parse(response);
    // ...
}
```

10.5 목 도구를 사용하여 테스트 단순화

UNIT TESTING

다음 단계로 똑똑한 스텁을 목으로 변환해 보겠습니다. 그러기 위해서는 다음 일들이 필요합니다.

- 테스트에 어떤 인자를 기대하는지 명시하기(스텁 자체에 있는 것과 반대)
- get() 메서드에 넘겨진 인자들을 잡아서 저장하기
- get() 메서드에 저장된 인자들이 기대하는 인자들인지 테스트가 완료될 때 검증하는 능력 지원하기

이 단계들을 수행하는 목을 생성하는 것은 과도(overkill)합니다. 그렇다면 어떻게 해야 할까요? 실제로 그리 많은 일을 하지 않아도 됩니다. 하지만 동일한 목을 사용하는 두 번째 혹은 세 번째 테스트를 작성한다면 각각을 위해 필요한 코드의 양은 줄어들 것입니다.

그리고 다른 빈거로운 의존성들에 대해 더 많은 목을 구현한다면 이들 사이의 중복을 제거하는 방법을 찾을 수도 있습니다. 그것은 목을 채용하는 테스트들을 빠르게 만들 수 있도록 하는 범용 도구를 도입하는 것입니다. 테스트 코드는 더욱 작아지고 간결하게 우리가 증명하려는 것을 선언할 수 있습니다.

바퀴를 재발명하기보다 다른 누군가 범용 목적의 목 도구를 설계해 놓은 작품의 과실을 찾아보도록 하겠습니다. 모키토(Mockito)[2]가 이러한 과일입니다(만든 이는 칵테일에 더 가깝다고 했지만요).

---

[2] https://github.com/mockito/mockito

모키토 설정은 어떤 JAR 파일들을 내려받고 그것을 가리키도록 프로젝트를 설정하면 됩니다. 한번 설정되면 모키토를 사용하는 테스트 코드는 org.mockito.Mockito 패키지에 있는 모든 것을 정적으로 임포트해야 합니다. 다음은 모키토를 사용하는 완전한 테스트입니다(import 문 포함).

iloveyouboss_mock-4/test/iloveyouboss/AddressRetrieverTest.java

```java
// ...
import static org.mockito.Mockito.*;

public class AddressRetrieverTest {
    @Test
    public void answersAppropriateAddressForValidCoordinates()
            throws IOException, ParseException {
        Http http = mock(Http.class);
        when(http.get(contains("lat=38.000000&lon=-104.000000"))).
            thenReturn(
            "{\"address\":{"
            + "\"house_number\":\"324\","
            // ...
            + "}");
        AddressRetriever retriever = new AddressRetriever(http);

        Address address = retriever.retrieve(38.0,-104.0);

        assertThat(address.houseNumber, equalTo("324"));
        // ...
    }
}
```

테스트에 있는 첫 번째 문장은 모키토에 Http 인터페이스를 구현하는 목 인스턴스를 합성하라고 이야기합니다. 이 목은 은밀하게 모든 자질구레한 추적과 검증 작업을 해 줍니다.

두 번째 문장은 org.mockito.Mockito 클래스에 있는 when() 정적 메서드를 호출하여 테스트의 기대 사항들을 설정합니다. thenReturn() 메서드를 호출하여 기대 사항이 충족되었을 때의 처리를 합니다. 즉, 기대 사항이 충족되었을 때 목은 지정된 값을 반환합니다. 여러분은 코드를 분석하여 빠르게 목이 무슨 일을 하는지 파악할 수 있습니다. http 객체의 get() 메서드를 호출할 때 인자가 "lat=38.000000&lon=-104.000000" 같은 문자열을 포함하고 있다면 하드 코딩된 JSON 문자열을 반환합니다.

이렇게 테스트의 기대 사항 설정은 실제 테스트보다 먼저 해야 합니다.

테스트의 다음 문장은 이전처럼 모키토 목을 생성자를 통해 AddressRetriever 객체에 주입합니다.

마지막으로 테스트의 실제 실행 부분입니다. retrieve() 메서드가 호출되었을 때 코드는 모키토 목과 상호 작용합니다. 모키토 목의 기대 사항이 맞다면 하드 코딩된 JSON 문자열이 반환됩니다. 그렇지 않으면 테스트는 실패합니다.

when(...).thenReturn(...) 패턴은 모키토를 사용하여 목을 설정하는 여러 방법 중 하나입니다. 하지만 아마도 이해하고 코딩하기에 가장 쉬울 것입니다. 이 코드는 독자가 바로 이해할 수 있도록 정수만 뽑아 놓은 목 설정 방법이기 때문입니다.

when(...).thenReturn(...)의 대안으로 단지 처리 과정에서 어떤 메서드가 호출되었는지 검증하고 싶을 수도 있습니다. 모키토의 verify() 구조물 사용 방법은 13.1절을 참고하세요.

10.6 마지막 하나의 단순화: 주입 도구 소개

생성자를 사용하여 목을 대상 클래스에 넘기는 것은 일종의 기법입니다. 프로덕션 코드에서 인터페이스를 변경하고 내부 사항을 다른 클래스에 노출하게 됩니다. 눈에 띄게 좋은 것 같지는 않습니다. 하지만 의존성 주입(DI) 도구를 사용하면 훨씬 더 잘할 수 있습니다. 스프링 DI(Spring DI)와 구글 주스 같은 더 많은 도구를 찾을 수 있습니다.

하지만 우리는 모키토를 사용하고 있기 때문에 모키토의 내장 DI 기능들을 활용할 것입니다. 모키토의 DI 기능성은 다른 도구처럼 세련되지는 않지만 대부분의 경우 이것 이상이 필요하지는 않을 것입니다.

모키토의 DI를 사용할 때는 다음 절차를 따릅니다.

1. `@Mock` 애너테이션을 사용하여 목 인스턴스를 생성합니다.
2. `@InjectMocks` 애너테이션을 붙인 대상 인스턴스 변수를 선언합니다.
3. 대상 인스턴스를 인스턴스화한 후에 `MockitoAnnotations.initMocks(this)`를 호출합니다.

코드는 다음과 같습니다.

iloveyouboss_mock-5/test/iloveyouboss/AddressRetrieverTest.java

```java
public class AddressRetrieverTest {
    @Mock private Http http;
    @InjectMocks private AddressRetriever retriever;

    @Before
    public void createRetriever() {
        retriever = new AddressRetriever();
```

```
        MockitoAnnotations.initMocks(this);
    }

    @Test
    public void answersAppropriateAddressForValidCoordinates()
            throws IOException, ParseException {
        when(http.get(contains("lat=38.000000&lon=-104.000000")))
            .thenReturn("{\"address\":{"
                + "\"house_number\":\"324\","
            // ...
    }
}
```

다음은 앞의 코드를 설명한 것입니다.

- http 필드를 선언하고 @Mock 애너테이션을 붙입니다. 이 애너테이션은 목을 합성하고자 하는 곳을 의미합니다.

- retriever 필드를 선언하고 @InjectMocks 애너테이션을 붙입니다. 이 애너테이션은 목을 주입하고자 하는 대상을 의미합니다.

- @Before 메서드에서 AddressRetriever 클래스의 인스턴스를 생성합니다.

- MockitoAnnotations.initMocks(this)를 호출합니다. this 인수는 테스트 클래스 자체를 참조합니다. 모키토는 테스트 클래스에서 어떤 @Mock 애너테이션이 붙은 필드를 가져와서 각각에 대해 목 인스턴스를 합성합니다(앞서 org.mockito.Mockito.mock(Http.class)의 직접 호출과 정확하게 동일한 코드입니다). 그다음 어떤 @InjectMocks 애너테이션이 붙은 필드를 가져와서 목 객체들을 거기에 주입합니다(여기서는 AddressRetriever 인스턴스).

목 객체를 주입하려고 모키토는 먼저 사용할 적절한 생성자를 탐색합니다. 아무것도 없으면 적절한 세터 메서드를 탐색합니다. 마지막으로 적절한 필드를 찾습니다(필드 타입과 매칭되는 것으로 시작합니다). 멋집니다! 이 기능으로 AddressRetriever 클래스의 생성자를 제거합니다.

iloveyouboss_mock-5/src/iloveyouboss/AddressRetriever.java

```java
public class AddressRetriever {
    private Http http = new HttpImpl();

    public Address retrieve(double latitude, double longitude)
            throws IOException, ParseException {
        String parms = String.format("lat=%.6f&lon=%.6f", latitude,
                                    longitude);
        String response = http.get(
            "http://open.mapquestapi.com/nominatim/v1/
            reverse?format=json&"
            + parms);

        JSONObject obj = (JSONObject)new
                    JSONParser().parse(response);
        // ...
```

모키토는 마법처럼 http 필드를 찾아서 목 인스턴스로 주입해 줍니다.

필드 수준 주입으로는 더 이상 클라이언트에 Http 객체를 생성자로 넘길 필요가 없습니다. 그 대신 필드 수준의 기본 구현을 제공합니다(앞서 별색 처리된 부분).

10.7 목을 올바르게 사용할 때 중요한 것

UNIT TESTING

최선의 경우 여러분은 모키토의 when...then(...) 구조물을 사용하여 테스트의 기대 사항을 1줄로 표시할 수 있습니다. 1줄로 동작하고 1줄로 단언합니다. 그러면 빠르게 읽고 이해하고 믿을 수 있습니다.

목을 사용한 테스트는 진행하길 원하는 내용을 분명하게 기술해야 합니다. 이렇게 하는 한 가지 방법은 연관성입니다. answersAppropriateAddressForValidCoordinates 메서드는 기대하는 인자 문자열인 "lat=38.000000&lon=-104.000000"이 38.0과 -104.0의 인수와 연관됩니다. 모든 일이 항상 이렇게 쉽지는 않지만, 테스트 독자가 코드를 깊이 파지 않아도 이러한 관련성을 쉽게 파악할수록 코드는 더 좋아집니다.

목이 실제 동작을 대신한다는 것을 잊지 마세요. 그것들을 안전하게 사용하고 있는지 확인하기 위해 자신에게 몇 가지 질문을 할 필요가 있습니다.

"목이 프로덕션 코드의 동작을 올바르게 묘사하고 있는가? 프로덕션 코드는 생각하지 못한 다른 형식으로 반환하는가? 프로덕션 코드는 예외를 던지는가? null을 반환하는가?" 이들 각 조건에 대해 다른 테스트가 필요할 수도 있습니다.

테스트가 진짜로 목을 사용하거나 우연하게 여전히 프로덕션 코드를 실행하고 있지는 않나요? 이것은 대부분의 경우에는 분명하지만, 어떨 때는 미묘할 수도 있습니다. 목을 끄고 retrieve() 메서드를 HttpImpl 프로덕션 코드와 상호 작용을 한다면 테스트를 실행할 때 약간 느려질 것입니다(JUnit 진행 막대에서 이러한 멈춤을 확인할 수 있습니다). 하지만 다른 것은 눈치채지 못할 수도 있습니다. 여러분이 할 수 있는 한 가지 단순한 방법은 임시로 프로덕션 코드에서 런타임 예외를 던져 보는 것입니다. 테스트를 실행할 때 예외가 보인다면 프로덕션 코드가 동작하고 있는 것입니다. 테스트를 고친 후에는 throw 문을 제거하는 것을 잊지 마세요.

아마도 더 나은 경로는 프로덕션 코드의 결과 데이터가 아닌 알고 있는 테스트 데이터를 사용하는 것입니다. 테스트에서 정돈된 전체 위도와 경도를 넘겼고, 기대했던 콜로라도 스프링스의 주소에 대응되지 않음도 알고 있습니다.[3] 실제의 HttpImpl 클래스를 사용했다면 테스트 기대는 실패했을 것입니다.

---

3 역주 구글맵에서 콜로라도 스프링스의 위도와 경도 좌표는 (38.837085, -104.821580)입니다.

마지막으로 프로덕션 코드를 직접 테스트하고 있지 않다는 것을 기억하세요. 목을 도입하면 테스트 커버리지에서 간극(gap)을 형성할 수 있음을 인지해야 합니다. 실제 클래스의 종단 간 사용성을 보여 주는 적절한 상위 테스트(아마도 통합 테스트)가 있는지 확인하세요.

> **Tip** 목은 단위 테스트 커버리지의 구멍을 만듭니다. 통합 테스트를 작성하여 이 구멍을 막으세요.

10.8 마치며

이 장에서는 스텁과 목을 이용하여 의존하는 객체의 행동을 흉내 냈습니다. 테스트는 라이브 서비스, 파일, 데이터베이스, 다른 번거로운 의존성들과 상호 작용할 필요가 없습니다. 또 적절한 도구를 활용하여 목을 생성하고 주입하는 노력을 최소화할 수 있었습니다.

이 장과 앞선 두 장에서는 프로덕션 코드를 깨끗하게 하고 좋은 설계를 유지하는 방법에 집중했습니다. 그렇게 하면 시스템 수명도 늘어납니다.

하지만 테스트를 꾸준하게 리팩토링하지 않으면 큰 그림은 완성되지 않습니다. 다음 장에서는 테스트를 깨끗하게 만드는 방법들을 알아봅니다.

11장

테스트 리팩토링

11.1 이해 검색

11.2 테스트 냄새: 불필요한 테스트 코드

11.3 테스트 냄새: 추상화 누락

11.4 테스트 냄새: 부적절한 정보

11.5 테스트 냄새: 부푼 생성

11.6 테스트 냄새: 다수의 단언

11.7 테스트 냄새: 테스트와 무관한 세부 사항들

11.8 테스트 냄새: 잘못된 조직

11.9 테스트 냄새: 암시적 의미

11.10 새로운 테스트 추가

11.11 마치며

테스트 코드는 상당한 투자를 의미합니다. 테스트는 결함을 최소화하고 리팩토링으로 프로덕션 시스템을 깔끔하게 유지시켜 주지만, 이것은 지속적인 비용을 의미하기도 합니다. 시스템이 변경됨에 따라 테스트 코드도 다시 들여다보아야 합니다. 때때로 변경 사항들을 청소하고 그 결과로 깨진 수많은 테스트를 고쳐야 합니다.

이 장에서는 비용 증가로 이어지는 테스트 문제들을 해결할 것입니다. 프로덕션 시스템을 리팩토링하는 것처럼 테스트를 리팩토링하고 이해도를 최대화하며 유지 보수 비용을 최소화할 것입니다.

11.1 이해 검색

UNIT TESTING

우리는 애플리케이션의 검색 기능을 개선하려고 합니다. util.Search 클래스를 변경할 것이지만 누구도 Search 클래스가 정확히 무엇을 하는지 알고 있지 않습니다. 테스트를 봅시다. 맞습니다. 테스트입니다. 단일 테스트이며 언뜻 보면 심히 당황스럽습니다. 도대체 이 테스트는 무엇을 증명하려는 것일까요?

iloveyouboss_test-1/test/util/SearchTest.java
```java
import java.io.*;
import java.net.*;
import java.util.*;
import org.junit.*;
import java.util.logging.*;
import static org.hamcrest.CoreMatchers.*;
import static org.junit.Assert.*;

public class SearchTest {
    @Test
    public void testSearch() {
```

```java
        try {
        String pageContent = "There are certain queer times and
                            occasions "
            + "in this strange mixed affair we call life when a man "
            + "takes this whole universe for a vast practical joke, "
            + "though the wit thereof he but dimly discerns, and more "
            + "than suspects that the joke is at nobody's expense but "
            + "his own.";
        byte[] bytes = pageContent.getBytes();
        ByteArrayInputStream stream = new ByteArrayInputStream(bytes);
        // 검색
        Search search = new Search(stream, "practical joke", "1");
        Search.LOGGER.setLevel(Level.OFF);
        search.setSurroundingCharacterCount(10);
        search.execute();
        assertFalse(search.errored());
        List<Match> matches = search.getMatches();
        assertThat(matches, is(notNullValue()));
        assertTrue(matches.size() >= 1);
        Match match = matches.get(0);
        assertThat(match.searchString, equalTo("practical joke"));
        assertThat(match.surroundingContext,
            equalTo("or a vast practical joke, though t"));
        stream.close();

        // 부정적
        URLConnection connection =
            new URL("http://bit.ly/15sYPA7").openConnection();
        InputStream inputStream = connection.getInputStream();
        search = new Search(inputStream, "smelt",
                        "http://bit.ly/15sYPA7");
        search.execute();
        assertThat(search.getMatches().size(), equalTo(0));
        stream.close();
        } catch (Exception e) {
            e.printStackTrace();
            fail("exception thrown in test" + e.getMessage());
        }
    }
}
```

(pageContent 변수의 텍스트는 허먼 멜빌의 〈모비딕〉에서 발췌했습니다.)

테스트 이름인 testSearch는 어떤 유용한 정보도 제공하지 않습니다. 또 주석 몇 줄도 도움이 되지 않는 것은 마찬가지입니다. 테스트가 무엇을 하는지 완전히 이해하려면 테스트를 매 행마다 꼼꼼하게 읽고 의미 조각들을 맞추어 보아야 합니다.

(이 장에서는 Search 클래스 자체는 논의하지 않습니다. 이 장은 테스트를 깨끗하게 하는 것에 초점을 두는데, 이것으로 Search 클래스가 어떻게 동작하는지 이해할 수 있습니다. 배포된 소스로 호기심을 충족할 수 있습니다.)

이제 testSearch() 메서드를 이해하는 한 방편으로 리팩토링하고, 그것을 좀 더 깔끔하고 표현력이 좋은 테스트로 만들어 갈 것입니다. 그러기 위해서는 다양한 악취를 풍기는 끔찍한 코드들의 테스트 냄새(test smell)를 찾아야 합니다.

11.2 테스트 냄새: 불필요한 테스트 코드

testSearch() 메서드로 구성된 테스트 코드는 어떤 예외도 던지지 않을 것 같습니다. 이것은 긍정적인 사실에 대한 많은 단언을 포함합니다. 테스트 코드가 예외를 던진다면 try/catch 블록이 그것을 잡아서 System.out으로 스택 트레이스를 분출할 것입니다. 다른 말로 테스트 메서드는 예외를 기대하지 않습니다.

테스트 코드가 예외를 기대하지 않는다면 (명시적으로 예외를 던지는 단계를 설정하지 않기 때문에) 단지 예외가 날아가게 두면 됩니다. 걱정하지 마세요. JUnit이 테스트에서 던지는 예외들을 잡아 줍니다. 예외가 발생한 테스트는 오류로 표시되고 출력 창에 스택 트레이스가 보입니다. 명시적인 try/catch 블록은 부가 가치가 없습니다.

try/catch 블록을 제거하고 testSearch() 메서드의 원형을 IOException을 던지도록 변경합니다.

iloveyouboss_test-2/test/util/SearchTest.java

```java
@Test
public void testSearch() throws IOException {
    String pageContent = "There are certain queer times and occasions "
        + "in this strange mixed affair we call life when a man "
        + "takes this whole universe for a vast practical joke, "
        + "though the wit thereof he but dimly discerns, and more "
        + "than suspects that the joke is at nobody's expense but "
        + "his own.";
    byte[] bytes = pageContent.getBytes();
    // ...
    stream.close();
}
```

테스트에서 어지러운 군더더기가 조금 줄었습니다. 좋았어!

다음은 not-null 단언을 봅시다. 이 단언은 어떤 값이 null이 아님을 검증합니다. search.getMatches() 호출 결과는 matches 지역 변수에 할당됩니다. 다음 문장은 matches 변수가 null 값이 아님을 단언합니다. 마지막 단언은 matches 변수의 크기가 적어도 1보다 크다는 것을 검증합니다.

iloveyouboss_test-1/test/util/SearchTest.java

```java
List<Match> matches = search.getMatches();
assertThat(matches, is(notNullValue()));
assertTrue(matches.size() >= 1);
```

어떤 변수를 역으로 참조하기 전에 그것이 null이 아님을 검사하는 것은 안전하고 좋은 일입니다. 맞나요?

프로덕션 코드에서는 맞지만, 이 테스트에서 not-null 단언은 군더더기입니다. 추가되었을 때의 이점이 없습니다. matches 변수가 null을 참조한다면 다행히도 matches.size()를 호출할 때 예외를 던집니다. JUnit이 이것을 잡아 테스트를 오류로 처리합니다.

try/catch 블록과 마찬가지로 not-null 단언은 유용한 정보를 담고 있지 않습니다. 불필요한 테스트 코드이기 때문에 제거합니다.

iloveyouboss_test-2/test/util/SearchTest.java
```
  List<Match> matches = search.getMatches();
  assertTrue(matches.size() >= 1);
```

헤매야 할 코드가 1줄 더 줄었습니다.

11.3 테스트 냄새: 추상화 누락

UNIT TESTING

잘 구성된 테스트는 시스템과 상호 작용을 '데이터 준비하기', '시스템과 동작하기', '결과 단언하기' 세 가지 관점에서 보여 줍니다(자세한 내용은 4.1절 참고). 테스트에는 앞의 각 단계를 위해 자세한 코드가 필요하지만 세부 사항을 추상화하여 이해하기 쉽게 하겠습니다. 추상화로 필수적인 개념을 최대화하고 불필요한 세부 사항은 감춥니다.

> Tip ☆ 좋은 테스트는 클라이언트가 시스템과 어떻게 상호 작용하는지 추상화합니다.

뒤죽박죽된 테스트는 search.getMatches() 호출에서 반환된 매칭 목록에 대해 단언문 5줄을 포함합니다. 이 5줄을 각각 읽어야만 무슨 작업인지 이해할 수 있습니다.

iloveyouboss_test-2/test/util/SearchTest.java

```
List<Match> matches = search.getMatches();
assertTrue(matches.size() >= 1);
Match match = matches.get(0);
assertThat(match.searchString, equalTo("practical joke"));
assertThat(match.surroundingContext,
           equalTo("or a vast practical joke, though t"));
```

단언문 5줄은 하나의 개념을 구체화합니다. 매칭된 목록이 특정 검색 문자열과 주변 맥락을 포함하는 단일 항목을 포함하고 있나요? 이들 단언문을 만드는 데 필요한 세부 사항 5줄을 포괄하는 사용자 정의 단언문을 만들어 보겠습니다.

iloveyouboss_test-3/test/util/SearchTest.java

```
import java.io.*;
import java.net.*;
import java.util.*;
import org.junit.*;
import java.util.logging.*;
import static org.hamcrest.CoreMatchers.*;
import static org.junit.Assert.*;
import static util.ContainsMatches.*;

public class SearchTest {
   @Test
   public void testSearch() throws IOException {
      String pageContent = "There are certain queer times and
                            occasions "
         // ...
      search.execute();
      assertFalse(search.errored());
      assertThat(search.getMatches(), containsMatches(new Match[] {
         new Match("1",
                   "practical joke",
                   "or a vast practical joke, though t") }));
      stream.close();
      // ...
```

11장 테스트 리팩토링 **229**

        }
}

다시 정리하면 사용자 정의 매처는 "matches 변수는 Match 객체를 한 개 포함하고 있는데, 그 객체는 특정 검색 문자열과 주변 맥락을 포함하고 있는지 단언할 거야."라고 말합니다. 정확히 우리가 원하는 것입니다. 구현 세부 사항 5줄은 새로 만든 사용자 정의 매처 클래스로 구현되었습니다.

iloveyouboss_test-3/test/util/ContainsMatches.java
```java
import java.util.*;
import org.hamcrest.*;

public class ContainsMatches extends TypeSafeMatcher<List<Match>> {
    private Match[] expected;

    public ContainsMatches(Match[] expected) {
        this.expected = expected;
    }

    @Override
    public void describeTo(Description description) {
        description.appendText("<" + expected.toString() + ">");
    }

    private boolean equals(Match expected, Match actual) {
        return expected.searchString.equals(actual.searchString)
            && expected.surroundingContext.equals(actual.
                                        surroundingContext);
    }

    @Override
    protected boolean matchesSafely(List<Match> actual) {
        if (actual.size() != expected.length)
            return false;
        for (int i = 0; i < expected.length; i++)
            if (!equals(expected[i], actual.get(i)))
```

```
            return false;
        return true;
    }

    @Factory
    public static <T> Matcher<List<Match>> containsMatches(Match[]
                                         expected) {
        return new ContainsMatches(expected);
    }
}
```

매처를 사용자 정의로 구현하려면 더 많은 행의 코드가 필요하지만 테스트를 이해하는 노력이 단순화되었기 때문에 충분히 가치가 있습니다. 더욱이 우리는 많은 추가 테스트에 그것을 재활용할 수 있습니다. 사용자 정의 단언의 자세한 설명과 활용 예제는 7.3.1절을 참고하세요.

단일 개념을 구현하는 2줄 혹은 3줄이 넘는 코드를 발견했다면 테스트에 그것을 깔끔한 문장 1줄로 추출할 수 있는지 고민해 보세요.

테스트의 두 번째 덩어리에 대체 추상화를 도입해 보겠습니다. 마지막 단언은 결과 크기가 0인지 비교합니다.

iloveyouboss_test-2/test/util/SearchTest.java
```
assertThat(search.getMatches().size(), equalTo(0));
```

여기서 누락된 추상화는 '비어 있음(emptiness)' 개념입니다. 단언을 바꾸면 크기 비교를 이해하는 불필요한 정신적 노력을 줄일 수 있습니다.

iloveyouboss_test-3/test/util/SearchTest.java
```
assertTrue(search.getMatches().isEmpty());
```

작은 정신적 군더더기들이 쌓입니다. 결코 끝나지 않는 군더더기들이 포함된 시스템은 장거리 자동차 여행에서 만나는 도로의 소음처럼 피곤하게 만들 것입니다.

11.4 테스트 냄새: 부적절한 정보

UNIT TESTING

잘 추상화된 테스트는 코드를 이해하는 데 중요한 것을 부각시켜 주고 그렇지 않은 것은 보이지 않게 해 줍니다. 테스트에 사용된 데이터는 스토리를 말하는 데 도움을 주어야 합니다.

때때로 테스트에는 부적절하지만, 당장 컴파일되어야 하기 때문에 데이터를 넣기도 합니다. 예를 들어 메서드가 테스트에는 어떤 영향도 없는 부가적인 인수를 취하기도 합니다.

테스트는 그 의미가 불분명한 '매직 리터럴'[1]들을 포함하고 있습니다.

iloveyouboss_test-3/test/util/SearchTest.java
```
Search search = new Search(stream, "practical joke", "1");
```

그리고 다음 코드를 보세요.

iloveyouboss_test-3/test/util/SearchTest.java
```
assertThat(search.getMatches(), containsMatches(new Match[] {
    new Match("1",
```

---

1 역주 프로그래밍에서 상수로 선언하지 않은 숫자 리터럴을 '매직 넘버'라고 하며, 코드에는 되도록 사용하면 안 됩니다.

```
            "practical joke",
            "or a vast practical joke, though t") }));
```

문자열 "1"이 무엇을 의미하는지 확신할 수 없습니다. 따라서 의미를 파악하기 위해 Search와 Match 클래스를 뒤져 보아야 합니다. 이제 "1"이 검색 제목을 의미하며 실제로는 신경 쓰지 않는 필드 값이라는 것을 알았습니다.

"1"을 포함한 매직 리터럴은 불필요한 질문을 유발합니다. 이것은 무슨 의미일까요? 그렇다면 그것은 테스트 결과에 대해 어떻게 연관성이 있을까요? 질문의 답을 찾기 위해 소스를 파느라 시간을 낭비하게 될 것입니다. 더 나은 해결책은 의미 있는 이름을 가진 상수를 도입하여 즉시 파악할 수 있도록 하는 것입니다.

Search 클래스의 생성에 대한 두 번째 호출은 제목 인수로 URL을 포함합니다.

iloveyouboss_test-3/test/util/SearchTest.java
```
URLConnection connection =
    new URL("http://bit.ly/15sYPA7").openConnection();
InputStream inputStream = connection.getInputStream();
search = new Search(inputStream, "smelt", "http://bit.ly/15sYPA7");
```

URL은 두 문장 앞에서 URL 클래스의 생성자에 넘긴 URL과 연관성이 있어 보입니다. 조사해 보면 실제로는 서로 무관합니다. 혼란스러운 URL 문자열과 "1" 매직 리터럴을 모두 A_TITLE 상수로 대체합니다. 상수로 표현해 두면 의미를 분명하게 전달할 수 있습니다.

iloveyouboss_test-4/test/util/SearchTest.java
```
public class SearchTest {
    private static final String A_TITLE = "1";
    @Test
    public void testSearch() throws IOException {
```

```
            String pageContent = "There are certain queer times and
                                 occasions "
                + "in this strange mixed affair we call life when a man "
                + "takes this whole universe for a vast practical joke, "
                + "though the wit thereof he but dimly discerns, and more "
                + "than suspects that the joke is at nobody's expense but "
                + "his own.";
        byte[] bytes = pageContent.getBytes();
        ByteArrayInputStream stream = new ByteArrayInputStream(bytes);
        // 검색
        Search search = new Search(stream, "practical joke", A_TITLE);
        Search.LOGGER.setLevel(Level.OFF);
        search.setSurroundingCharacterCount(10);
        search.execute();
        assertFalse(search.errored());
        assertThat(search.getMatches(), containsMatches(new Match[] {
            new Match(A_TITLE,
                      "practical joke",
                      "or a vast practical joke, though t") }));
        stream.close();

        // 부정적
        URLConnection connection =
            new URL("http://bit.ly/15sYPA7").openConnection();
        InputStream inputStream = connection.getInputStream();
        search = new Search(inputStream, "smelt", A_TITLE);
        search.execute();
        assertTrue(search.getMatches().isEmpty());
        stream.close();
    }
}
```

상수 이름을 ANY_TITLE 혹은 ARBITRARY_TITLE로 지어도 됩니다. 혹은 빈 문자열을 사용해서 신경 쓰지 않는 데이터를 표현할 수도 있습니다(때때로 빈 문자열과 비어 있지 않은 문자열을 구별하는 것이 적절할 때도 있지만요).

11.5 테스트 냄새: 부푼 생성

UNIT TESTING

이제 Search 객체의 생성자에 InputStream 객체를 넘겨야 합니다. 테스트 코드는 InputStream 객체를 두 군데에서 만듭니다. 첫 번째 생성은 세 문장으로 구성됩니다.

iloveyouboss_test-4/test/util/SearchTest.java

```
String pageContent = "There are certain queer times and occasions "
    + "in this strange mixed affair we call life when a man "
    + "takes this whole universe for a vast practical joke, "
    + "though the wit thereof he but dimly discerns, and more "
    + "than suspects that the joke is at nobody's expense but "
    + "his own.";
byte[] bytes = pageContent.getBytes();
ByteArrayInputStream stream = new ByteArrayInputStream(bytes);
```

앞의 예제에서는 사용자 정의 단언을 사용하여 매칭 결과를 비교했는데 11.3절 테스트에 있는 나머지 구현 세부 사항이 누락된 추상화를 의미합니다. 해설책은 주어진 적절한 텍스트에 대해 InputStream 객체를 생성하는 도우미 메서드를 만드는 것입니다.

iloveyouboss_test-5/test/util/SearchTest.java

```
public class SearchTest {
    private static final String A_TITLE = "1";

    @Test
    public void testSearch() throws IOException {
        InputStream stream =
            streamOn("There are certain queer times and occasions "
                + "in this strange mixed affair we call life when a man "
                + "takes this whole universe for a vast practical joke, "
```

```
            + "though the wit thereof he but dimly discerns, and more "
            + "than suspects that the joke is at nobody's expense but "
            + "his own.");
        // 검색
        Search search = new Search(stream, "practical joke", A_TITLE);
        // ...
    }

    private InputStream streamOn(String pageContent) {
        return new ByteArrayInputStream(pageContent.getBytes());
    }
}
```

정신 산란한 세부 사항을 숨기는 것은 제 몫을 합니다. 테스트는 훨씬 더 따라 가기 쉽게 변하고 있습니다.

11.6 테스트 냄새: 다수의 단언

UNIT TESTING

앞서 몇 차례 언급했듯이 (한 가지 예로 5.3절 참고) 테스트마다 단언 한 개로 가는 방향은 좋은 생각입니다. 때때로 단일 테스트에 다수의 사후 조건에 대한 단언이 필요하기는 하지만, 그보다 더 자주 여러 개의 단언이 있다는 것은 테스트 케이스를 두 개 포함하고 있다는 증거입니다.

더 긴 테스트는 소리칩니다. "나를 나누어 줘!" 첫 번째 사례는 입력에 대해 검색 결과를 찾는 것이고, 두 번째 사례는 매칭되는 것이 없는 경우입니다. 테스트를 두 개로 분할하면 각각을 좀 더 간결하게 테스트 맥락에 맞도록 기대하는 행동을 기술할 수 있습니다.

iloveyouboss_test-6/test/util/SearchTest.java

```java
public class SearchTest {
    private static final String A_TITLE = "1";

    @Test
    public void returnsMatchesShowingContextWhenSearchStringInContent()
            throws IOException {
        InputStream stream =
            streamOn("There are certain queer times and occasions "
                + "in this strange mixed affair we call life when a man "
                + "takes this whole universe for a vast practical joke, "
                + "though the wit thereof he but dimly discerns, and more "
                + "than suspects that the joke is at nobody's expense but "
                + "his own.");
        // 검색
        Search search = new Search(stream, "practical joke", A_TITLE);
        Search.LOGGER.setLevel(Level.OFF);
        search.setSurroundingCharacterCount(10);
        search.execute();
        assertFalse(search.errored());
        assertThat(search.getMatches(), containsMatches(new Match[] {
            new Match(A_TITLE,
                    "practical joke",
                    "or a vast practical joke, though t") }));
        stream.close();
    }

    @Test
    public void noMatchesReturnedWhenSearchStringNotInContent()
            throws MalformedURLException, IOException {
        URLConnection connection =
            new URL("http://bit.ly/15sYPA7").openConnection();
        InputStream inputStream = connection.getInputStream();
        Search search = new Search(inputStream, "smelt", A_TITLE);
        search.execute();
        assertTrue(search.getMatches().isEmpty());
        inputStream.close();
    }
    // ...
}
```

별 생각없이 테스트를 둘로 쪼갰다면 stream.close()의 두 번째 호출이 컴파일 되지 않음을 알 수 있을 것입니다. 좀 더 조사해 보면 작은 결함을 발견할 수 있습니다. 두 번째 테스트의 입력 스트림이 stream이 아니라 inputStream으로 변경되어야 합니다. 그 의미는 동일한 stream 참조에 대해 close()가 두 번 호출되었다는 것입니다. 참조에 대한 이름을 inputStream으로 변경한 후에 두 번째 close() 호출은 그대로 두세요.

또 불필요한 주석을 제거하는 자유를 누리세요. 단일 목적의 테스트는 주석이 없어도 더 나은 테스트 이름으로 대신할 수 있습니다.

> **Tip** 테스트마다 단언 한 개로 가면 테스트 이름을 깔끔하게 만들기 쉽습니다.

11.7 테스트 냄새: 테스트와 무관한 세부 사항들

테스트를 실행할 때는 로그를 끄지만 그렇게 하는 코드는 테스트의 정수를 이해하는 데 방해물이 될 수 있습니다. 그리고 좋은 코딩 시민으로서 항상 스트림을 사용한 후에는 닫아야 하지만 그것 또한 테스트에서는 군더더기가 될 수 있습니다.

이러한 군더더기들을 @Before와 @After 메서드로 이동하세요. 테스트 두 개가 @After 메서드에서 stream.close() 호출의 이점을 누리려고 두 번째 테스트에서 inputStream 지역 변수가 대신 stream 필드를 참조하도록 합니다.

그리고 다음 행도 주의 깊게 봅시다.

```
    assertFalse(search.errored());
```

이 단언은 부적절한 세부 사항이 아니며 유효합니다. 오류가 없다는 것을 검색 기능의 두 번째 사후 조건으로 고려해 볼 수 있지만 좀 더 생각해 보면 다른 힌트를 던져 줍니다. search.errored() 호출의 결과가 true가 되는 테스트 케이스는 어디일까요? 해당 단언을 제거하고 세 번째 (아마 네 번째도) 테스트를 위해 메모해 두세요.

군더더기가 제거된 후의 코드는 다음과 같습니다.

iloveyouboss_test-7/test/util/SearchTest.java
```
public class SearchTest {
    private static final String A_TITLE = "1";
    private InputStream stream;

    @Before
    public void turnOffLogging() {
        Search.LOGGER.setLevel(Level.OFF);
    }

    @After
    public void closeResources() throws IOException {
        stream.close();
    }

    @Test
    public void returnsMatchesShowingContextWhenSearchStringInContent() {
        stream = streamOn("There are certain queer times and occasions "
            + "in this strange mixed affair we call life when a man "
            + "takes this whole universe for a vast practical joke, "
            + "though the wit thereof he but dimly discerns, and more "
            + "than suspects that the joke is at nobody's expense but "
            + "his own.");

        Search search = new Search(stream, "practical joke", A_TITLE);
        search.setSurroundingCharacterCount(10);
        search.execute();
```

```
        assertThat(search.getMatches(), containsMatches(new Match[] {
            new Match(A_TITLE,
                    "practical joke",
                    "or a vast practical joke, though t") }));
    }

    @Test
    public void noMatchesReturnedWhenSearchStringNotInContent()
            throws MalformedURLException, IOException {
        URLConnection connection =
            new URL("http://bit.ly/15sYPA7").openConnection();
        stream = connection.getInputStream();
        Search search = new Search(stream, "smelt", A_TITLE);
        search.execute();
        assertTrue(search.getMatches().isEmpty());
    }
    // ...
}
```

세부 내용을 @Before, @After와 도우미 메서드로 옮길 때는 주의해야 합니다. 테스트를 이해하는 데 필요한 유용한 정보는 제거하지 않았는지 확인하세요.

Tip ★ 좋은 테스트는 독자가 테스트를 이해하는 데 다른 함수를 파헤치지 않도록 합니다.

11.8 테스트 냄새: 잘못된 조직

UNIT TESTING

테스트에서 어느 부분들이 준비(Arrange), 실행(Act), 단언(Assert) 부분인지 아는 것은 테스트를 빠르게 인지할 수 있게 합니다. AAA(4.1절 참고)를 활용하여 의도를 분명하게 하세요. 다음 코드의 화살표들은 삽입해야 할 빈 줄을 보여 줍니다.

iloveyouboss_test-8/test/util/SearchTest.java
```
    @Test
    public void returnsMatchesShowingContextWhenSearchStringInContent() {
        stream = streamOn("There are certain queer times and occasions "
            + "in this strange mixed affair we call life when a man "
            + "takes this whole universe for a vast practical joke, "
            + "though the wit thereof he but dimly discerns, and more "
            + "than suspects that the joke is at nobody's expense but "
            + "his own.");
        Search search = new Search(stream, "practical joke", A_TITLE);
        search.setSurroundingCharacterCount(10);
➤
        search.execute();
➤
        assertThat(search.getMatches(), containsMatches(new Match[] {
            new Match(A_TITLE,
                    "practical joke",
                    "or a vast practical joke, though t") }));
    }

    @Test
    public void noMatchesReturnedWhenSearchStringNotInContent()
            throws MalformedURLException, IOException {
        URLConnection connection =
            new URL("http://bit.ly/15sYPA7").openConnection();
        stream = connection.getInputStream();
        Search search = new Search(stream, "smelt", A_TITLE);
➤
        search.execute();
➤
        assertTrue(search.getMatches().isEmpty());
    }
```

이제 거의 다 왔습니다. 마지막으로 테스트를 두 개 통과할 시간입니다.

11.9 테스트 냄새: 암시적 의미

UNIT TESTING

각 테스트가 분명하게 대답해야 할 가장 큰 질문은 "왜 그러한 결과를 기대하는가?"입니다. 독자는 테스트 준비와 단언 부분을 상호 연관 지을 수 있어야 합니다. 단언이 기대하는 이유가 분명하지 않다면 코드를 읽는 사람들은 그 해답을 얻기 위해 다른 코드를 뒤져 가며 시간을 낭비해야 하기 때문입니다.

returnsMatchesShowingContextWhenSearchStringInContent 테스트는 매우 긴 문자열에 대해 practical joke를 위한 단일 매칭 결과를 기대합니다. 독자는 궁극적으로 practical joke라는 구(phrase)가 나오는 곳을 찍어서 그것의 앞 10글자와 그 후의 10글자를 계산해야 합니다. 계산 결과는 다음과 같습니다.

"or a vast practical joke, though t"

하지만 그로 인해 테스트 독자는 테스트 결과를 이해하려고 노력을 많이 해야 합니다. 테스트 데이터가 아무리 멋지더라도 짜증이 날 것입니다. 좀 더 나은 테스트 데이터를 골라서 명시적으로 바꾸어 보세요. 검색어를 포함하면서 슬쩍 보아도 이해할 수 있는 내용으로 입력 스트림을 변경하세요. 또 주변 맥락 정보도 명시적으로 개수를 세지 않아도 되게 만드세요.

iloveyouboss_test-9/test/util/SearchTest.java

```java
@Test
public void returnsMatchesShowingContextWhenSearchStringInContent() {
    stream = streamOn("rest of text here"
        + "1234567890search term1234567890"
        + "more rest of text");
    Search search = new Search(stream, "search term", A_TITLE);
    search.setSurroundingCharacterCount(10);
```

```
        search.execute();

        assertThat(search.getMatches(), containsMatches(new Match[] {
            new Match(A_TITLE,
                    "search term",
                    "1234567890search term1234567890") }));
    }
```

두 번째 테스트인 noMatchesReturnedWhenSearchStringNotInContent를 좀 더 살펴봅시다. 이 테스트는 실제 URL의 입력 스트림을 사용하기 때문에 느립니다. 적어도 실제 테스트를 한 개 원하지만, 이것 또한 단위 테스트로 변경할 것입니다.

stream 필드에 조금은 임의의 텍스트를 넣어 초기화합니다. 테스트 의도를 이해하기 쉽도록 "text that doesn't match"로 검색합니다.

iloveyouboss_test-9/test/util/SearchTest.java
```
    @Test
    public void noMatchesReturnedWhenSearchStringNotInContent() {
        stream = streamOn("any text");
        Search search = new Search(stream, "text that doesn't match",
                                A_TITLE);

        search.execute();

        assertTrue(search.getMatches().isEmpty());
    }
```

streamOn() 메서드를 사용하여 테스트 원형에서 throws 절을 제거했습니다.

테스트를 걸쳐 상호 관련성을 향상시키는 방법은 무한합니다. 의미 있는 상수, 더 좋은 변수 이름, 더 좋은 데이터와 때때로 테스트에서 계산을 적게 만드는 것이 도움이 됩니다. 창의력을 발휘해 보세요!

11.10 새로운 테스트 추가

처음 못생긴 테스트를 멋지고 깔끔한 테스트 두 개로 분할하면서 이제 상대적으로 새로운 몇 개의 테스트를 추가하기 쉬워졌습니다. 먼저 검색할 때 errored() 질의에 true가 반환되는 테스트를 작성해 봅시다.

iloveyouboss_test-10/test/util/SearchTest.java

```java
@Test
public void returnsErroredWhenUnableToReadStream() {
    stream = createStreamThrowingErrorWhenRead();
    Search search = new Search(stream, "", "");

    search.execute();

    assertTrue(search.errored());
}

private InputStream createStreamThrowingErrorWhenRead() {
    return new InputStream() {
        @Override
        public int read() throws IOException {
            throw new IOException();
        }
    };
}
```

반대의 테스트도 추가합니다.

iloveyouboss_test-10/test/util/SearchTest.java

```java
@Test
public void erroredReturnsFalseWhenReadSucceeds() {
    stream = streamOn("");
    Search search = new Search(stream, "", "");

    search.execute();
```

```
    assertFalse(search.errored());
}
```

새로운 테스트를 추가하는 데 소요된 시간은 고작해야 각각 몇 분이면 됩니다.

11.11 마치며

리팩토링된 테스트는 단순해졌습니다. 독자는 테스트 이름을 읽고서 어떤 케이스인지 이해할 수 있습니다. 먼저 테스트의 실행 부분에 집중하여 코드가 무엇을 실행하는지 압니다. 그들은 준비 부분에서 어떤 맥락으로 테스트가 실행되는지 이해하고, 단언 한 개로 기대하는 결과가 무엇인지 파악합니다. 이렇게 이해가 잘 되는 행위들은 전보다 훨씬 더 빠르게 실행합니다. 테스트를 이해하는 데 필요한 시간은 아마 몇 분에서 수 초로 줄어들 것입니다.

> **Tip** 테스트로 시스템을 이해하고자 한다면 테스트를 깔끔하게 유지하는 것이 좋습니다.

이제 설계라는 이름으로 무엇을 해야 하는지 전체 그림을 얻었습니다. 프로덕션 코드를 깔끔하고 간결하게 리팩토링하고, 프로덕션 코드를 설계할 때 더 많은 유연성을 제공하도록 리팩토링하고, 시스템의 의존성 도전 과제에 대해 목을 지원하고, 유지 보수 비용을 최소화하고, 이해도를 최대화하도록 테스트를 리팩토링하는 것입니다.

이제 마지막 파트인 단위 테스트에 관한 더 큰 주제인 스모가스보드[2]로 이동할 준비가 되었습니다.

---

2 역주 (스웨덴어에서) 온갖 음식이 다양하게 나오는 뷔페식 식사를 의미합니다.

제 4 부

더 큰 단위 테스트 그림

테스트 주도 개발(TDD) 방법론을 배움으로써 단위 테스트 기술을 한 단계 높일 수 있습니다. 먼저 TDD를 체험할 수 있도록 TDD 기반으로 익숙한 코드를 재작성합니다. 그다음 단위 테스트에서 좀 더 거친 몇몇 도전 과제에 직면하는 방법을 익힐 것입니다. 마지막으로 단위 테스트 표준들, 짝 프로그래밍, 지속적 통합(CI), 코드 커버리지(code coverage)를 배우며 어떻게 단위 테스트가 프로젝트 팀의 좀 더 큰 범위에 딱 맞는지 이해하게 될 것입니다.

12장

테스트 주도 개발

12.1 TDD의 주된 이익

12.2 단순하게 시작

12.3 또 다른 증분 추가

12.4 테스트 정리

12.5 또 다른 작은 증분

12.6 다수의 응답 지원: 작은 설계 우회로

12.7 인터페이스 확장

12.8 마지막 테스트들

12.9 문서로서의 테스트

12.10 TDD의 리듬

12.11 마치며

여러분은 지금까지 의심할 여지없이 어떤 코드에서는 단위 테스트를 작성하기가 어렵다는 것을 알 수 있었습니다. 이렇게 어려운 레거시 코드가 늘어나는 이유는 부분적으로 단위 테스트에 대한 관심이 부족하기 때문입니다. 반대로 단위 테스트를 어떻게 할지 고민할수록 코드는 테스트하기 쉬워질 것입니다("음, 흥!"이라고 팻과 데일이 동시에 대답합니다).

작성하려는 코드가 있다면 항상 먼저 어떻게 그 코드를 테스트할지 고민해야 합니다. 코드를 작성한 후에 어떻게 테스트할지 고민하기보다 작성할 코드를 묘사하는 테스트를 설계해야 합니다. 이러한 역방향 접근법은 기이하거나 심지어 불가능해 보일 수도 있습니다. 하지만 이것이 테스트 주도 개발에 기반을 둔 단위 테스트 전략의 핵심입니다.

여러분은 TDD에서 단위 테스트를 시스템의 모양을 잡고 통제하는 도구로 활용해야 합니다. 단위 테스트는 종종 잘 선별한 후 한쪽에 치워 놓고 나중에 반영하려는 코드가 될 수 있는데, 단위 테스트는 소프트웨어를 어떻게 만들어야 할지에 관한 잘 훈련된 사이클의 핵심적인 부분입니다. 따라서 TDD를 채택하면 소프트웨어 설계는 달라지고, 아마도 더 좋아질 것입니다.

이 장에서는 iloveyouboss 애플리케이션의 일부를 TDD를 사용하여 재작성하면서 그 미묘한 의미를 이야기할 것입니다.

12.1 TDD의 주된 이익

단위 테스트를 사후에 작성하여 얻을 수 있는 가장 분명하고 명확한 이익은 코드가 예상한 대로 동작한다는 자신감을 얻는 것입니다. TDD에서도 동일한 이익과 그 이상을 얻을 수 있습니다.

코드를 깨끗하게 유지하도록 치열하게 싸우지 않으면 시스템은 대개 점점 퇴화합니다. 코드를 재빠르게 추가할 수는 있지만 처음에는 좋은 코드(good code)라기보다는 그다지 위대하지 않은(not-so-great) 코드일 가능성이 높습니다. 보통은 개발 초기부터 나쁜 코드를 여러 가지 이유로 정리하지 않고는 합니다. 팻은 다음과 같이 맞장구칩니다.

- "우리는 다음 업무로 바로 넘어가야 해요. 코드에 금박을 입힐 시간이 없다고요."
- "제 생각에 코드를 있는 그대로도 잘 읽을 수 있어요. 제가 작성했고 제가 이해하거든요. 로직이 분명하지 않다면 주석을 조금 추가하면 되어요."
- "그 부분에서 좀 더 큰 변화가 필요할 때 코드를 리팩토링하면 되어요."
- "잘 동작합니다. 왜 좋은 것에 메스를 들이대야 하죠? 깨지지 않았다면 코드는 수정하지 않습니다. 코드를 리팩토링하다가 다른 코드를 망가트리기 쉬워서요."

"감사합니다" 팻. TDD에서는 코드가 변경될 것이라는 두려움을 지울 수 있습니다. 정말로 리팩토링은 위험 부담이 있는 일이기도 하고 우리는 일견 위험하지 않아 보이는 변경을 할 때도 실수를 많이 하고는 합니다. 하지만 TDD를 잘 따른다면 구현하는 실질적인 모든 사례에 대해 단위 테스트를 작성하게 됩니다. 이러한 단위 테스트는 코드를 지속적으로 발전시킬 수 있는 자유를 줍니다.

12.2 단순하게 시작

TDD는 세 부분의 사이클로 구성됩니다.

- 실패하는 테스트 코드 작성하기
- 테스트 통과시키기
- 이전 두 단계에서 추가되거나 변경된 코드 개선하기

첫 번째 단계는 시스템에 추가하고자 하는 동작을 정의하는 테스트 코드를 작성하는 것입니다. 일반적으로 이미 있는 코드에 가능한 최소한(이면서 유용한)만 더하는 테스트를 작성하려고 할 것입니다.

실습에서 Profile 클래스를 다시 만듭니다. 가장 단순한 사례로, 프로파일이 비었을 때 어떤 일이 일어나는지 보여 줍니다(응답이 추가되지 않았을 때).

(Profile 클래스를 가지고 있다면 그 코드와 테스트 코드를 지우고 실습하세요. 혹은 아예 새로운 패키지와 프로젝트로 시작해도 좋습니다.)

테스트 코드를 점진적으로 작성합니다. 이클립스는 문법에 어긋나는 코드가 있으면 붉은색의 구불구불한 선으로 문제를 표시합니다. 우리는 이클립스에서 부정적인 피드백을 보면 바로 멈춥니다.

iloveyouboss_tdd-1/test/iloveyouboss/ProfileTest.java

```java
package iloveyouboss;

import org.junit.*;

public class ProfileTest {
   @Test
   public void matchesNothingWhenProfileEmpty() {
      new Profile();
```

        }
}

앞의 코드에서 Profile 클래스는 존재하지 않습니다. (이미 지웠겠죠?) 따라서 이클립스는 새로운 Profile 클래스를 생성하라고 권합니다. src 디렉터리에 Profile 클래스를 생성합니다(이클립스에서는 Quick Fix 기능을 제공하여 이러한 자질구레한 작업을 대신합니다).

iloveyouboss_tdd-2/src/iloveyouboss/Profile.java

```
package iloveyouboss;

public class Profile {
}
```

작은 테스트를 먼저 작성하고 그 후에 작은 코드를 작성합니다. 이클립스에서 오류가 발생하지 않고 컴파일되는 것으로 충분합니다.

같은 방식으로 나머지 테스트를 작성합니다. 이클립스에서 오류가 발생하면 컴파일되는 수준으로만 코드를 작성하여 대응합니다. 다음 단위 테스트를 얻게 됩니다.

iloveyouboss_tdd-3/test/iloveyouboss/ProfileTest.java

```
package iloveyouboss;

import org.junit.*;
import static org.junit.Assert.*;

public class ProfileTest {
    @Test
    public void matchesNothingWhenProfileEmpty() {
        Profile profile = new Profile();
        Question question = new BooleanQuestion(1,
                            "Relocation package?");
        Criterion criterion =
```

```
            new Criterion(new Answer(question, Bool.TRUE),
                    Weight.DontCare);

        boolean result = profile.matches(criterion);

        assertFalse(result);
    }
}
```

2장(43쪽) 코드와 비교하여 이번에는 Profile 클래스의 인터페이스를 어떻게 변경했는지 주목하세요. matches() 메서드의 인자로 Criteria라는 컬렉션을 받지 않고, 단일 Criterion 객체를 받도록 변경했습니다. 한 번에 한 개씩 매칭하는 것이 단순해 보이고 (복수인) Criteria에 매칭하는 기능을 나중에 추가할 수 있습니다.

여러분은 항상 테스트가 먼저 실패하길 원합니다. 그래야 기대하는 동작(테스트 드기 기술하는)이 아직 시스템에 존재하지 않는다는 것을 보여 줄 수 있습니다.

> Tip ☆ TDD를 할 때 값비싸고 나쁜 가정들을 피하기 위해 항상 테스트가 먼저 실패하는지 관찰하세요.

그것은 Profile 클래스에서 matches() 메서드가 true를 반환함을 의미합니다. 테스트는 false를 기대하고 있기 때문입니다.

iloveyouboss_tdd-3/src/iloveyouboss/Profile.java
```
package iloveyouboss;

public class Profile {
    public boolean matches(Criterion criterion) {
        return true;
    }
}
```

테스트 실패를 확인한 후 테스트가 통과하는 가장 단순한 방법을 찾습니다. true를 false로 뒤집는 속임수입니다.

iloveyouboss_tdd-4/src/iloveyouboss/Profile.java
```java
package iloveyouboss;

public class Profile {
    public boolean matches(Criterion criterion) {
        return false;
    }
}
```

테스트 코드와 프로덕션 코드를 봅시다. 어느 것도 문제될 것은 없습니다. 따라서 더 이상 정리 작업을 하지 않습니다. 우리는 TDD 사이클 중 한 개를 통과했습니다. 지금까지 하드 코딩한 false 반환은 바보 같아 보이지만, TDD의 점진적인 사고방식을 따르는 것은 중요합니다. Profile 클래스의 한 작은 부분을 만들었고 그것이 동작함을 알았습니다.

사실 깃(git) 같은 소스 저장소를 활용한다면 지금은 코드를 커밋할 차례입니다. TDD를 하면서 작은 코드를 커밋하는 것은 필요할 때 백업하거나 방향을 반대로 돌리기 수월하게 합니다.

12.3 또 다른 증분 추가

실패하는 각 테스트에 대해 그 테스트를 통과할 수 있는 코드만 추가하세요. 가능한 가장 작은 증분(increment)을 추가하는 것입니다. 사고방식은 다음과 같습니다. 테스트가 나타내는 '명세'를 정확히 코딩하세요. 테스트가 모두 통과한다면 잠재적으로 코드를 배포할 수 있습니다. 그 지점에서 테스트는 시스템이 무엇을 하는지 (더도 덜도 아니게) 문서화합니다. 여러분은 추측에 근거한 개발이라는 잠재적 낭비를 피하게 됩니다.

TDD 사이클에 따르는 좀 더 실용적인 관점에서 가장 작은 양의 코드를 작성하는 것은 대부분 먼저 실패하는 또 다른 테스트를 만들 수 있다는 의미입니다. 필요한 것보다 더 많은 코드를 작성하는 것은 즉시 통과할 수 있는 많은 테스트를 스스로 만들 수 있다는 의미입니다. 좋은 일인 것 같지만 적절한 피드백을 받기 전에 많은 양의 코드를 작성하는 옛 방식으로 돌아가는 것입니다. 결함 있는 코드를 작성할 때는 바로 알아내는 것이 더 좋습니다.

떠오르는 가장 단순한 사례는 프로파일이 Criterion에 있는 것과 매칭되는 Answer를 포함하는 것입니다.

iloveyouboss_tdd-5/test/iloveyouboss/ProfileTest.java

```java
package iloveyouboss;

import org.junit.*;
import static org.junit.Assert.*;

public class ProfileTest {
    @Test
    public void matchesNothingWhenProfileEmpty() {
        Profile profile = new Profile();
        Question question = new BooleanQuestion(1,
                         "Relocation package?");
        Criterion criterion =
            new Criterion(new Answer(question, Bool.TRUE),
                         Weight.DontCare);

        boolean result = profile.matches(criterion);

        assertFalse(result);
    }
```

```
    @Test
    public void matchesWhenProfileContainsMatchingAnswer() {
        Profile profile = new Profile();
        Question question = new BooleanQuestion(1,
                           "Relocation package?");
        Answer answer = new Answer(question, Bool.TRUE);
        profile.add(answer);
        Criterion criterion = new Criterion(answer,
                              Weight.Important);

        boolean result = profile.matches(criterion);

        assertTrue(result);
    }
}
```

테스트를 통과하기 위해 코드에서 변경할 부분은 적습니다. add(Answer) 메서드를 구현하고 Profile 클래스가 어떤 Answer 객체에 대한 참조를 가지고 있다면 matches() 메서드는 true를 반환하면 됩니다.

iloveyouboss_tdd-5/src/iloveyouboss/Profile.java

```
package iloveyouboss;

public class Profile {
    private Answer answer;

    public boolean matches(Criterion criterion) {
        return answer != null;
    }

    public void add(Answer answer) {
        this.answer = answer;
    }
}
```

12.4 테스트 정리

TDD 사이클에서 두 번째 테스트를 통과한 후에 코드를 정리하기로 했습니다. Profile 파일 클래스가 아니라 테스트입니다. 테스트는 짧고 깔끔해야 합니다. 두 테스트 모두 Profile 객체를 인스턴스화하고 있습니다. Profile 필드를 만들고 @Before 메서드에 공통 초기화를 넣습니다.

iloveyouboss_tdd-6/test/iloveyouboss/ProfileTest.java
```java
public class ProfileTest {
    private Profile profile;

    @Before
    public void createProfile() {
        profile = new Profile();
    }

    @Test
    public void matchesNothingWhenProfileEmpty() {
        Question question = new BooleanQuestion(1,
                            "Relocation package?");
        Criterion criterion =
            new Criterion(new Answer(question, Bool.TRUE),
                            Weight.DontCare);

        boolean result = profile.matches(criterion);

        assertFalse(result);
    }
    // ...
}
```

테스트를 실행하고 어떤 코드도 망가트리지 않았다는 것을 확인하세요. TDD의 아름다움은 모든 기능에 대해 먼저 테스트를 작성한다는 것이고, 그것은 항상 막 작성한 코드를 리팩토링하고 정리할 수 있다는 자신감을 줍니다. 이러한 방식으로 시스템의 엔트로피를 피하세요!

> **Tip** TDD는 거의 모든 코드에 안전한 리팩토링을 가능하게 합니다.

(여기서 볼 수 있는) 테스트는 관심 사항이 아닌 Profile 객체의 인스턴스화를 제거했기 때문에 좀 더 따르기 쉬워졌습니다.

유사하게 같은 BooleanQuestion 객체의 생성 부분을 @Before 메서드로 추출합니다. 테스트가 다시 통과하면 question 필드 이름을 questionIsThereRelocation으로 변경하여 테스트 가독성이 좋아졌습니다.

iloveyouboss_tdd-7/test/iloveyouboss/ProfileTest.java
```java
public class ProfileTest {
    private Profile profile;
    private BooleanQuestion questionIsThereRelocation;

    @Before
    public void createProfile() {
        profile = new Profile();
    }

    @Before
    public void createQuestion() {
        questionIsThereRelocation =
            new BooleanQuestion(1, "Relocation package?");
    }

    @Test
    public void matchesNothingWhenProfileEmpty() {
        Criterion criterion = new Criterion(
            new Answer(questionIsThereRelocation, Bool.TRUE),
```

```
                    Weight.DontCare);

        boolean result = profile.matches(criterion);

        assertFalse(result);
    }
    // ...
}
```

테스트가 그들이 의미하는 것을 간결하게 표현하도록 한 가지 더 유사한 리팩토링을 진행할 수 있습니다. Answer 객체의 생성을 Question 인스턴스를 생성하는 @Before 메서드로 추출하세요. 더 좋은 필드 이름인 answerThereIsRelocation을 사용하고 @Before 메서드의 이름도 그것을 묘사하는 더 좋은 이름으로 변경하세요.

iloveyouboss_tdd-8/test/iloveyouboss/ProfileTest.java

```
public class ProfileTest {
    private Profile profile;
    private BooleanQuestion questionIsThereRelocation;
    private Answer answerThereIsRelocation;

    @Before
    public void createProfile() {
        profile = new Profile();
    }

    @Before
    public void createQuestionAndAnswer() {
        questionIsThereRelocation =
            new BooleanQuestion(1, "Relocation package?");
        answerThereIsRelocation =
            new Answer(questionIsThereRelocation, Bool.TRUE);
    }

    @Test
    public void matchesNothingWhenProfileEmpty() {
        Criterion criterion =
```

```
            new Criterion(answerThereIsRelocation, Weight.DontCare);

        boolean result = profile.matches(criterion);

        assertFalse(result);
    }

    @Test
    public void matchesWhenProfileContainsMatchingAnswer() {
        profile.add(answerThereIsRelocation);
        Criterion criterion =
            new Criterion(answerThereIsRelocation, Weight.Important);

        boolean result = profile.matches(criterion);

        assertTrue(result);
    }
}
```

대부분의 리팩토링은 쉽지만 효과가 큽니다. 변수 이름을 변경하는 것은 독자에게 커다란 정보를 줍니다. 작은 코드 조각을 의도를 알 수 있는 이름의 도우미 메서드로 추출하면 (IDE로 하면 금방이지만) 마찬가지로 테스트를 향상시키는 데 많은 도움이 됩니다.

이제 두 번째 동작을 만들었습니다. 코드를 커밋하고 다음으로 갑시다.

12.5 또 다른 작은 증분

UNIT TESTING

다음 테스트는 Profile 인스턴스가 매칭되는 Answer 객체가 없을 때 matches() 메서드가 false를 반환하는 것입니다.

iloveyouboss_tdd-9/test/iloveyouboss/ProfileTest.java

```java
public class ProfileTest {
    private Answer answerThereIsNotRelocation;
    // ...
    @Before
    public void createQuestionAndAnswer() {
        questionIsThereRelocation =
            new BooleanQuestion(1, "Relocation package?");
        answerThereIsRelocation =
            new Answer(questionIsThereRelocation, Bool.TRUE);
        answerThereIsNotRelocation =
            new Answer(questionIsThereRelocation, Bool.FALSE);
    }
    // ...
    @Test
    public void doesNotMatchWhenNoMatchingAnswer() {
        profile.add(answerThereIsNotRelocation);
        Criterion criterion =
            new Criterion(answerThereIsRelocation, Weight.Important);

        boolean result = profile.matches(criterion);

        assertFalse(result);
    }
}
```

테스트가 통과하려면 matches() 메서드는 Profile 객체가 들고 있는 단일 Answer 객체가 Criterion 객체에 저장된 응답과 매칭되는지 결정해야 합니다. Answer 클래스를 보면 어떻게 응답들을 비교하는지 알 수 있습니다. 그 클래스에서 Answer 객체를 인자로 받고 boolean 값을 반환하는 match() 메서드를 찾을 수 있습니다.

iloveyouboss_tdd-9/src/iloveyouboss/Answer.java

```java
public class Answer {
    // ...
    public boolean match(Answer otherAnswer) {
```

```
        // ...
    }
    // ...
}
```

(이제 알 필요가 있는(need-to-know) 기반에서만 활동하고, 의도적으로 match() 메서드의 구현은 숨겼습니다. 이것이 올바른 일이라는 것을 믿으세요.)

해법은 match() 메서드를 사용하여 테스트를 통과하는 matches() 메서드 내의 단일 조건문을 추가하는 것입니다.

iloveyouboss_tdd-9/src/iloveyouboss/Profile.java

```
package iloveyouboss;

public class Profile {
    private Answer answer;

    public boolean matches(Criterion criterion) {
        return answer != null &&
            answer.match(criterion.getAnswer());
    }
    // ...

    public void add(Answer answer) {
        this.answer = answer;
    }
}
```

코드를 커밋하고 여기서부터 기억하세요.

TDD로 생각하는 부분의 일부는 작성할 필요가 있는 다음 테스트를 결정하는 것입니다. 프로그래머로서 임무는 코드가 다루어야 하는 모든 가능한 순열과 시나리오를 이해하는 것입니다. TDD로 성공하려면 이들 시나리오를 테스트로 만들고 각 테스트를 통과하게 만드는 코드 증분을 최소화하는 순으로 코드를 작성하는 것입니다.

12.6 다수의 응답 지원: 작은 설계 우회로

프로파일은 이제 다수의 응답을 포함할 수 있습니다. 따라서 다음 테스트는 그 시나리오를 처리합니다.

iloveyouboss_tdd-10/test/iloveyouboss/ProfileTest.java

```java
@Test
public void matchesWhenContainsMultipleAnswers() {
    profile.add(answerThereIsRelocation);
    profile.add(answerDoesNotReimburseTuition);
    Criterion criterion =
        new Criterion(answerThereIsRelocation, Weight.Important);

    boolean result = profile.matches(criterion);

    assertTrue(result);
}
```

Profile 객체가 다수의 Answer 객체를 가지려면 그들을 저장하고 구별할 수 있어야 합니다. 따라서 Answer 객체들을 질문 텍스트를 키(key)로 하고 연관된 Answer 객체를 값(value)으로 하는 Map 자료 구조에 저장하기로 했습니다(Answer ID를 키로 하면 더 좋겠지만 Answer 객체에는 아직 없습니다).

iloveyouboss_tdd-10/src/iloveyouboss/Profile.java

```java
public class Profile {
    private Map<String, Answer> answers = new HashMap<>();

    private Answer getMatchingProfileAnswer(Criterion criterion) {
        return answers.get(criterion.getAnswer().getQuestionText());
```

```
    }

    public boolean matches(Criterion criterion) {
        Answer answer = getMatchingProfileAnswer(criterion);
        return answer != null &&
            answer.match(criterion.getAnswer());
    }

    public void add(Answer answer) {
        answers.put(answer.getQuestionText(), answer);
    }
}
```

matches() 메서드의 일부로 getMatchingProfileAnswer() 메서드를 호출하여 반환값이 null인지 여부를 확인합니다. null 검사는 다소 어색해 보이고 그것을 제거하거나 적어도 다른 곳으로 숨기고 싶습니다. 따라서 이 검사를 '서버' 코드인 Answer 클래스의 match() 메서드로 보내려고 합니다. 그렇게 하면 matches() 호출의 수신자가 바뀝니다. 기존 getMatchingProfileAnswer() 코드는 criterion.getAnswer().match(answer)가 되는데, criterion.getAnswer() 메서드가 non-null 값을 반환하기 때문입니다(적어도 우리가 작성한 테스트 기준에서는 말이죠).

이 작은 리팩토링을 위해 Answer 클래스의 matches() 메서드 동작을 보여 주는 테스트를 작성합니다.

iloveyouboss_tdd-10/test/iloveyouboss/AnswerTest.java

```
public class AnswerTest {
    @Test
    public void matchAgainstNullAnswerReturnsFalse() {
        assertFalse(new Answer(new BooleanQuestion(0, ""),
            Bool.TRUE).match(null));
    }
}
```

matches()에서 넘어간 구현은 단순한 보호절입니다. 넘어간 Answer 참조가 null이면 false를 반환합니다. Answer 클래스의 변경 사항은 다음과 같습니다.

iloveyouboss_tdd-10/src/iloveyouboss/Answer.java

```java
public boolean match(Answer otherAnswer) {
    if (otherAnswer == null) return false;
    // ...
    return question.match(i, otherAnswer.i);
}
```

이제 Profile 클래스의 matches() 메서드에 있는 null 검사를 제거할 수 있습니다.

iloveyouboss_tdd-11/src/iloveyouboss/Profile.java

```java
public boolean matches(Criterion criterion) {
    Answer answer = getMatchingProfileAnswer(criterion);
    return criterion.getAnswer().match(answer);
}
```

TDD를 할 때 다른 코드를 전혀 건드리지 않고 Profile 클래스만 변경할 필요는 없습니다. 필요한 사항이 있다면 설계를 변경하여 다른 클래스(이 경우 Answer 클래스)로 넘어가도 됩니다.

12.7 인터페이스 확장

이제 인터페이스를 열어 matches() 메서드에서 (컬렉션인) Criteria 객체를 넘길 준비가 되어 있습니다. 다음 테스트는 이러한 인터페이스를 생성하는 단계를 설정합니다.

iloveyouboss_tdd-11/test/iloveyouboss/ProfileTest.java

```java
@Test
public void doesNotMatchWhenNoneOfMultipleCriteriaMatch() {
    profile.add(answerDoesNotReimburseTuition);
    Criteria criteria = new Criteria();
    criteria.add(new Criterion(answerThereIsRelo, Weight.Important));
    criteria.add(new Criterion(answerReimbursesTuition,
            Weight.Important));

    boolean result = profile.matches(criteria);

    assertFalse(result);
}
```

단순히 테스트 결과를 하드 코딩하여 반환합니다.

iloveyouboss_tdd-11/src/iloveyouboss/Profile.java

```java
public boolean matches(Criteria criteria) {
    return false;
}
```

그리고 빠르게 다음 테스트를 작성합니다. 테스트를 리팩토링하면 TDD 사이클을 짧게 유지하는 데 도움을 줍니다. 새로운 테스트를 만드는 데 1~2분 정도로 말이죠. Criteria 객체에 다수의 Criterion 객체를 추가하고 프로파일에 있는 Answer 객체를 매칭하는 테스트는 앞선 테스트의 작은 변형입니다.

iloveyouboss_tdd-12/test/iloveyouboss/ProfileTest.java

```java
@Test
public void matchesWhenAnyOfMultipleCriteriaMatch() {
    profile.add(answerThereRelocation);
    Criteria criteria = new Criteria();
    criteria.add(new Criterion(answerThereRelocation, Weight.Important));
    criteria.add(new Criterion(answerReimbursesTuition,
            Weight.Important));
```

```
        boolean result = profile.matches(criteria);

        assertTrue(result);
    }
```

구현은 Criteria 객체에서 각 Criterion 객체를 순회하는 반복문을 포함합니다.

iloveyouboss_tdd-12/src/iloveyouboss/Profile.java
```
    public boolean matches(Criteria criteria) {
        for (Criterion criterion: criteria)
            if (matches(criterion))
                return true;
        return false;
    }
```

조금 깨끗하게 테스트를 하려고 Criteria 로컬 변수를 새로운 @Before 메서드에서 초기화하는 필드로 추출합니다. 또 각 테스트에 나오는 임시 result 변수를 제거합니다. 그렇게 하면 AAA는 조금 위반하지만(실행 부분과 단언 부분을 합침) 괜찮습니다. AAA는 불변의 법칙(a hard-and-fast rule)이 아닙니다. 특히 테스트의 반복적 성질로 보았을 때 result 임시 변수는 가치가 없고 없어져도 잘 읽힙니다. 이제 테스트 중 하나는 다음과 같습니다.

iloveyouboss_tdd-13/test/iloveyouboss/ProfileTest.java
```
    public class ProfileTest {
        // ...
        private Criteria criteria;

        @Before
        public void createCriteria() {
            criteria = new Criteria();
        }
        // ...

        @Test
```

```
    public void matchesWhenAnyOfMultipleCriteriaMatch() {
        profile.add(answerThereRelocation);
        criteria.add(new Criterion(answerThereRelocation, Weight.Important));
        criteria.add(new Criterion(answerReimbursesTuition,
                    Weight.Important));
        assertTrue(profile.matches(criteria));
    }
    // ...
}
```

테스트 주도 방식을 계속 진행합시다. 이제 특별한 사례를 몇 개 추가합니다. 다음 테스트는 필수(must-meet) 조건이 충족되지 않으면 false를 반환합니다.

iloveyouboss_tdd-13/test/iloveyouboss/ProfileTest.java

```
@Test
public void doesNotMatchWhenAnyMustMeetCriteriaNotMet() {
    profile.add(answerThereRelocation);
    profile.add(answerDoesNotReimburseTuition);
    criteria.add(new Criterion(answerThereRelocation, Weight.Important));
    criteria.add(new Criterion(answerReimbursesTuition,
                Weight.MustMatch));

    assertFalse(profile.matches(criteria));
}
```

앞의 테스트를 통과하는 것은 단순합니다.

iloveyouboss_tdd-13/src/iloveyouboss/Profile.java

```
public boolean matches(Criteria criteria) {
    boolean matches = false;
    for (Criterion criterion: criteria) {
        if (matches(criterion))
            matches = true;
        else if (criterion.getWeight() == Weight.MustMatch)
            return false;
```

12장 테스트 주도 개발 **267**

```
        }
        return matches;
    }
```

음, 구현이 2장(43쪽)에서 리팩토링했던 원래 해법과 비슷합니다. 여전히 깔끔하지만 TDD가 항상 최상의 설계를 마법처럼 만들어 내지는 않음을 기억하세요. 좋습니다. 우리에게는 테스트들이 있고 이들을 활용하여 원할 때 더 나은 설계로 리팩토링할 수 있습니다.

12.8 마지막 테스트들

UNIT TESTING

다른 특수 경우입니다. 조건이 '상관없음(don't care)'이라면 matches() 메서드는 true를 반환합니다.

iloveyouboss_tdd-14/test/iloveyouboss/ProfileTest.java
```
@Test
public void matchesWhenCriterionIsDontCare() {
    profile.add(answerDoesNotReimburseTuition);
    Criterion criterion =
        new Criterion(answerReimbursesTuition, Weight.DontCare);

    assertTrue(profile.matches(criterion));
}
```

테스트를 통과하려면 matches() 메서드에 새로운 조건문을 추가해야 합니다.

iloveyouboss_tdd-14/src/iloveyouboss/Profile.java

```java
public boolean matches(Criterion criterion) {
    return
        criterion.getWeight() == Weight.DontCare ||
        criterion.getAnswer().match(getMatchingProfileAnswer
                        (criterion));
}
```

새로운 테스트는 통과하지만 첫 번째로 만들었던 NothingWhenProfileEmpty 테스트가 망가집니다. 테스트를 변경할 수도 있지만 doesNotMatchWhenNoMatchingAnswer 메서드에서 이미 같은 것을 보여 주고 있음을 주목하세요. 따라서 NothingWhenProfileEmpty는 제거하세요.

마지막 요구 사항은 점수를 계산하는 것입니다. 이 matches() 메서드의 두 번째 관심사는 (2장에서 보았던) 첫 번째 구현과는 살짝 맞지 않은데, 이 메서드가 boolean 값을 반환하고 score 필드를 업데이트하는 부작용을 가지고 있기 때문입니다.

더 나은 설계는 아마도 매칭을 담당하는 두 번째 객체를 생성하는 것입니다. 이러한 방향으로 첫 번째 테스트를 찔러보았습니다.

iloveyouboss_tdd-15/test/iloveyouboss/ProfileTest.java

```java
@Test
public void scoreIsZeroWhenThereAreNoMatches() {
    criteria.add(new Criterion(answerThereIsRelocation,
                Weight.Important));

    ProfileMatch match = profile.match(criteria);

    assertThat(match.getScore(), equalTo(0));
}
```

나머지 점수를 계산하는 실습은 남겨 두겠습니다. matches() 메서드에 있는 다양한 로직을 새로운 ProfileMatch 클래스로 이동해야 합니다. 그 클래스 또한 자신의 단위 테스트를 가져야 합니다. 마지막 설계는 SRP에 호환됩니다. Profile 클래스는 단지 프로파일 데이터만 보유하며 ProfileMatch 클래스는 주어진 응답과 조건에 따라 매칭과 점수를 계산합니다.

12.9 문서로서의 테스트

마지막 작업으로 ProfileTest 클래스에 있는 테스트 이름들을 봅시다.

```
matchesWhenProfileContainsMatchingAnswer
doesNotMatchWhenNoMatchingAnswer
matchesWhenContainsMultipleAnswers
doesNotMatchWhenNoneOfMultipleCriteriaMatch
matchesWhenAnyOfMultipleCriteriaMatch
doesNotMatchWhenAnyMustMeetCriteriaNotMet
matchesWhenCriterionIsDontCare
scoreIsZeroWhenThereAreNoMatches
```

독자들이 Profile 클래스의 동작에 관해 빠르게 답할 수 있었으면 좋겠습니다. 세심하게 테스트를 작성할수록 테스트는 Profile 클래스에 의도적으로 설계된 동작들을 더 많이 문서화할 수 있습니다.

테스트 주도 클래스를 더 잘 이해하려면 테스트 이름부터 살펴보세요. 포괄적인 테스트 이름의 집합은 그 클래스의 의도된 용량을 전체적인 관점 요약으로 제공합니다. 테스트 이름이 다른 것들과 함께 깔끔하고 일관성이 있을수록 더 신뢰할 수 있는 클래스 문서가 될 것입니다.

테스트 이름은 나쁘지 않지만 더 좋아질 수 있습니다. 테스트들은 ProfileTest 클래스의 일부이므로 Profile 객체들을 테스트합니다. 따라서 각 테스트 이름에서 Profile을 제거할 수 있습니다. 또 matches() 메서드의 오버로드 형태는 인자에 따라 단일 Criterion 객체를 받는지 컬렉션인 Criteria를 받는지에 따라 구별합니다. 첫 번째 관문을 통과한 테스트 이름들입니다(테스트 순서는 동일합니다).

```
matchesCriterionWhenMatchesSoleAnswer
doesNotMatchCriterionWhenNoMatchingAnswerContained
matchesCriterionWhenOneOfMultipleAnswerMatches
doesNotMatchCriteriaWhenNoneOfMultipleCriteriaMatch
matchesCriteriaWhenAnyOfMultipleCriteriaMatch
doesNotMatchWhenAnyMustMeetCriteriaNotMet
alwaysMatchesDontCareCriterion
scoreIsZeroWhenThereAreNoMatches
```

테스트 이름들이 좀 더 명확해졌지만 조금은 복잡해 보입니다. 한 단계 더 나아가 봅니다. 꼭 한 클래스에 모두 넣을 필요는 없습니다. 각 테스트 클래스 혹은 고정물(fixture)로 나누면 연관된 동작 그룹에 집중할 수 있습니다. ProfileTest를 나누어 보았습니다.

```
class Profile_MatchesCriterionTest {
    @Test public void trueWhenMatchesSoleAnswer()...
    @Test public void falseWhenNoMatchingAnswerContained()...
    @Test public void trueWhenOneOfMultipleAnswerMatches()...
    @Test public void trueForAnyDontCareCriterion()...
}
class Profile_MatchesCriteriaTest {
    @Test public void falseWhenNoneOfMultipleCriteriaMatch()...
    @Test public void trueWhenAnyOfMultipleCriteriaMatch()...
    @Test public void falseWhenAnyMustMeetCriteriaNotMet()...
}
class Profile_ScoreTest {
    @Test public void zeroWhenThereAreNoMatches()...
}
```

테스트하려는 동작을 테스트 클래스의 이름으로 넣으면 개별 테스트 이름에서 중복되는 정보를 제거할 수 있습니다.

> Tip ★ 정기적으로 테스트 이름이 서로 잘 어울리는지 확인하세요.

12.10 TDD의 리듬

TDD의 사이클은 짧습니다. 이 장 예제에서 언급된 모든 재잘거림을 제거하면 테스트-코드-리팩토링의 각 사이클은 몇 분이면 됩니다. 각 단계에서 추가되거나 변경된 코드 승분도 비교적 작습니다.

여러분이 TDD의 리듬을 형성하면 돌이킬 수 없는 쥐구멍으로 빨려 들어갈 것이 분명합니다. 약 10분 정도의 시간 제한을 걸어 보세요. 10분 동안 어떤 긍정적인 피드백(테스트 통과)을 받지 못했다면 작업 중인 코드는 폐기하고 다시 좀 더 작은 단계로 도전해 보세요.

맞습니다. 제대로 들었습니다. 나쁜 코드는 버리세요. 각 TDD의 사이클은 테스트를 가설로 한 시간 제한이 있는 실험으로 취급하세요. 실험이 엉망이 되었다면 다시 시작하여 가정의 범위를 축소(좀 더 작은 단계를 밟음)하면 무엇이 잘못되었는지 찾는 데 도움이 될 것입니다. 상쾌한 발걸음은 일반적으로 앞으로 낭비할 시간에 비하면 이른 시기에 더 좋은 해답을 가져다줄 것입니다.

12.11 마치며

이 장에서 TDD에 관해 정신없이 알아보았습니다. 단위 테스트에서 배운 모든 개념을 단순하게 훈련된 사이클에 넣어 보았습니다. 테스트를 작성하고, 그것을 통과하고 코드가 깔끔한지 확인하고 반복하는 것입니다. TDD를 도입하면 여러분이 설계에 대해 생각하는 방식이 바뀝니다.

책상으로 돌아가 단위 테스트에 대해 배운 것을 실무에 적용하기 시작하면 틀림없이 다음과 같은 끈적한 도전 상황에 직면할 것입니다.

"저런 것은 도대체 어떻게 테스트해야 하지?"

이제 그 대답을 찾아봅시다.

13장

까다로운 테스트

13.1 멀티스레드 코드 테스트
13.2 데이터베이스 테스트
13.3 마치며

모든 것이 단위 테스트를 하기에 쉬운 것은 아닙니다. 어떤 코드는 테스트하기가 너무 까다롭습니다. 이 장에서는 좀 더 도전적인 상황을 테스트하는 방법에 대한 예제 몇 개와 함께합니다. 특히 스레드와 영속성(persistence)에 연관된 코드를 테스트할 것입니다.

10장에서 스텁과 목을 사용하여 어려운 의존성을 끊고 테스트를 단순화하는 방법을 배웠습니다. 5장에서는 항상 변화하는 현재 시간에 대한 의존성을 끊는 다른 예제를 보았습니다(5.4절 참고). 또 코드 설계가 테스트를 용이하게 하는 데 영향을 많이 주는 것도 배웠습니다.

이 장에서 스레드와 영속성을 테스트하는 접근 방법은 두 가지 주제에 기반을 둡니다. 이들은 더 좋은 테스트 지원을 위해 '설계 다시 하기'와 '스텁과 목을 사용하여 의존성 끊기'입니다.

13.1 멀티스레드 코드 테스트

기대한 대로 동작하는 코드를 작성하는 것은 어렵습니다. 그래서 단위 테스트를 작성합니다. 동작하는 동시성(concurrent) 코드를 작성하는 것은 훨씬 더 어렵습니다.

한 가지 예로 동시성 처리가 필요한 애플리케이션 코드를 테스트하는 것은 기술적으로 단위 테스트의 영역이 아닙니다. 통합 테스트(integration testing)로 분류하는 것이 낫습니다. 이때 애플리케이션 고유의 로직 중 일부는 동시적으로 실행될 수 있음을 고려하여 통합적으로 검증해야 합니다.

스레드를 사용하는 코드에 대한 테스트는 느린 경향이 있습니다. 우리는 단위 테스트를 할 때 느린 테스트는 원하지 않는데 말이죠. 동시성 문제가 없다는 것을 보장하면서 실행 시간의 범위를 확장해야 하기 때문입니다. 스레드에 관한 결함은 때때로 슬쩍하고 오랫동안 잠재해 있다가 없을 것 같다고 확신한 한참 후에 등장하기도 합니다.

걱정하지 마세요. 책에서는 통합 테스트가 아닌 단위 테스트를 다루지만 우리는 멀티스레드 코드를 테스트하는 예제를 이용하여 그 방법을 익힐 것입니다.

13.1.1 단순하고 똑똑하게 유지

멀티스레드 코드를 테스트할 때는 다음 주요 주제를 따르세요.

- **스레드 통제와 애플리케이션 코드 사이의 중첩을 최소화하세요**: 스레드 없이 다량의 애플리케이션 코드를 단위 테스트할 수 있도록 설계를 변경하세요. 남은 작은 코드에 대해 스레드에 집중적인 테스트를 작성하세요.
- **다른 사람의 작업을 믿으세요**: 자바 5에는 더그 리아(Doug Lea)의 훌륭한 동시성 유틸리티 클래스(java.util.concurrent 패키지에 있음)가 들어 있고, 그것은 이미 2004년에 나온 자바 5 이래로 오랜 시간 충분히 검증받았습니다. 예를 들어 생산자(producer)/소비자(consumer) 문제를 직접 코딩하지 말고(이 경우 잘못되기 쉬움) 똑똑한 다른 사람들이 직접 써 보며 유용성을 입증한 BlockingQueue 클래스를 사용하세요.

자바는 동시성을 지원하는 수많은 대안을 제시합니다. 여기서는 한 가지만 다루기 때문에 개별 사례를 모두 포함하지는 못할 것입니다. 하지만 이 장에서 다루는 두 가지 주제를 기억하세요. 이 예는 어떻게 스레드와 애플리케이션 로직을 구별하면서 코드를 재설계하는지 보여 줄 것입니다.

13.1.2 모든 매칭 찾기

iloveyouboss 애플리케이션의 핵심 조각인 `ProfileMatcher` 클래스를 봅니다. `ProfileMatcher` 클래스는 관련 있는 모든 프로파일을 수집합니다. 클라이언트에서 주어진 조건 집합에서 `ProfileMatcher` 인스턴스는 프로파일을 순회하여 조건에 매칭되는 결과를 `MatchSet` 인스턴스(이것으로 매칭 점수를 얻을 수 있음)와 함께 반환합니다.

iloveyouboss_thread-1/src/iloveyouboss/ProfileMatcher.java

```java
import java.util.*;
import java.util.concurrent.*;
import java.util.stream.*;

public class ProfileMatcher {
    private Map<String, Profile> profiles = new HashMap<>();
    private static final int DEFAULT_POOL_SIZE = 4;

    public void add(Profile profile) {
        profiles.put(profile.getId(), profile);
    }

    public void findMatchingProfiles(
        Criteria criteria, MatchListener listener) {
    ExecutorService executor =
        Executors.newFixedThreadPool(DEFAULT_POOL_SIZE);

    List<MatchSet> matchSets = profiles.values().stream()
        .map(profile -> profile.getMatchSet(criteria))
        .collect(Collectors.toList());
    for (MatchSet set: matchSets) {
        Runnable runnable = () -> {
            if (set.matches())
                listener.foundMatch(profiles.get(set.
                                    getProfileId()),
                                    set);
        };
        executor.execute(runnable);
```

```
            }
            executor.shutdown();
    }
}
```

우리는 애플리케이션을 빠르게(responsive) 반응하도록 만들고 싶습니다. 따라서 findMatchingProfiles() 메서드를 각각 별도의 스레드 맥락에서 매칭을 계산하도록 설계했습니다. 더욱이 모든 처리가 완료될 때까지 클라이언트가 블록되는 것이 아니라 findMatchingProfiles() 메서드에 MatchListener 인수를 넣도록 했습니다. 매칭되는 각 프로파일은 MatchListener 인터페이스의 foundMatch() 메서드로 반환됩니다.

코드를 다시 설명하면, findMatchingProfiles() 메서드는 각 프로파일에 대해 MatchSet 인스턴스의 리스트를 모읍니다. 각 MatchSet에 대해 메서드는 별도의 스레드를 생성하여 MatchSet 객체의 matches() 반환값이 true이면 프로파일과 그에 맞는 MatchSet 객체를 MatchListener로 보냅니다.

13.1.3 애플리케이션 로직 추출

findMatchingProfiles() 메서드는 꽤 짧은 편이지만 여전히 좋은 테스트 도전 과제를 그럭저럭 제공합니다. 이 메서드는 애플리케이션 로직과 스레드 로직을 둘 다 사용합니다. 첫 번째 과제는 둘을 분리하는 것입니다.

MatchSet 인스턴스를 모으는 로직을 같은 클래스의 collectMatchSets() 메서드로 추출합니다.

iloveyouboss_thread-2/src/iloveyouboss/ProfileMatcher.java

```
public void findMatchingProfiles(
        Criteria criteria, MatchListener listener) {
    ExecutorService executor =
        Executors.newFixedThreadPool(DEFAULT_POOL_SIZE);
```

```
        for (MatchSet set: collectMatchSets(criteria)) {
            Runnable runnable = () -> {
                if (set.matches())
                    listener.foundMatch(profiles.get(set.
                                            getProfileId()),
                                        set);
            };
            executor.execute(runnable);
        }
        executor.shutdown();
    }

    List<MatchSet> collectMatchSets(Criteria criteria) {
        List<MatchSet> matchSets = profiles.values().stream()
            .map(profile -> profile.getMatchSet(criteria))
            .collect(Collectors.toList());
        return matchSets;
    }
```

우리는 collectMatchSets() 메서드처럼 작은 로직을 위한 테스트 코드를 작성하는 방법을 압니다.

iloveyouboss_thread-2/test/iloveyouboss/ProfileMatcherTest.java

```
import static org.junit.Assert.*;
import static org.hamcrest.CoreMatchers.*;
import java.util.*;
import java.util.stream.*;
import org.junit.*;

public class ProfileMatcherTest {
    private BooleanQuestion question;
    private Criteria criteria;
    private ProfileMatcher matcher;
    private Profile matchingProfile;
    private Profile nonMatchingProfile;

    @Before
```

```java
public void create() {
    question = new BooleanQuestion(1, "");
    criteria = new Criteria();
    criteria.add(new Criterion(matchingAnswer(), Weight.MustMatch));
    matchingProfile = createMatchingProfile("matching");
    nonMatchingProfile = createNonMatchingProfile("nonMatching");
}

private Profile createMatchingProfile(String name) {
    Profile profile = new Profile(name);
    profile.add(matchingAnswer());
    return profile;
}

private Profile createNonMatchingProfile(String name) {
    Profile profile = new Profile(name);
    profile.add(nonMatchingAnswer());
    return profile;
}

@Before
public void createMatcher() {
    matcher = new ProfileMatcher();
}

@Test
public void collectsMatchSets() {
    matcher.add(matchingProfile);
    matcher.add(nonMatchingProfile);

    List<MatchSet> sets = matcher.collectMatchSets(criteria);

    assertThat(sets.stream()
            .map(set->set.getProfileId())
            .collect(Collectors.toSet()),
        equalTo(new HashSet<>
            (Arrays.asList(matchingProfile.getId(),
                        nonMatchingProfile.getId()))));
}
```

```
    private Answer matchingAnswer() {
        return new Answer(question, Bool.TRUE);
    }

    private Answer nonMatchingAnswer() {
        return new Answer(question, Bool.FALSE);
    }
}
```

유사하게 매칭된 프로파일 정보를 리스너(listener)로 넘기는 애플리케이션 로직도 추출합니다.

iloveyouboss_thread-3/src/iloveyouboss/ProfileMatcher.java

```
public void findMatchingProfiles(
        Criteria criteria, MatchListener listener) {
    ExecutorService executor =
        Executors.newFixedThreadPool(DEFAULT_POOL_SIZE);

    for (MatchSet set: collectMatchSets(criteria)) {
        Runnable runnable = () -> process(listener, set);
        executor.execute(runnable);
    }
    executor.shutdown();
}

void process(MatchListener listener, MatchSet set) {
    if (set.matches())
        listener.foundMatch(profiles.get(set.getProfileId()), set);
}
```

새로운 process() 메서드에 대한 매우 단순한 테스트 코드를 몇 개 작성합니다.

iloveyouboss_thread-3/test/iloveyouboss/ProfileMatcherTest.java

```
// ...
import static org.mockito.Mockito.*;
```

```
public class ProfileMatcherTest {
    // ...
    private MatchListener listener;

    @Before
    public void createMatchListener() {
❶       listener = mock(MatchListener.class);
    }

    @Test
    public void processNotifiesListenerOnMatch() {
❷       matcher.add(matchingProfile);
❸       MatchSet set = matchingProfile.getMatchSet(criteria);

❹       matcher.process(listener, set);

❺       verify(listener).foundMatch(matchingProfile, set);
    }

    @Test
    public void processDoesNotNotifyListenerWhenNoMatch() {
        matcher.add(nonMatchingProfile);
        MatchSet set = nonMatchingProfile.getMatchSet(criteria);

        matcher.process(listener, set);

        verify(listener, never()).foundMatch(nonMatchingProfile, set);
    }
    // ...
}
```

테스트는 모키토의 기대 사항을 검증하는 기능을 활용하고 있습니다. 기대한 인수로 메서드가 호출되는지 검증합니다. 모키토 목 도구와 용례에 대한 자세한 내용은 10.5절을 참고하세요.

첫 번째 테스트인 processNotifiesListenerOnMatch() 메서드는 다음 절차를 따릅니다.

❶ 모키토의 정적 mock() 메서드를 사용하여 MatchListener 목 인스턴스를 생성합니다. 이 인스턴스로 기대 사항을 검증합니다.
❷ 매칭되는 프로파일(주어진 조건에 매칭될 것으로 기대되는 프로파일)을 matcher 변수에 추가합니다.
❸ 주어진 조건 집합에 매칭되는 프로파일에 대한 MatchSet 객체를 요청합니다.
❹ 목 리스너와 MatchSet 객체를 넘겨 matcher 변수에 매칭 처리를 지시합니다.
❺ 모키토를 활용하여 목으로 만든 리스너 객체에 foundMatch() 메서드가 호출되었는지 확인합니다. 이때 매칭 프로파일과 MatchSet 객체를 인수로 넘깁니다. 기대 사항이 맞지 않으면 모키토에 의해 테스트는 실패합니다.

13.1.4 스레드 로직의 테스트 지원을 위해 재설계

collectMatchSets()와 process() 메서드를 추출하고 남은 findMatchingProfiles() 메서드의 코드 대부분은 스레드 로직입니다(한 단계 더 나아간다면 컬렉션에 있는 각 요소들에 대해 스레드를 생성하는 제네릭 메서드를 생성할 수 있지만 지금 것으로 진행합니다). findMatchingProfiles() 메서드의 현재 상태입니다.

iloveyouboss_thread-3/src/iloveyouboss/ProfileMatcher.java

```java
public void findMatchingProfiles(
        Criteria criteria, MatchListener listener) {
    ExecutorService executor =
        Executors.newFixedThreadPool(DEFAULT_POOL_SIZE);

    for (MatchSet set: collectMatchSets(criteria)) {
        Runnable runnable = () -> process(listener, set);
        executor.execute(runnable);
    }
    executor.shutdown();
}
```

findMatchingProfiles() 메서드를 테스트하는 우리 생각에는 약간의 재설계 작업이 포함되어 있습니다. 재작업한 코드는 다음과 같습니다.

iloveyouboss_thread-4/src/iloveyouboss/ProfileMatcher.java

```
01   private ExecutorService executor =
02       Executors.newFixedThreadPool(DEFAULT_POOL_SIZE);
03
04   ExecutorService getExecutor() {
05       return executor;
06   }
07
08   public void findMatchingProfiles(
09           Criteria criteria,
10           MatchListener listener,
11           List<MatchSet> matchSets,
12           BiConsumer<MatchListener, MatchSet> processFunction) {
13       for (MatchSet set: matchSets) {
14           Runnable runnable = () -> processFunction.accept(listener,
                                       set);
15           executor.execute(runnable);
16       }
17       executor.shutdown();
10   }
19
20   public void findMatchingProfiles(
21           Criteria criteria, MatchListener listener) {
22       findMatchingProfiles(
23           criteria, listener, collectMatchSets(criteria),
                           this::process);
24   }
25
26   void process(MatchListener listener, MatchSet set) {
27       if (set.matches())
28           listener.foundMatch(profiles.get(set.getProfileId()), set);
29   }
```

13장 까다로운 테스트 **285**

테스트 코드에서 ExecutorService 인스턴스에 접근할 필요가 있습니다. 따라서 그것의 초기화를 필드 수준으로 추출하고 ExecutorService 참조를 반환하는 패키지-접근-수준의 게터 메서드를 제공합니다.

이미 process() 메서드를 테스트했기 때문에 그 메서드는 잘 동작한다고 안전하게 가정할 수 있으며, findMatchingProfiles() 메서드를 테스트할 때는 그 로직을 무시합니다. process() 메서드의 동작을 스텁 처리하려고 findMatchingProfiles() 메서드를 오버로딩합니다(08행 참고). 남아 있는 구현에 processFunction 인수를 추가합니다. 그것은 각 스레드에서 실행되는 함수를 나타냅니다. processFunction 함수 참조를 사용하여 각 MatchSet을 처리하는 적절한 로직을 호출합니다(14행 참고).

원래의 원형을 갖는 findMatchingProfiles() 메서드를 다시 추가하세요. 내부적으로는 앞서 만든 메서드에 동작을 위임합니다. 함수 인수에 대해서는 this::process를 넘깁니다. 그것은 ProfileMatcher 클래스의 이미 동작이 검증된 process 메서드의 참조입니다.

13.1.5 스레드 로직을 위한 테스트 작성

코드는 이전과 똑같이 동작해야 하지만 쉽게 테스트를 작성할 수 있도록 몇 가지를 설정했습니다. 다음 코드를 보죠.

iloveyouboss_thread-4/test/iloveyouboss/ProfileMatcherTest.java

```
// ...
import static org.mockito.Mockito.*;
public class ProfileMatcherTest {
// ...
    @Test
    public void gathersMatchingProfiles() {
        Set<String> processedSets =
❶           Collections.synchronizedSet(new HashSet<>());
```

```
            BiConsumer<MatchListener, MatchSet> processFunction =
❷                (listener, set) -> {
❸                    processedSets.add(set.getProfileId());
                };
❹           List<MatchSet> matchSets = createMatchSets(100);

❺           matcher.findMatchingProfiles(
                    criteria, listener, matchSets, processFunction);

❻           while (!matcher.getExecutor().isTerminated())
                ;
            assertThat(processedSets, equalTo(matchSets.stream()
❼              .map(MatchSet::getProfileId).collect(Collectors.toSet())));
        }

        private List<MatchSet> createMatchSets(int count) {
            List<MatchSet> sets = new ArrayList<>();
            for (int i = 0; i < count; i++)
                sets.add(new MatchSet(String.valueOf(i), null, null));
            return sets;
        }
    }
```

❶ 리스너가 수신하는 MatchSet 객체들의 프로파일 ID 목록을 저장할 문자열 Set 객체를 생성합니다.

❷ processFunction() 함수를 정의합니다. 이 함수는 process() 메서드의 프로덕션 버전을 대신합니다.

❸ 리스너에 대한 각 콜백에서 MatchSet 객체의 프로파일 ID를 processedSets 변수에 추가합니다.

❹ 도우미 메서드를 사용하여 테스트용 MatchSet 객체들을 생성합니다.

❺ 인수로 함수를 갖는 findMatchingProfiles() 메서드를 호출하고 인수로 processFunction() 구현을 넘깁니다.

❻ 매처에서 ExecutorService 객체를 얻어 와서 모든 스레드의 실행이 완료될 때까지 반복문을 실행합니다.

❼ processedSets 컬렉션(리스너에 포착된 프로파일 ID 목록)이 테스트에서 생성된 모든 MatchSet 객체의 ID와 매칭되는지 검증합니다.

애플리케이션 로직과 스레드 로직의 관심사를 분리하여 상당히 짧은 순서로 테스트를 몇 개 작성할 수 있었습니다. 첫 번째 테스트는 약간의 노력이 들었고 어떻게 일을 하는 것이 좋을지 고민해 보았습니다. 그다음 스레드 중심 테스트를 처리하는 데 도움이 되는 유틸리티 메서드들을 만들면서 이어지는 스레드 관련 테스트도 쉬워졌습니다.

13.2 데이터베이스 테스트

5.2절에서 StatCompiler 코드를 처음 보았습니다. 이 클래스를 Question Controller 인스턴스와 직접 상호 작용하지 않도록 리팩터링했고, 결과적으로 나머지 다수의 로직에 대한 빠른 속도의 테스트를 작성할 수 있었습니다. 이제 QuestionController와 상호 작용하는 questionText() 메서드만 남았고, 테스트 코드를 작성하려고 합니다.

iloveyouboss_16-branch-persistence-redesign/src/iloveyouboss/domain/StatCompiler.java

```java
public Map<Integer, String> questionText(List<BooleanAnswer> answers) {
    Map<Integer, String> questions = new HashMap<>();
    answers.stream().forEach(answer -> {
        if (!questions.containsKey(answer.getQuestionId()))
            questions.put(answer.getQuestionId(),
                controller.find(answer.getQuestionId())
                                    .getText()); });
    return questions;
}
```

questionText() 메서드는 답변 객체의 리스트를 인자로 받아 유일한 답변 ID를 키로 하고 질문 텍스트를 값으로 하는 해시 맵을 반환합니다. forEach 반복문에서는 responses 맵에 없는 각 답변 ID에 대해 controller 변수를 사용하여 대응하는 질문을 찾고, 그 질문의 텍스트를 responses 맵에 넣습니다.

13.2.1 고마워, Controller

questionTest() 메서드의 테스트를 작성하기 어려운 이유는 자바 영속성 API(JPA)를 사용하는 포스트그레(Postgres) 데이터베이스와 통신하는 controller 변수 때문입니다. 첫 번째 질문은 QuestionController 클래스에 관한 것입니다. 그것은 믿을 수 있으며 어떻게 동작하는지 이해하고 있나요? 테스트 작성으로 확인해 보고자 합니다. 먼저 대상 클래스입니다.

iloveyouboss_16-branch-persistence-redesign/src/iloveyouboss/controller/QuestionController.java

```java
import iloveyouboss.domain.*;
import java.time.*;
import java.util.*;
import java.util.function.*;
import javax.persistence.*;

public class QuestionController {
    private Clock clock = Clock.systemUTC();

    private static EntityManagerFactory getEntityManagerFactory() {
        return Persistence.createEntityManagerFactory("postgres-ds");
    }

    public Question find(Integer id) {
        return em().find(Question.class, id);
    }

    public List<Question> getAll() {
        return em()
```

```java
            .createQuery("select q from Question q", Question.class)
            .getResultList();
}

public List<Question> findWithMatchingText(String text) {
    String query =
        "select q from Question q where q.text like '%" + text + "%'";
    return em().createQuery(query,
               Question.class) .getResultList();
}

public int addPercentileQuestion(String text, String[]
                                 answerChoices) {
    return persist(new PercentileQuestion(text, answerChoices));
}

public int addBooleanQuestion(String text) {
    return persist(new BooleanQuestion(text));
}

void setClock(Clock clock) {
    this.clock = clock;
}

void deleteAll() {
    executeInTransaction(
        (em) -> em.createNativeQuery("delete from Question")
                  .executeUpdate());
}

private void executeInTransaction(Consumer<EntityManager> func) {
    EntityManager em = em();

    EntityTransaction transaction = em.getTransaction();
    try {
        transaction.begin();
        func.accept(em);
        transaction.commit();
    } catch (Throwable t) {
```

```
            t.printStackTrace();
            transaction.rollback();
        } finally {
            em.close();
        }
    }

    private int persist(Persistable object) {
        executeInTransaction((em) -> em.persist(object));
        return object.getId();
    }

    private EntityManager em() {
        return getEntityManagerFactory().createEntityManager();
    }
}
```

QuestionController 클래스에 있는 대부분의 로직은 JPA 인터페이스를 구현하는 코드에 대한 단순한 위임입니다. 그다지 흥미로운 로직들은 아닙니다. 하지만 JPA에 대한 의존성을 고립시켰기 때문에 좋은 설계이나, 테스트 관점에서는 의문이 듭니다, QuestionController 클래스에 대한 단위 테스트를 작성하는 것이 의미가 있을까요? JPA 관련 인터페이스를 모두 스텁으로 만들어 단위 테스트할 수도 있지만 노력이 많이 들고 테스트도 어려울 것입니다. 결과적으로 그 많은 것을 증명하고 싶지는 않습니다.

그 대신 진짜 포스트그레 데이터베이스와 성공적으로 상호 작용하는 QuestionController 클래스에 대한 테스트를 작성합니다. 이들 느린 테스트는 모든 것이 올바르게 연결(wired)되었음을 증명할 것입니다. 결함들은 JPA를 다룰 때 꽤 흔한 것입니다. 세 가지의 서로 다른 조각들이 함께 동작하고 있기 때문입니다. 자바 코드, 매핑 설정(src/META-INF/persistence.xml 폴더에 위치)과 데이터베이스 자체입니다.

13.2.2 데이터 문제

JUnit 테스트의 대다수는 속도가 빠르길 원합니다. 걱정하지 마세요. 영속적인 모든 상호 작용을 시스템의 한곳으로 고립시킬 수 있다면 통합 테스트의 대상은 결국 상당히 소규모로 줄어들 것입니다.

(테스트 목적에서 H2 같은 인메모리 데이터베이스로 프로덕션 데이터베이스를 모사하고 싶을 수도 있습니다. 속도야 빠르겠지만 그 밖의 좋은 운도 필요합니다. 이 경우 인메모리 DB와 프로덕션 RDBMS의 미묘한 차이 때문에 벌어질 문제점들을 상상해 보세요.)

진짜 데이터베이스와 상호 작용하는 통합 테스트를 작성할 때 데이터베이스의 데이터와 그것을 어떻게 가져올지는 매우 중요한 고려 사항입니다. 데이터베이스가 기대한 대로 질의(query) 결과가 나온다고 증명하려면 먼저 적절한 데이터를 넣거나 이미 이러한 데이터가 데이터베이스에 있다고 가정해야 합니다.

데이터가 이미 데이터베이스에 있다고 가정하는 것은 고통스러운 요리법입니다. 시간이 지나면서 데이터는 여러분도 모르게 변질될 것이고 테스트도 망가집니다. 테스트 코드와 데이터를 분리시키면 특정 테스트가 왜 통과하거나 실패하는지 그 이유를 이해하기가 더욱 어려워집니다. 테스트 관점에서 데이터 의미는 그것을 모두 데이터베이스에 부어 넣는 순간 사라집니다. 테스트 안에서 데이터를 생성하고 관리하세요.

다음 질문에 대답하세요. 어떤 데이터베이스인가요? 머신에 있는 데이터베이스라면 가장 간단한 경로는 테스트마다 깨끗한 데이터베이스로 시작하는 것입니다(혹은 적절한 참조 데이터를 포함한 기존에 생성된 데이터베이스 인스턴스도 좋습니다). 매 테스트는 그다음 자기가 쓸 데이터를 추가하거나 그것으로 작업합니다. 이렇게 하면 테스트 간 의존성 문제를 최소화할 수 있습니다. 테스트 간 의존성 문제는 다른 테스트에서 남아 있던 데이터 때문에 어떤 테스트가 망가지는 것을 의미합니다(디버깅하기에도 골치 아픕니다).

여러분의 데이터베이스가 아니라면, 즉 테스트를 위해 공유된 데이터베이스에만 접근할 수 있다면 좀 더 비침습적인 해법이 필요합니다. 한 가지 선택 사항은 다음과 같습니다. 데이터베이스가 트랜잭션(transaction)을 지원한다면 테스트마다 트랜잭션을 초기화하고, 테스트가 끝나면 롤백하세요(트랜잭션 처리는 보통 @Before와 @After 메서드에 위임합니다).

마지막으로 통합 테스트는 작성과 유지 보수가 어렵습니다. 자주 망가지고, 그들이 깨졌을 때 문제를 디버깅하는 것도 상당히 오래 걸립니다. 하지만 여전히 테스트 전략의 필수적인 부분입니다.

> **Tip** 통합 테스트는 필수적이지만 설계하고 유지 보수하기가 까다롭습니다. 단위 테스트에서 검증하는 로직을 최대화하는 방향으로 통합 테스트 개수와 복잡도를 최소화하세요.

13.2.3 클린 룸 데이터베이스 테스트

controller를 위한 테스트는 매 테스트 메서드의 실행 전후에 데이터베이스를 비웁니다.

iloveyouboss_16-branch-persistence-redesign/test/iloveyouboss/controller/QuestionControllerTest.java

```java
import static org.junit.Assert.*;
import static org.hamcrest.CoreMatchers.*;
import java.time.*;
import java.util.*;
import java.util.stream.*;
import iloveyouboss.domain.*;
import org.junit.*;

public class QuestionControllerTest {

    private QuestionController controller;
    @Before
```

```java
public void create() {
    controller = new QuestionController();
    controller.deleteAll();
}

@After
public void cleanup() {
    controller.deleteAll();
}

@Test
public void findsPersistedQuestionById() {
    int id = controller.addBooleanQuestion("question text");

    Question question = controller.find(id);

    assertThat(question.getText(), equalTo("question text"));
}

@Test
public void questionAnswersDateAdded() {
    Instant now = new Date().toInstant();
    controller.setClock(Clock.fixed(now, ZoneId.of("America/
                     Denver")));
    int id = controller.addBooleanQuestion("text");

    Question question = controller.find(id);

    assertThat(question.getCreateTimestamp(), equalTo(now));
}

@Test
public void answersMultiplePersistedQuestions() {
    controller.addBooleanQuestion("q1");
    controller.addBooleanQuestion("q2");
    controller.addPercentileQuestion("q3", new String[] { "a1", "a2"});
```

```
        List<Question> questions = controller.getAll();

        assertThat(questions.stream()
                .map(Question::getText)
                .collect(Collectors.toList()),
            equalTo(Arrays.asList("q1", "q2", "q3")));
    }

    @Test
    public void findsMatchingEntries() {
        controller.addBooleanQuestion("alpha 1");
        controller.addBooleanQuestion("alpha 2");
        controller.addBooleanQuestion("beta 1");

        List<Question> questions =
                    controller.findWithMatchingText("alpha");

        assertThat(questions.stream()
                .map(Question::getText)
                .collect(Collectors.toList()),
            equalTo(Arrays.asList("alpha 1", "alpha 2")));
    }
}
```

코드는 @Before와 @After 메서드 모두에서 QuestionController 클래스의 deleteAll() 메서드를 호출합니다. 문제를 해결할 때는 @After 메서드에서 deleteAll() 메서드 호출을 주석 처리해야 테스트가 완료된 후의 데이터를 볼 수 있습니다.

우리 테스트는 단순하고 직접적입니다. 종단 간 애플리케이션의 기능성을 테스트하는 것이 아닙니다. 그 대신 관심사의 대부분인 질의 기능을 테스트하고 있습니다. 테스트는 암시적으로 controller가 데이터베이스에 항목들을 잘 추가하는지 검증합니다.

13.2.4 controller를 목 처리

지금까지는 직접적인 데이터베이스와 모든 상호 작용을 QuestionController 클래스로 고립시키고 테스트했습니다. 이제 StatCompiler 클래스의 question Text() 메서드를 테스트할 차례입니다. QuestionController 클래스는 믿을 수 있으므로 그것의 find() 메서드를 안전하게 스텁으로 만듭니다.

목에 대해 어떤 가정을 세운다고 생각해 보세요. 목으로 처리한 것은 무엇이고, 그것이 질의에 대해 어떻게 반응하고 어떤 부작용을 발생시키는지 충분히 알고 있어야 합니다. 이러한 지식이 없다면 테스트에 잘못된 가정이 포함된 것입니다.

questionText() 메서드를 다시 보세요.

iloveyouboss_16-branch-persistence-redesign/src/iloveyouboss/domain/StatCompiler.java

```java
public Map<Integer, String> questionText(List<BooleanAnswer> answers) {
    Map<Integer, String> questions = new HashMap<>();
    answers.stream().forEach(answer -> {
        if (!questions.containsKey(answer.getQuestionId()))
            questions.put(answer.getQuestionId(),
                controller.find(answer.getQuestionId()).getText()); });
    return questions;
}
```

테스트 코드는 다음과 같이 모키토를 사용합니다.

iloveyouboss_16-branch-persistence-3/test/iloveyouboss/domain/StatCompilerTest.java

```java
@Mock private QuestionController controller;
@InjectMocks private StatCompiler stats;

@Before
```

```
public void initialize() {
    stats = new StatCompiler();
    MockitoAnnotations.initMocks(this);
}

@Test
public void questionTextDoesStuff() {
    when(controller.find(1)).thenReturn(new
        BooleanQuestion("text1"));
    when(controller.find(2)).thenReturn(new
        BooleanQuestion("text2"));
    List<BooleanAnswer> answers = new ArrayList<>();
    answers.add(new BooleanAnswer(1, true));
    answers.add(new BooleanAnswer(2, true));

    Map<Integer, String> questionText = stats.questionText(answers);

    Map<Integer, String> expected = new HashMap<>();
    expected.put(1, "text1");
    expected.put(2, "text2");
    assertThat(questionText, equalTo(expected));
}
```

테스트가 무엇을 하는지 읽고 의미를 파악하기 쉬웠을 것입니다. 모키토는 테스트에서 목의 활용을 단순하고 선언적으로 유지하게 합니다. 모키토에 대해 많이 알지 못해도 테스트를 읽고 빠르게 그 의도를 이해할 수 있습니다. 모키토 내용은 10.5절을 참고하세요.

13.3 마치며

두 가지 공통 도전 과제인 멀티스레드와 데이터베이스 상호 작용은 그 자체로 험난한 주제입니다. 많은 결함이 이 영역에서 출몰합니다.

일반적으로 이러한 더 어려운 시나리오들에 대해 다음 전략을 따르길 원할 것입니다.

- 관심사를 분리하세요. 애플리케이션 로직은 스레드, 데이터베이스 혹은 문제를 일으킬 수 있는 다른 의존성과 분리하세요. 의존적인 코드는 고립시켜서 코드 베이스에 만연하지 않도록 하세요.
- 느리거나 휘발적인 코드를 목으로 대체하여 단위 테스트의 의존성을 끊으세요.
- 필요한 경우에는 통합 테스트를 작성하되, 단순하고 집중적으로 만드세요.

다음: 이제 거의 졸업할 준비가 되었습니다. 지금까지는 개발 머신에서 단위 테스트를 수행하는 데 초점을 맞추었습니다. 마지막 장에서는 개발 팀의 일부로 단위 테스트에 관련된 몇 가지 주제를 배우겠습니다.

14장

프로젝트에서 테스트

14.1 빠른 도입

14.2 팀과 같은 편 되기

14.3 지속적 통합으로 수렴

14.4 코드 커버리지

14.5 마치며

여러분이 우리와 비슷하다면 다른 팀원들과 프로젝트를 진행하고 있을 것입니다. 아마도 단위 테스트에 대해 팀원들과 같은 생각을 하길 원할 것입니다. 이 장에서는 팀원들과 끝없는 언쟁과 코드 충돌(code thrashing)로 시간 낭비를 피할 수 있는 표준을 배울 것입니다.

이 장에서 다루는 주제들은 토론하고 빨리 매듭짓는 데 필요한 근거들을 제공해 줄 것입니다.

14.1 빠른 도입

단위 테스트와 같은 실천법을 배우는 것은 끊임없는 경계를 요구합니다. 단위 테스트 작성을 즐기고 새로운 코드에 잘 적용할 수 있다고 해도 보통은 힘든 싸움에 직면합니다.

아마 팀 동료는 그다지 조심스럽지 않게 테스트 코드보다 훨씬 빨리 코드를 만들 것입니다. 혹은 중요한 마감 시간이 다가올 때 팀에서 마감 시간을 맞추는 유일한 방법은 모든 보호 장치를 거두는 것이라고 주장할 수도 있습니다.

> **팻**: "단위 테스트는 공짜가 아니에요. 우리는 2주 안에 결과물을 내야 하는데 이미 뒤처졌어요. 빨리 코딩을 끝내야 한다고요."
>
> **데일**: "그럴 수도 있겠죠. 하지만 단위 테스트를 무시해야 할 가장 최악의 때가 바로 크런치 모드[1]일 때입니다. 그렇게 한다면 짧은 시간에 많은 코드를 만들겠지만 코드는 엉망이 될 것입니다. 제대로 동작하는지 아는 데 훨씬 많은 시간이 걸리고 엉망이 된 코드에서 결함을 고치는 기간도 오래 걸릴 것입

---

1 역주 크런치 모드는 공격적인 목표나 마감에 맞추려고 철야를 불사하는 기간을 의미합니다.

니다. 그리고 더 많은 결함이 발생하겠죠. 어떻게 해서든 우리는 단기간에 이득을 얻으려고 품질을 떨어뜨리는 선택에 대해 톡톡히 대가를 치를 것입니다.

더욱이 테스트 없이 코드를 만드는 것은 매우 단기간에만 생산적입니다. 아마도 며칠 정도겠죠. 변함없이 우리는 오랜 시간을 디버깅해야 하는 보기도 싫은 결함들과 마주할 것입니다. 그리고 항상 급조한 코드를 변경하는 데 더 많은 시간이 들고 코드도 이해하기 어려워집니다. 미안해요, 팻. 단위 테스트를 넘기는 것은 우리에게 필요한 시간을 되돌려 주지 않아요."

불행하게도 우리가 아무리 개발에 뛰어나다고 해도 불가피한 마지막 순간의 진퇴양난에서 얻을 수 있는 것은 많지 않습니다. 할 수 있는 것은 협상뿐입니다. 하지만 다행하게도 첫날부터 품질을 통제하며 개발하길 주장하면 이러한 벽에 부딪히는 횟수를 줄일 수 있습니다.

단위 테스트는 이러한 품질 통제의 일부가 됩니다. 어떻게 단위 테스트가 팀 문화(cadence)의 습관적인 일부가 될 수 있을지 토론해 보세요.

14.2 팀과 같은 편 되기

개발자들이 단위 테스트에 접근하는 방식은 개인별로 매우 다릅니다. 어떤 개발자들은 TDD를 주장합니다. 다른 사람들은 그들이 필요하다고 느낀 테스트에서만 단위 테스트를 주장할 것입니다. 일부 개발자들은 다수의 케이스를 단일 테스트 메서드로 몰아넣기를 좋아합니다. 또는 느린 통합 테스트를 선호하기도 합니다. 분명한 것은 책에서 읽은 권장 사항을 모든 사람이 동의하지는 않는다는 점입니다.

팀이 같은 편이 되는 것이 중요합니다. 오랜 언쟁(혹은 해결책 없이 끝없는 엎치락뒤치락)은 다른 사람의 시간을 빼앗는 일이 됩니다. 여러분이 모든 것에 동의할 수 없을지라도 적어도 어떤 것에는 동의하고 합의점을 늘려 가는 방향으로 시작해야 합니다.

14.2.1 단위 테스트 표준 만들기

단위 테스트에 관해 어떤 표준을 도출하고 싶을 것입니다. 아주 작게 시작하고 다음 두 질문에 대답해 보세요.

- 개발자들은 어떤 것이 모든 사람의 시간을 많이 낭비하게 만든다고 느끼나요?
- 모두가 빠르게 동의할 수 있는 단순한 표준은 무엇인가요?

토론에 씨앗을 뿌리고 회의를 빠르게 진행하고 팀에 대한 기대 사항들을 적어 보세요. 거기서 멈추면 안 됩니다. 여러분과 팀은 표준들 위에 지속할 필요가 있고 필요할 때마다 그 표준들을 다시 살피고 수정해야 합니다. 대부분의 팀들은 적어도 분기별로는 표준들을 다시 살피고 고쳐야 합니다. 특히 초창기에는 더욱 그렇습니다.

초창기에 표준화해야 하는 목록은 다음과 같습니다.

- 코드를 체크인하기 전에 어떤 테스트를 실행해야 할지 여부
- 테스트 클래스와 메서드의 이름 짓는 방식
- 햄크레스트 혹은 전통적인 단언 사용 여부
- AAA 사용 여부
- 선호하는 목 도구 선택

- 체크인 테스트를 실행할 때 콘솔에 출력을 허용할지 여부
- 단위 테스트 스위트에서 느린 테스트를 분명하게 식별하고 막을 방법

14.2.2 리뷰로 표준 준수 높이기

표준을 준수하는 것은 쉽지 않습니다. 팀은 대다수 동료에게 압박을 조금 가할 필요가 있습니다. 여러분이 동의하고 싶은 한 가지 추가된 표준은 "어떻게 코드 리뷰(code review)를 할 것인가?"입니다. 팀에 단위 테스트와 프로덕션 코드는 너무 소중하기 때문에 팀원 모두가 코드를 마음대로 작성해서는 안 됩니다. 테스트도 마찬가지입니다.

리뷰 세션을 통해 단위 테스트 작성자가 다른 팀원들에게 피드백을 요청할 수 있습니다. 페이건 검사(Fagan inspections)[2] 같은 기법을 사용하여 리뷰 절차를 공식화할 수도 있습니다. 이러한 사후 리뷰는 적어도 뻔한 표준 위반을 방지하는 관문 역할을 합니다.

일부 팀들이 채택하는 다른 장치는 풀 리퀘스트(pull request)를 활용하는 것입니다. 깃허브(GitHub)와 밀접하게 연관되어 있습니다. 어떤 개발자는 메인 브랜치에 통합하려는 작업 내용에 대해 풀 리퀘스트를 제출할 수 있습니다. 다른 팀원은 요청에 주석을 달고 결과적으로 그 변경 사항을 메인 브랜치에 끌어당기거나(pulled) 병합할 것을 결정합니다.

일부 IDE는 코드 리뷰 플러그인을 제공합니다. 예를 들어 UpSource[3]는 인텔리제이 IDEA를 위한 코드 리뷰 도구로 IDE가 관리하는 애너테이션을 활용하여 코드에 관해 토론하는 기능을 제공합니다.

---

2 https://en.wikipedia.org/wiki/Fagan_inspection
3 https://www.jetbrains.com/upsource/features/

14.2.3 짝 프로그래밍을 이용한 리뷰

소프트웨어 개발 세상에서 짝 프로그래밍만큼 많은 논란을 일으킨 주제는 없습니다. 이것은 두 프로그래머가 함께 나란히 앉아서 소프트웨어를 개발하는 것입니다. 잘되면 짝 프로그래밍은 그중 한 명이 했을 때보다 설계가 좋고, 한 명보다는 두 명이 함께하는 것이 낫다(two-heads-are-better-than-one)는 해법을 만듭니다. 짝 프로그래밍 옹호자는 그것이 적극적인 형태의 리뷰라고 주장합니다.

사후 리뷰에는 몇 가지 도전 과제가 있습니다. 보통 리뷰어들은 리뷰를 받는 코드의 정통한 세부 내용에 익숙하지 않습니다. 최상의 리뷰(배포하기 전에 문제를 발견하는 것)는 코드를 깊이 이해한 사람에게서 나옵니다. 하지만 현실적으로 많은 회사에 시간적 여유가 없습니다. 결과적으로 리뷰는 바라는 것보다 더 적은 결함을 찾게 됩니다. 교정된 결함의 종류도 일반적으로 표면 수준(surface-level)입니다. 사후 리뷰는 가치가 있지만 들이는 노력만큼 그 가치가 높지는 않습니다.

게다가 사후 리뷰는 심각한 문제를 고치는 데는 너무 늦습니다. 코드가 만들어지고 배포될 준비를 한 후, 팀은 이미 동작한다고 알려진 코드를 되돌리거나 심각하게 재작업하는 것을 부담스러워 합니다. 개발자들은 동료나 관리자, 자기 자신에게서 앞으로 나아가야 한다는 압력을 받습니다.

한편 짝 프로그래밍은 두 번째 사람의 눈으로 시작부터 품질이 좋은 코드를 만들 수 있다는 희망을 줄 수 있습니다. 이것이 일어나는 한 가지 방향은 더 많고 좋은 단위 테스트를 지속하는 것입니다. 짝 프로그래밍을 습관을 들이는 가장 위대한 방법으로 생각하세요. 짝 프로그래밍을 하게 되면 단위 테스트 가치는 더 높아집니다.

이것이 모든 사람을 위한 것은 아닙니다. 다른 개발자와 하루 종일 가까이 일한다는 생각은 우리에게 도망가고 싶은 기억을 선사하기도 합니다. 호기심이 생긴다면 팀 동료에게 적용하려고 설득하기 전에 짝 프로그래밍을 성공적으로 수행하는 노하우를 충분히 이해하기 바랍니다. 짝 프로그래밍에는 팀을 좌절시키는 수많은 나쁜 방법이 있습니다.

PragPub 웹 사이트의 '짝 프로그래밍의 이익'[4] 기사는 몇 가지 시사점을 제공합니다. 다른 기사인 '짝 프로그래밍 빠르게 시작하기'[5]에서는 성공적인 짝 프로그래밍을 위한 그라운드 룰(ground rules)과 피해야 할 몇 가지 위험들을 알려줍니다.

14.3 지속적 통합으로 수렴

UNIT TESTING

팻이 데일에게 "제 머신에서는 동작하는데요!"라고 소리칩니다 "당신의 머신이 잘못된 것이 틀림없습니다."라고 말합니다.

단위 테스드는 이러한 모든 문제를 해결해 주지 않지만 일종의 표준입니다. 코드에 대한 어떤 변경이 집합적인 테스트를 망가트릴 수는 없습니다. 그냥 다른 표준들(테스트)이 위반된 것이죠.

단위 테스트를 팀 차원의 표준으로 바라보려면 공유 저장소가 필요합니다. 개발자들은 저장소에서 코드를 체크아웃(혹은 상황에 따라 로컬 브랜치를 생성)하고, 변경점을 만들어 로컬에서 테스트하고 그다음 코드를 다시 공유 저장소로 체크합니다(또 코드를 통합한다고 합니다).

---

4 https://pragprog.com/magazines/2011-07/pair-programming-benefits
5 https://pragprog.com/magazines/2011-06/pair-programming-in-a-flash

옛 사고방식의 최전선은 공유된 코드에 대해 야간 빌드(nightly build)를 수행하는 것입니다. 모두 잘 되어 있으면 통합된 코드도 잘 동작할 것입니다. 적어도 이론상으로는 그렇습니다.

이러한 야간 빌드에 단위와 다른 자동화 테스트를 추가하면 그 가치를 극적으로 향상시킬 수 있습니다. 최근의 변경점들을 모두 통합했을 때 소프트웨어가 여러분 것이 아닌 다른 머신에서도 테스트를 모두 통과했다는 것을 알면 배포에 대한 자신감도 생길 것입니다.

올바른 방향으로 큰 진전이기는 하지만 야간 빌드는 예스럽고 부적절해 보입니다. 개발 팀은 하루에도 시스템에 코드 수백 줄을 추가합니다. 다른 개발자들이 더 많은 코드를 추가할수록 코드를 합쳤을 때 동작하지 않을 가능성이 늘어납니다. 야간 빌드로 통합된 소프트웨어를 테스트한다면 충돌을 발견하기까지 거의 만 하루가 걸릴 것입니다. 합친 코드가 어떻게 동작하는지 확인하고 문제를 찾는 데는 또 하루가 더 걸릴 것입니다. 충돌이 발생한 코드 영역을 병합하는 데 또 하루가 소요될 수 있습니다.

지속적인 통합(CI)의 개념으로 들어오세요. 만 하루를 기다리는 것은 어리석게 보입니다. 여러분은 좀 더 빠른 피드백을 원합니다. CI는 코드를 더 자주 통합하고 그 결과를 매번 검증하는 것을 의미합니다. 코드를 변경점과 합쳤을 때 동작하지 않는다는 것을 빨리 알수록 팀 성과는 더 좋아집니다.

CI의 실천은 지속적 통합 서버라고 하는 도구의 지원을 받아야 합니다. CI 서버는 소스 저장소를 모니터링합니다. 새로운 코드가 체크인되면 CI 서버는 소스 저장소에서 코드를 가져와 빌드를 초기화합니다. 빌드에 문제가 있다면 CI 서버는 개발 팀에 통지합니다.

CI 서버가 어떤 가치를 제공하려면 빌드가 단위 테스트를 함께 수행해야 합니다. CI 서버 빌드 절차가 소스 저장소의 코드 기록을 바탕으로 하기 때문에 시스템의 전반적인 건강도 함께 볼 수 있습니다. "내 머신에서 내 변경점이 동작함" 혹은 "당신의 머신에서 당신의 변경점이 동작함"이 아니라 "우리의 코드가 우리의 황금 서버 중 하나에서 동작함"이 맞습니다.

CI 서버는 나쁜 코드를 용납하지 않도록 건강한 동료 압박을 지원합니다. 개발자들은 습관적으로 스스로에게 체크인하기 전에 단위 테스트를 먼저 돌려보게 됩니다. 어느 누구도 CI 빌드 절차가 실패하여 다른 팀원들의 시간을 낭비하고 싶지 않을 것입니다.

전형적인 CI 서버를 설치하고 설정하는 데 하루 혹은 이틀이 필요하지만, 그만큼 투자할 가치가 있습니다. 요즘 CI 서버의 사용은 기본입니다.

> Tip ★ CI 서버는 현대 개발 팀을 구성하는 최소 요건입니다.

자바와 잘 동작하는 수많은 CI 도구를 찾을 수 있습니다. 어떤 CI 서버는 무료고 어떤 CI 서버는 오픈 소스고, 또 어떤 CI 서버는 호스트 방식이고 어떤 CI 서버는 라이선스 방식입니다. 좀 더 널리 알려진 CI 서버에는 허드슨(Hudson), 젠킨스(Jenkins)(허드슨의 후손), 팀시티(TeamCity), 앤트힐(AntHill), 크루즈콘트롤(CruiseControl), 빌드봇(Buildbot), 뱀부(Bamboo) 등이 있습니다.

14.4 코드 커버리지

UNIT TESTING

관리자들은 숫자를 사랑합니다. 코드 커버리지라는 개념(얼마나 많은 코드가 단위 테스트되었나?)은 전형적인 관리자의 숫자 강박을 자극하지만, 궁극적으로 교육 목적이 아닌 곳에서 사용했을 때는 씁쓸한 기분을 남길 수 있습니다.

좀 더 구체적으로 코드 커버리지는 단위 테스트가 실행한 코드의 전체 퍼센트를 측정하는 것입니다. 귀찮은 측정 작업을 해 주는 도구들을 찾을 수 있습니다. 엠마(Emma)(여기서 다루는데, 무료이며 쉽게 이클립스 플러그인과 통합)와 코버투라(Cobertura)는 코드 커버리지 도구의 예입니다.

Coverage 클래스와 그 안에는 soleMethod()라는 단일 메서드가 있고 soleMethod()에는 비조건 문장이 한 개 있다고 가정합니다. soleMethod() 메서드를 호출하는 단위 테스트를 실행한다면 그 문장이 실행됩니다. soleMethod() 메서드의 코드 커버리지와 클래스의 커버리지(Coverage 클래스에는 다른 메서드가 없음)는 100%가 됩니다. soleMethod()를 호출하는 단위 테스트가 없다면 Coverage 클래스의 코드 커버리지는 0%가 됩니다.

다음 상황은 soleMethod()가 단순 조건문 한 개의 if 문을 포함하고, if 문의 몸체는 단일 문장입니다. 코드 예는 다음과 같습니다.

iloveyouboss_13/src/scratch/Coverage.java
```java
public class Coverage {
    int count;

    public void soleMethod() {
        if (count > 0)
            count++;
    }
}
```

테스트를 실행했을 때 조건문이 true이면 Coverage 클래스의 커버리지는 100%입니다. 조건문이 true가 아니라면 커버리지는 개념상으로 50%입니다. 코드가 실행되면서 if 문의 count 변수가 추가되고 if 문의 몸체가 실행되지 않는다면 대략 절반의 코드가 실행되는 것입니다.

어떤 도구들은 분기 커버리지(branch coverage)를 측정합니다. 각 조건문은 분기를 의미합니다. 테스트가 어떤 분기의 참 조건을 테스트하고 다른 테스트가 그 분기의 거짓 조건을 테스트한다면 분기 커버리지의 결과는 100%입니다.

다음 테스트를 보세요.

iloveyouboss_13/test/scratch/CoverageTest.java
```
@Test
public void noIncrementOfCount() {
    new Coverage().soleMethod();
}
```

그림 14-1은 Coverage.java 클래스의 커버리지가 53.8%라는 것을 보여 줍니다. 커버된 명령문 일곱 개와 놓친 문장 여섯 개입니다. 코드 조각이 즉시 진행되면서 엠마는 커버한 행은 녹색으로, 커버하지 않은 행은 붉은색으로, 불완전한 분기 커버리지 행은 노란색으로 표시합니다. 클래스 선언 자체는 녹색입니다. 조건문인 if (count > 0)은 노란색인데, 조건문이 true인 경우가 없기 때문입니다. (count 변수 값이 결코 0에서 변하지 않고) count++ 문장은 한 번도 실행되지 않았기 때문에 붉은색입니다.

▼ 그림 14-1 Coverage 클래스의 테스트 커버리지

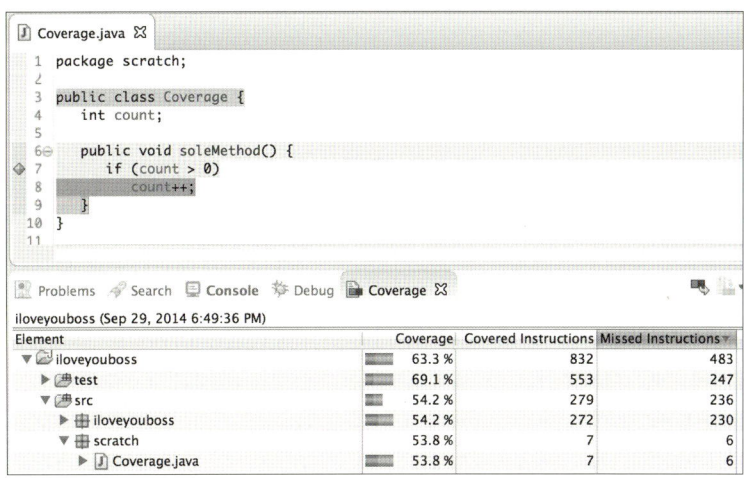

두 번째 테스트가 count 변수를 양수로 변경시킨다면 코드 커버리지는 100%가 됩니다.

```
iloveyouboss_13/test/scratch/CoverageTest.java
@Test
public void incrementOfCount() {
    Coverage c = new Coverage();
    c.count = 1;
    c.soleMethod();
}
```

서로 다른 도구는 측정 방식이 다릅니다. 엠마는 코드의 기본 블록(basic block) 방식을(분기되지 않은 바이트 코드의 덩어리) 사용하는 반면, 코버투라는 코드의 줄 수로 측정합니다. 커버리지의 결과가 도구에 따라 다르다고 걱정하지 마세요. 그 숫자는 경향을 보는 것이지 구체적인 숫자는 중요하지 않습니다.

14.4.1 커버리지는 어느 정도여야 하는가?

표면적으로 더 높은 코드 커버리지가 좋고, 낮은 커버리지는 나쁜 것 같습니다. 관리자는 "그래, 우리가 단위 테스트를 잘하고 있구나." 혹은 "아니야, 충분하지 않아."라고 말할 수 있는 숫자를 갈망할 것입니다.

관리자를 만족시키려면 여러분은 (운이 없게도) 먼저 무엇이 '충분한지' 결정해야 합니다. 분명하게 0%는 충분하지 않고 100%는 훌륭해 보입니다. 하지만 현실적일까요?

커버리지 개념은 오로지 속임수를 써야만 100%에 도달할 수 있다는 제한이 내재되어 있습니다. 인자 없는 생성자를 제공하는 하이버네이트(Hibernate) 같은 프레임워크를 사용한다고 상상해 보세요. 한편 테스트 코드와 클라이언트 코드는 인자를 한 개 갖는 오버로드된 생성자를 사용합니다. 인자가 없는 생성자는 테스트 코드에서 직접 호출하지 않기 때문에 코드 커버리지에 포함되지 않습니다. 그러면 안 되지만 여러분은 100%를 맞추기 위해 단지 클래스만 인스턴스

화시키는 단위 테스트를 작성할 수도 있습니다. 축하합니다. 순식간에 잠깐만 즐겁고 도덕적이지 않은 지표 맞추기 게임에 들어왔습니다.

대부분의 사람은 (엠마의 제조사를 포함하여) 70% 이하의 커버리지는 불충분하다고 말합니다. 동의합니다. 많은 개발자가 단위 테스트에 더 많은 시간을 투자하는 것은 '한계 효용 체감의 법칙'이 적용된다고 말합니다. 당연히 이 말에 동의하지 않습니다.

코드를 작성하고 습관적으로 단위 테스트를 작성하는 팀들은 비교적 쉽게 70%의 커버리지를 달성합니다. 커버리지 밖의 코드 1/3 정도는 테스트되지 않은 상태인데, 보통 나쁜 의존성 때문에 그 코드가 어렵거나 테스트하기 어렵기 때문입니다. 정말 이상한 것은 코드 결함의 30%는 이러한 테스트되지 않은 코드에 있고, 실제로 그 숫자는 더 높을 것입니다. 어려운 코드는 많은 결함을 숨기기 마련입니다.

> **Tip** **제프의 코드 커버리지 이론**: 낮은 커버리지의 영역에서 나쁜 코드의 양도 증가합니다.

14.4.2 100% 커버리지는 진짜 좋은가?

설계가 좋을수록 테스트 작성도 쉬워집니다. 8장과 9장을 다시 살펴보고 코드를 좋게 구성하는 방법을 이해하세요. 의지가 반영된 좋은 설계는 여러분을 더 적은 결함으로 이끄는 100% 커버리지에 도달할 수 있게 할 것입니다. 실제로 100%는 안 되지만 괜찮습니다.

TDD를 수행하는 개발자들(12장 참고)은 일반적으로 정의상 90%를 초과 달성합니다. 그들은 작성하려는 코드를 설명하기 위해 단위 테스트를 항상 먼저 작성합니다. TDD는 테스트를 자기 충족적인 예언으로 만듭니다.

커버리지 퍼센트 자체는 오도될 수 있습니다. 테스트 몇 개에 대량의 코드 커버리지를 달성하지만 단언은 거의 없는 형태가 되기 쉽습니다. 커버리지 도구는 단일 단언을 사용했는지 여부를 신경 쓰지 않습니다. 또 여러분은 이해하고 유지 보수하기 어려우며 가치 있는 단언을 포함하지 않은 나쁜 테스트를 작성했을 수도 있습니다. 많은 팀이 높은 커버리지만 달성하고 가치는 별로 없는 단위 테스트를 작성하느라 시간 낭비하는 것을 보았습니다.

14.4.3 코드 커버리지의 가치

특히 단위 테스트 여행을 시작하면서 테스트가 어느 코드를 커버하고 그렇지 않은지 알고 싶을 것입니다. 엠마 같은 도구의 아름다운 측면은 커버리지에서 누락하고 있는 부분을 가시적으로 보여 준다는 것입니다.

테스트 작성을 완료했다고 생각할 때 커버리지 도구를 실행하세요. 아직 커버되지 않은 영역을 보세요. 커버하지 않은 코드 영역을 염려한다면 더 많은 테스트를 작성하세요. 커버리지 도구를 주기적으로 바라보면 지속적으로 단위 테스트에 솔직해질 수 있습니다.

코드 커버리지 숫자는 그 자체로 큰 의미가 없습니다. 하지만 코드 커버리지의 추세는 중요합니다. 팀은 시간이 지나면서 커버리지 퍼센트가 높아져야 하고 적어도 아래 방향으로 내려가면 안 됩니다.

> Tip ★ 코드 커버리지 도구는 코드가 어디에서 커버리지가 부족한지, 팀이 어디에서 아래 방향으로 내려가고 있는지 이해하려고 할 때만 사용하세요.

14.5 마치며

지금까지 여러분과 우리(저자들)는 함께 단위 테스트를 배우고 실천했습니다. 우리는 모니터만 보았지만 주변에 팀원들이 있었습니다. 반응들을 보며 팀에 단위 테스트를 도입할 때 주의해야 할 고려 사항들을 알아보았습니다.

책에서는 짧고 단위 테스트에 관한 많은 실천법, 개념과 추천 사항들을 빠르게 훑어보았습니다. 여러분은 단위 테스트를 프로페셔널하게 사용해서 소프트웨어의 품질을 높일 수 있습니다. 여기서 배운 정보들로 할 수 있는 최상의 행동은 자신이 만든 코드에 테스트를 작성하고, 점점 좋아지도록 주의 깊게 테스트 코드를 계속 작성하는 것입니다.

그다음 행동은 지속적으로 단위 테스트에 대한 지식을 늘려 가는 것입니다. 앞서 논의한 대부분의 주제는 표면적으로 다루었습니다. 이러한 생각들을 실험해 보고 싶을 것입니다. 또 다른 단위 테스터(혹은 TDD 실천가)들이 벗삼는 다른 것들도 시도해 보고 싶을 것입니다.

현대 단위 테스트의 세계는 20년 정도 되었습니다. 그 짧은 역사 속에는 몇 가지 단위 테스트에 접근하는 혁신적인 변화들이 포함되어 있습니다. 또 더 많은 변화도 피할 수 없습니다. 계속 주시하고 단위 테스트와 TDD에 관해 조사하세요. 그러면 이것들을 보상할 수 있는 훨씬 더 좋은 방법들을 찾을 수 있다고 확신합니다.

부록 **A**

인텔리제이 IDEA와 넷빈즈에서 JUnit 설정

A.1 인텔리제이 IDEA

A.2 넷빈즈

부록에서는 넷빈즈(NetBeans)와 인텔리제이(IntelliJ) IDEA에서 JUnit 단위 테스트를 실행하는 방법을 배울 것입니다. 여기서 다루는 스크린샷과 IDE 설정은 1.2절에 있는 이클립스 기반의 설정 방법을 대신합니다. 이 방법들은 IDE의 처음부터 JUnit 설정을 다루고 있으며 메이븐(Maven)이나 기타 다른 설정 도구는 가정하지 않습니다.

어느 IDE에서든 자바 프로젝트를 설정해야 먼저 정상적으로 작업할 수 있습니다. 그리고 다음 소스를 추가하세요.[1] 패키지와 디렉터리가 맞는지 확인하세요. 두 소스 파일 모두 iloveyouboss 패키지에 있으며, 소스 디렉터리는 src/iloveyouboss입니다.

iloveyouboss_01/src/iloveyouboss/Scoreable.java

```
package iloveyouboss;

@FunctionalInterface
public interface Scoreable {
    int getScore();
}
```

iloveyouboss_01/src/iloveyouboss/ScoreCollection.java

```
package iloveyouboss;

import java.util.*;

public class ScoreCollection {
    private List<Scoreable> scores = new ArrayList<>();

    public void add(Scoreable scoreable) {
        scores.add(scoreable);
    }

    public int arithmeticMean() {
```

---

1 길벗출판사의 깃허브 https://github.com/gilbutITbook/006814에서도 내려받을 수 있습니다.

```
        int total = scores.stream().mapToInt(Scoreable::getScore).sum();
        return total / scores.size();
    }
}
```

A.1 인텔리제이 IDEA

먼저 JUnit을 설치합니다. 인텔리제이의 Settings 대화상자에서 왼쪽 메뉴에 있는 **Plugins**를 선택하세요. 플러그인 목록에서 JUnit으로 스크롤한 후 대응되는 체크박스가 체크되어 있는지 확인하세요.

▼ 그림 A-1 JUnit 플러그인 설치

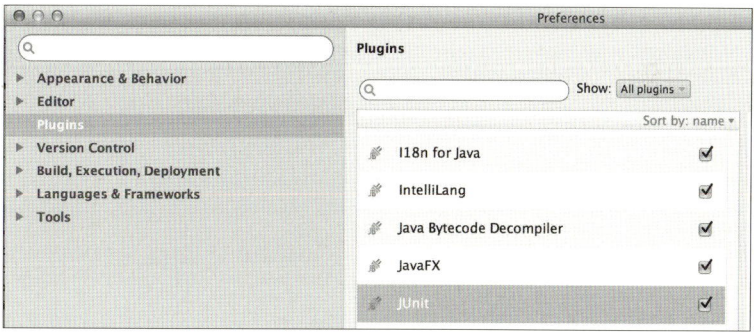

OK를 누르세요.

그다음 Maven 소스를 사용해서 JUnit 라이브러리를 내려받으세요. 새로운 iloveyouboss 애플리케이션을 위한 Project Structure 대화상자로 이동하세요 (File 〉 Project Structure 메뉴 선택). 왼쪽 메뉴에서 Project Settings 〉 Libraries

를 선택하세요. 가운데 창에서 + 버튼을 눌러 새로운 프로젝트 라이브러리를
추가하세요.

▼ 그림 A-2 메이븐 라이브러리 추가

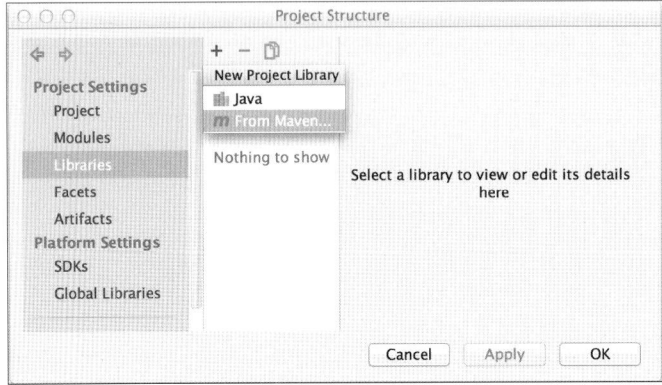

Download Library From Maven Repository 대화상자에서 JUnit의 적절한
버전을 입력하거나 검색 창을 사용하여 지정할 수도 있습니다. iloveyouboss
예제에서는 현재 junit:junit:4.11 버전을 사용합니다.

▼ 그림 A-3 JUnit 4.11 라이브러리 내려받기

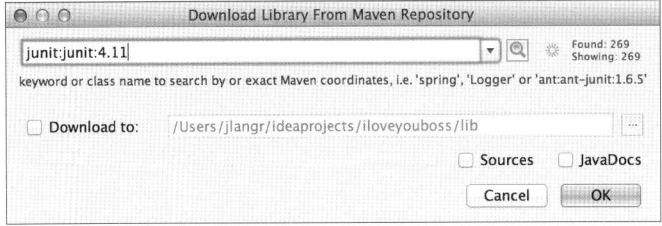

OK를 누르세요.

그다음 프로젝트를 위한 테스트 디렉터리를 설정해야 합니다. IDEA의 Project
창에서 프로젝트를 선택하고, 마우스 오른쪽 버튼을 누르면 컨텍스트 메뉴가
나옵니다. New > Directory 메뉴를 선택하고 디렉터리 이름으로 'test'를 입력하
세요.

Project 창에서 test 디렉터리를 선택합니다. 컨텍스트 메뉴에서 **Mark Directory As 〉 Test Resources Root**를 선택하세요.

ScoreCollection.java 파일을 편집 창에서 엽니다. 컨텍스트 메뉴를 띄우고 **Go To 〉 Test**를 선택하세요.

그림 A-4 ScoreCollection 클래스 테스트 실행

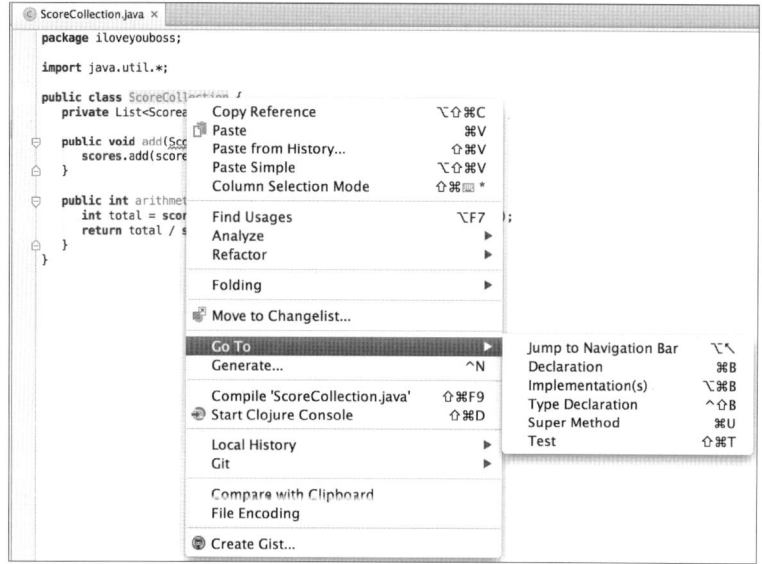

이제 Choose Test for ScoreCollection (0 found) 제목의 작은 대화상자를 볼 수 있습니다. **Create New Test...**를 클릭하면 IDEA는 Create Test 대화상자를 보여 줍니다.

Testing library 라디오 버튼 그룹에서 **JUnit4**를 선택합니다. Generate test methods for 체크박스 리스트에서 오직 **arithmeticMean():int** 메서드만 선택하세요. Create Test 대화상자의 모습은 그림 A-5와 같습니다.

▼ 그림 A-5 ScoreCollectionTest 테스트 케이스 생성

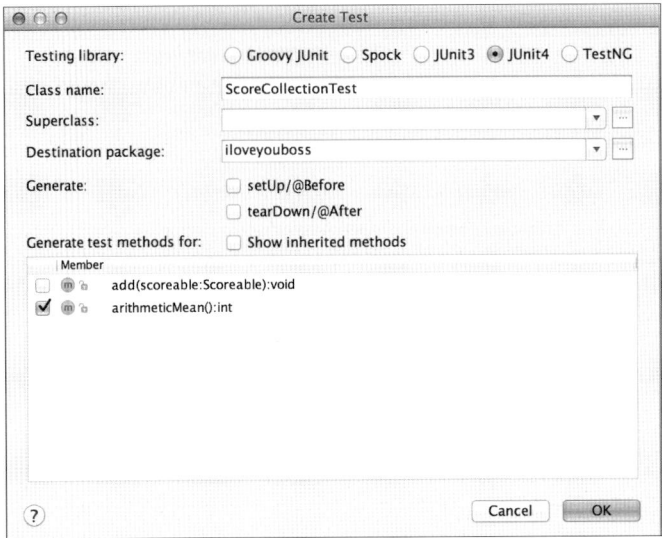

OK를 누르세요.

IDEA는 test 디렉터리에 iloveyouboss 패키지의 ScoreCollectionTest.java 소스 파일을 생성합니다.

▼ 그림 A-6 생성된 ScoreCollectionTest 클래스

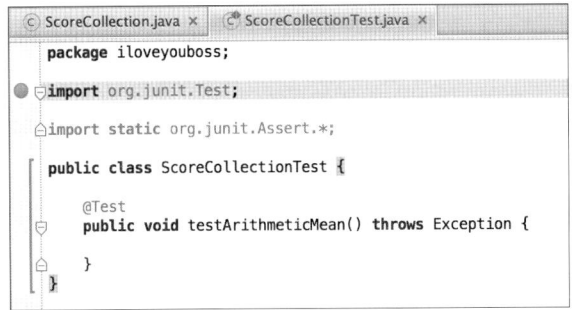

testArithmeticMean 테스트에서 fail() 메서드를 호출하는 문장을 추가하세요.

이클립스 설정을 설명하는 부분에서 테스트 코드의 중요한 부분도 설명했습니다. 1.2.2절을 참고하세요.

테스트를 실행하는 데 몇 가지 선택지가 있습니다. 우리는 전체 테스트를 실행하고 싶기 때문에 Project 창에서 프로젝트 이름(iloveyouboss)을 클릭합니다. 컨텍스트 메뉴에서 **All Tests**를 선택합니다. JUnit Test Results 창의 결과는 그림 A-7과 같습니다.

▼ 그림 A-7 JUnit 테스트 실행 결과

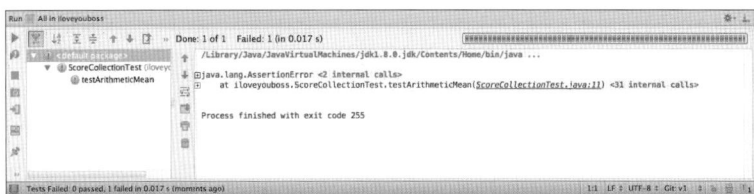

fail() 문장을 제거하고 테스트를 재실행하세요. 메뉴 항목을 사용하거나 키보드로 Ctrl + Shift + F10 을 누르거나 JUnit 창에 있는 녹색 화살표 아이콘을 클릭합니다. 그림 A-8과 같이 테스트가 통과했습니다.

▼ 그림 A-8 JUnit 테스트 실행 결과(통과)

이 시점에서 1.3절로 되돌아가서 실습을 완료하세요.

A.2 넷빈즈[2]

프로젝트 속성 페이지로 이동합니다. 소스 폴더와 동급으로 test라는 이름의 테스트 패키지 폴더를 추가합니다.

▼ 그림 A-9 넷빈즈 프로젝트 속성

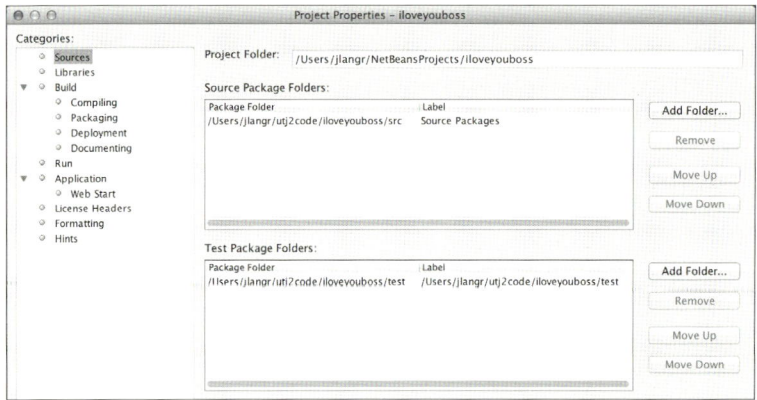

OK를 누르고 설정을 저장합니다. 그다음 넷빈즈에서 File > New File... 메뉴를 선택하여 New File 대화상자를 엽니다.

---

2 역주 부록 내용은 넷빈즈 9에서 확인했습니다. 넷빈즈 10에서는 JUnit 5 때문에 정상적으로 동작하지 않습니다.

▼ 그림 A-10 새로운 단위 테스트 파일 생성

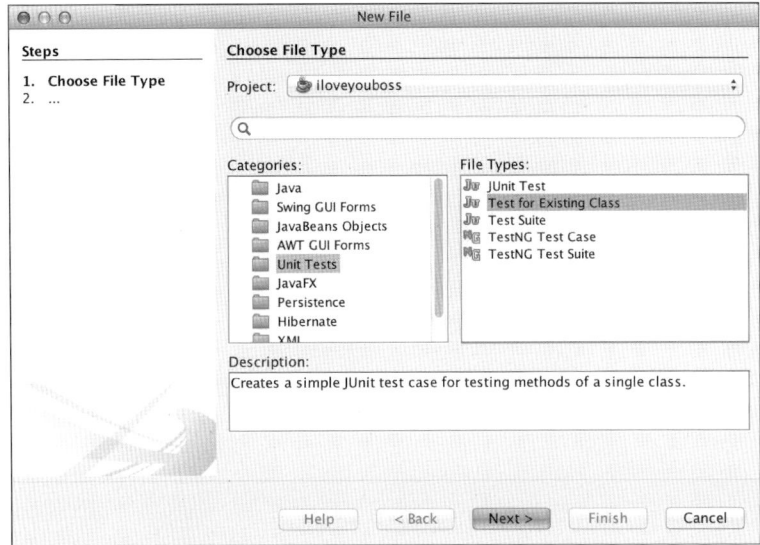

Categories 목록에서 Unit Tests 항목을 선택하고, File Types 목록에서 Test for Existing Class 항목을 선택합니다. Next를 누릅니다. 다소 복잡한 New Test for Existing Class 대화상자를 볼 수 있습니다.

Class to Test 항목에 클래스 이름을 iloveyouboss.ScoreCollection으로 입력합니다(혹은 Browse...를 눌러서 적절한 소스 클래스를 선택해도 됩니다). 그다음 대화상자 아래쪽에 있는 모든 체크박스를 해제하고 Method Access Levels 항목에 있는 Public만 체크합니다. 최종 대화상자의 모습은 그림 A-11과 같습니다.

▼ 그림 A-11 테스트 타깃 클래스 지정

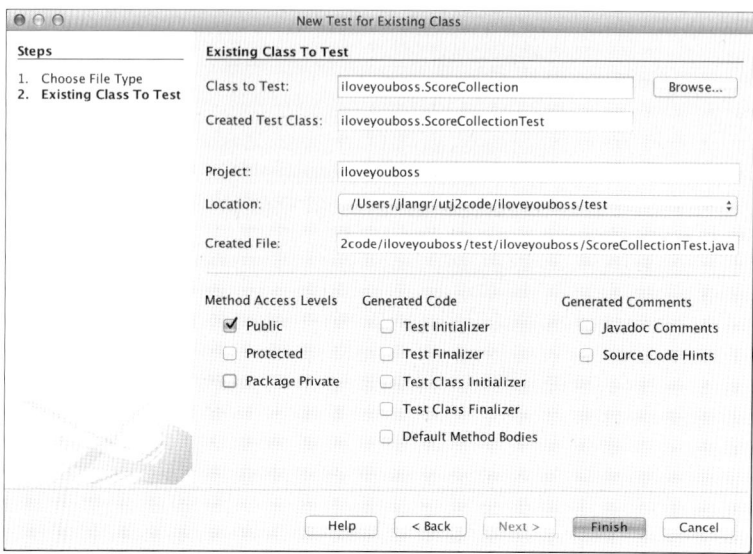

Finish를 누르면 넷빈즈는 iloveyouboss.ScoreCollectionTest 클래스를 생성합니다.

▼ 그림 A-12 생성된 ScoreCollectionTest 클래스

```java
package iloveyouboss;

import org.junit.Test;
import static org.junit.Assert.*;

/**
 *
 * @author jlangr
 */
public class ScoreCollectionTest {

    public ScoreCollectionTest() {
    }

    @Test
    public void testAdd() {
    }

    @Test
    public void testArithmeticMean() {
    }

}
```

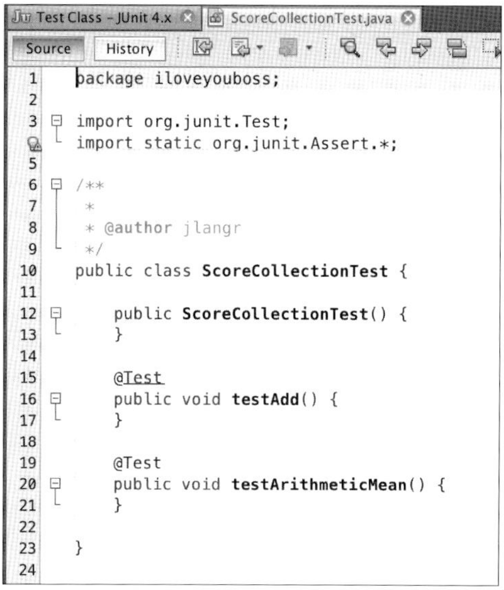

author 자바독은 넷빈즈 템플릿에서 왔습니다. 이것을 변경하려면 Tools 〉 Templates로 이동하여 템플릿 항목에서 Unit Tests 〉 Test Suite – JUnit 4.x를 선택하고 Settings를 누릅니다.

마지막으로 소스 파일을 몇 가지 변경합니다.

- testAdd() 메서드를 제거합니다(@Test 애너테이션 포함).
- 꼭 필요하지 않다면 자바독도 지웁니다.
- 생성자를 제거합니다.
- testArithmeticMean() 테스트에서 fail() 메서드를 호출하는 문장을 추가합니다.

이클립스 설정을 설명하는 부분에서 테스트 코드의 중요한 부분도 설명했습니다. 1.2.2절을 참고하세요.

Run 〉 Test Project (iloveyouboss) 메뉴를 선택하여 테스트를 실행합니다. JUnit Test Results 창의 결과는 그림 A-13과 같습니다.

▼ 그림 A-13 테스트 실행 결과(실패)

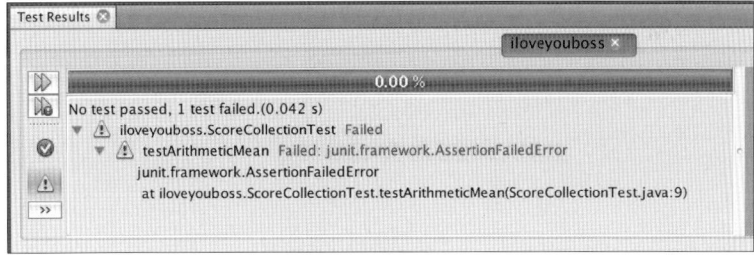

fail() 문을 제거하고 테스트를 재실행합니다. 다시 메뉴 항목을 사용하거나 키보드로 Ctrl+F6을 누르거나 JUnit 창에 있는 녹색 화살표 아이콘을 클릭합니다. 그림 A-14와 같이 테스트가 통과했습니다.

▼ 그림 A-14 테스트 실행 결과(성공)

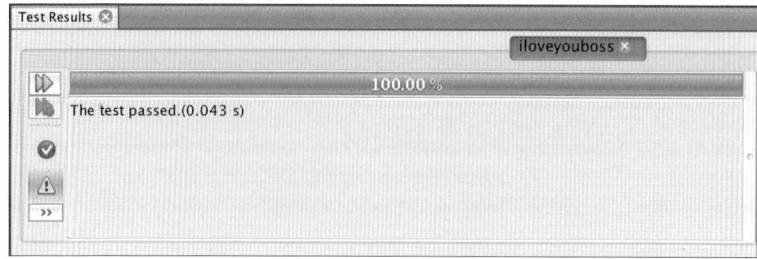

이 시점에서 1.3절로 되돌아가서 실습을 완료하세요.

찾아보기

A

AAA 078
act 037
AfterClass 092
arrange 037
assert 037
assertTrue( ) 호출 064

B

BDD 088
bearing 146
BeforeClass 092
Behavior-Driven
    Development 088

C

checked exception 074
concurrent 276
controller 296
corner case 122
CORRECT 127

E ~ L

ExpectedException 072
for 반복문 049
Hamcrest 060
happy path 046
information hiding 084
integration testing 276
JUnit 028
JUnit 테스트 061
lazy initialization 199

M ~ P

mock 204
null 066
permutation 197
postconditions 156

preconditions 156
primitive obsession 145
public 073

S ~ V

sandbox 112
SOLID 클래스의 설계 원칙 185
sparse array 150
SRP 186
static import 061
SUT 081
TDD 249
test case 036
Visitor pattern 201

ㄱ

가독성 170
가용성 108
가중치 049, 174
개방 폐쇄 원칙([O]CP) 185
검색 224
검증 113
검증된 예외 074
격리 109
경계 조건 122, 124
공통 초기화 090
교차 검사 131
구조화 174
기수 127, 158
기준 134
깔끔한 설계 179
깨진 테스트 196

ㄴ

내부 데이터 노출 084
내부 동작 노출 084
네트워크 133
넷빈즈 322
녹색 막대 035

ㄷ

단순한 테스트 048
단언 036, 060, 236
단언문 038
단언 사용 089
단위 테스트 026
단일 경로 048
단일 목적 테스트 085
단일 조건문 205
단일 책임 원칙([S]RP) 185
답변 049
답변 히스토그램 103
데이터베이스 테스트 288
도우미 메서드 195
도전 과제 204
독립적 054
동시성 276
동시성 문제 161
동작 테스트 080
디메테르의 법칙 171
디버거 054
디스크 공간 133

ㄹ

로그 238
리스코프 치환 원칙([L]SP) 185
리팩토링 166, 175

ㅁ

매처 063
매핑 105
멀티스레드 코드 테스트 276
메모리 133
메서드 추출 168
메서드 테스트 080
메서드 호출 035
명령-질의 분리 191
명확한 값 062
모서리 사례 122
목 204

UNIT TESTING

목 객체 095
문서화 122

ㅂ

반복 가능 109
방문자 패턴 201
범위 127, 145, 147, 155
범위 테스트 150
보상 178
보호 195
부동소수점 068
부작용 045
부적절한 세부 사항 239
부적절한 정보 232
분리 186
불변 메서드 150
불변성 149
불변식 153
블랙홀 132
빌드 114
빠른 테스트 107

ㅅ

사용자 정의 231
사용자 정의 매처 149
사전 조건들 156
사후 조건들 156
산술 평균 테스트 120
상대적 시간 161
상수 도입 089
상호 의존성 054
샌드박스 112
생성자 218
생성자 주입 212
설계 문제 066
성능 조건 134
세터 메서드 219
순서 127, 143
순열 197
스레드 277
스레드 로직 284

스텁 207
시간 127, 161
실패 034
실행 036

ㅇ

암시적 의미 242
애너테이션 071
애플리케이션 로직 279
양방향 의존 관계 170
역 관계 검사 128
예외 070, 226
예외 무시 074
예외 변수 072
오류 메시지 063
오류 조건 132
오버라이드 149
오버플로 122
외부 변화 108
외부 의존성 155
유지 보수 비용 194
응답 262
의존 155
의존성 역전 원칙([D]IP) 185
이클립스 030
인스턴스 037
인스턴스 초기화 061
인자 검증 212
인터페이스 084
인터페이스 분리 원칙([I]SP) 185
인터페이스 확장 264
인텔리제이 IDEA 317

ㅈ

적색 막대 034
접근성 108
정렬 123, 144
정적 임포트 061
제약 147
주입 도구 218

중첩 277
증분 추가 253
지속적 통합 305
지연 초기화 199

ㅊ

참조 127, 155
참조 예외 067
초기화 086, 256
최적화 135
추상화 누락 228

ㅋ

커버리지 310
컬렉션 065
코드 분리 082
코드 커버리지 307
큰 데이터 변형 046

ㅌ

타깃 클래스 081
테스트 028, 038
통과 065
통합 테스트 276
팀 301

ㅍ

패턴 201
프로덕션 코드 081
프로파일 045

ㅎ

항목 160
해상도 133
햄크레스트 060
행복 경로 046
행복 경로 테스트 121
행위 주도 개발 088
희소 배열 150